社会福祉の歴史

地域と世界から読み解く

田中和男
石井洗二 編
倉持史朗

法律文化社

はしがき

　「社会福祉の歴史を研究しています」というと、「えっ、あぁ、歴史ですか」と相手を戸惑わせてしまうことがある。「社会福祉」という言葉から連想されるのは、たとえば介護などの現実的な場面であり、「歴史」という言葉から連想されるのは、たとえば中学校や高校で勉強した歴史であり、その2つを結びつけようとして戸惑うのかもしれない。

　「歴史はほんとうに大切だと思います」、そういってもらえることもある。福祉の仕事に従事している現場の方からそういわれると、気が引き締まる。歴史を学ぶ意義を深く実感しているのは、日々現実と向き合っている実践者たちなのかもしれない。

　社会福祉の歴史を初めて学ぶ人だけではなく、改めて学び直そうと考えている人にも、この本が届くことを願っている。それぞれの関心に応じて読んでもらえるように、各章には基本的な説明はもちろん、その時期の特徴をより深く理解するための踏み込んだ説明も含まれている。また各章のコラムからは、歴史をとらえる視点の多様さを知ることができるはずである。

　私たちが読者と共有したいのは、歴史に関心を向けることの大切さである。現在の福祉課題や制度を理解するために、過去からの変遷を知ることは有益である。特に、福祉課題の多様化にともなって個々の生活問題が複合化し、一方で問題解決のための社会資源である制度が複雑化した今の状況だからこそ、歴史というアプローチによる学習方法が効果的なはずである。

　しかし、それだけではない。社会福祉をめぐる状況が急速に変化している現在、それに振り回されるのではなく、数十年、百年単位の時間の流れに目を向けて、福祉実践や制度・政策が社会の大きな変動に影響を受けていることや、長い時間を経た連なりの帰結として現在の福祉実践や制度・政策があることを再確認してほしい。未来に向けての主体的な一歩は、そこから始まると信じている。

本書の企画は、小倉襄二先生や池田敬正先生に学恩を受けた人たちを中心に手伝ってもらって、社会福祉を学ぶ若い人たちにも読みやすく、なおかつ歴史研究の動向を踏まえた教科書を作りたい、という田中和男さんの呼びかけで始まった。刊行までに長い年月がかかったが、元村智明さん、倉持史朗さんという気鋭の方々のおかげで躍動感のある本に仕上がった。各章の内容はそれぞれの執筆者にゆだねられ、章ごとの調整も最小限にとどめている。さらに各章のコラムは、若手・中堅の研究者に各トピックスのエッセンスをまとめていただいた。

　全体的に、地域ごとの特徴や国際的な視点に目配りするように努めた。また、社会福祉史の時期区分（感化救済事業期、社会事業期など）は歴史理解のためには重要であるが、多職種連携が求められる時代にあって多様な専門分野の読者にもなじみやすいように、前近代、明治前期、明治後期、大正期、戦前・戦中、戦後という区切りとし、戦後は1970年代で章を分けた。

　本文中に、現在では不適切などの理由で使われない言葉を、学術的な観点から歴史用語として用いている場合もある。また、典拠文献の明示は煩雑を避けるため最小限にとどめた。章末、コラム末に挙げられた参考文献を通じて、ぜひ本書による学びを深めてほしい。

　途中、執筆者の変更や編者の交替など紆余曲折があったが、なんとか刊行にたどり着けたのは、事実上の代表編者である田中和男さんのマネジメント力のたまものである。加えて、法律文化社編集部の舟木和久さんによる粘り強い励ましに深く謝意を表したい。

　2016年12月

石井　洸二

【目　次】「社会福祉の歴史──地域と世界から読み解く」

はしがき

第1章　前近代の社会福祉 ————————————————— 1

1　古代・中世の救済　1
　　⑴　原始・古代の福祉　　⑵　中世の福祉

2　近世の公的救済と地域　7
　　⑴　キリスト教伝来と戦国内乱　　⑵　江戸幕府と福祉　　⑶　三大改革と封建
　　的社会政策

3　列強の接近と欧米の福祉への関心　15
　　⑴　内憂外患　　⑵　洋学と水戸学の福祉認識　　⑶　西洋体験と福祉認識

　　コラム1　近世の盲人組織──当道座　23

第2章　明治前半期の社会福祉 ————————————————— 27

1　幕末の社会の動揺　27
　　⑴　社会状況　　⑵　幕末期の救済事業

2　明治前半期の社会変革と社会問題の萌芽　29
　　⑴　富国強兵政策　　⑵　文明開化と民衆生活の変化　　⑶　社会問題の萌芽1
　　──下層社会　　⑷　社会問題の萌芽2──衛生、公娼制度、労働問題、公害問題

3　明治前半期の公的救済制度と慈善事業　37
　　⑴　公的の救済制度　　⑵　慈善事業、思想・理論

　　コラム2　キリスト教と社会福祉──原胤昭、小橋勝之助、石井十次　46

第3章　明治後半期の社会福祉 ————————————————— 50

1　明治後半期の社会状況　50

iii

(1)　国際関係と国内産業の進展　　(2)　社会不安──社会主義、戊申詔書と地方改良運動

2　明治後半期の社会問題　52

(1)　貧困問題　(2)　労働問題──児童と女性　(3)　監獄と非行・犯罪児童問題　(4)　衛生問題──結核・精神障害・傷病兵・ハンセン病

3　感化救済事業　66

(1)　感化救済事業の展開　(2)　感化救済事業講習会と済生会──民間事業育成と天皇の慈恵　(3)　救済理論──井上友一と小河滋次郎　(4)　慈善事業の組織化と防貧事業──中央慈善協会と「救済事業調査要項」

コラム3　地方改良と地方改善　74

第4章　大正期の社会福祉 ───────── 78

1　生活難と社会事業　78

(1)　「細民」の階層分化　(2)　社会局の設置　(3)　アイデンティティの共有

2　社会事業の領域　90

(1)　経済保護事業　(2)　地方組織と方面委員　(3)　恤救規則　(4)　児童保護

3　社会事業の諸相　105

(1)　社会連帯　(2)　セツルメント

コラム4　ソーシャルワークの形成と日本への導入　112

第5章　戦前・戦中の社会福祉 ───────── 116

1　昭和恐慌から総力戦体制へ　116

(1)　社会状況と国民生活　(2)　社会事業の法制化　(3)　社会事業の組織化

2　地方の社会事業　126

(1)　都市と農村の社会事業　(2)　植民地社会事業

3　厚生省の設置と福祉実践　136

(1)　厚生省の設置　(2)　法制　(3)　「厚生事業」の提唱

コラム5　戦前国家主義者の福祉論　147

iv

目 次

第6章　戦後改革・高度成長期の社会福祉 ──────── 152

1　戦後改革と社会福祉　152
(1)　占領下と福祉改革　(2)　福祉三法体制と社会保険（労働・医療）
(3)　社会保障の制度設計

2　高度成長と福祉国家形成　163
(1)　高度成長と生活意識　(2)　福祉六法体制と社会保険の拡充　(3)　地域の
戦後社会福祉　(4)　社会福祉の理論状況

3　福祉国家から福祉の見直しへ　174
(1)　福祉元年　(2)　福祉見直し

コラム6　ニューディーラーと戦後福祉改革──D. ウィルソンを中心にして　181

第7章　グローバル時代の社会福祉 ──────── 185

1　オイルショックと社会福祉（1970〜80年代）　185
(1)　高度成長の終結と福祉　(2)　戦後福祉の総決算　(3)　マイノリティへの
福祉施策　(4)　福祉専門職の育成と社会福祉学

2　ポスト冷戦の新自由主義改革と社会福祉（1990年前後〜2000年）　192
(1)　冷戦の終結と「失われた20年」　(2)　平成の福祉改革　(3)　ノーマライ
ゼーションとバリアフリー

3　21世紀の社会福祉　197
(1)　グローバル化とリスク社会　(2)　格差とワーキング・プア　(3)　政権交
代と震災・原発事故

コラム7　裁判にみる社会福祉　204

索　引

第1章 前近代の社会福祉

☑ この章で学ぶこと

　日本列島に人類が定住して以来、困難に陥った人々を助ける福祉的活動は行われていた。制度としての福祉実践が記録に現れるのは5～6世紀の大和朝廷の支配者による貧民救済であった。仏教の教えに従い8世紀には僧・行基が宿泊施設を、13世紀には忍性がハンセン病患者の看取りの場を設置した。17世紀の生類憐みの令では、捨て子の禁止と地域での養育が命じられた。各地域の歴史や伝説に残っている古い時代の福祉実践を探してみよう。

1　古代・中世の救済

(1)　原始・古代の福祉

　現在社会福祉と呼ばれる、制度や実践が古い時代から存在したわけではない。本書で詳しく述べられるように、明治前半に、欧米の諸制度の導入（文明開化や富国強兵）の過程で、チャリティやフィランソロピーが慈善とか博愛と翻訳され、大正期には社会事業という言葉が使われた。社会福祉が、一般的に理解できる概念として使われるのは、1945（昭和20）年の第二次世界大戦後の日本国憲法25条の生存権が姿を現してからであり、社会生活の中に定着していく。欧米近代に出発点をもつ慈善や社会福祉が、近代以前の日本でどれだけ自覚的に行われていたかは疑問な点がある。福祉を意味する英語ウエルフェアやウエルビーイングが幸福を意味することを前提にして、人間のさまざまな不幸、病気・貧困・災害・戦争の解決・克服のための人々の努力を福祉ととらえ、欧米の制度が導入されるまでの、前近代日本での福祉を概観しておこう。

　原始時代のことはあまりわかっていない。狩猟生活から農耕が始まり、米の

生産が伝わると定住農耕民を中心とするムラが形成される。厳しい自然環境とムラ間の対立の中で、共同体内部の相互扶助が行われたと想像される。縄文時代後期の遺跡からは、四肢が委縮し10年以上寝たきり状態と思われる人骨が発見されたという（北海道入江貝塚）。障害者や高齢者が長期間に介護されていたことが想像できる。縄文時代の遺物である女性を象った土偶は子孫の繁栄や生産の豊穣への願望を表現するものとして知られている。土偶の中には四肢や体の一部を傷つけたものがあるが、これは疾病の回復や健康の願いを示している。

　弥生時代に入ると、日本列島の各地に小国家が作られていった。邪馬台国の卑弥呼のように中国王朝との通交が開かれる。その中から、大和国家が関東以西の日本を支配・統一することになる。朝鮮半島を経由して、仏教、漢字、律令制度などが日本にもたらされる。支配者を中心とする、不幸の解決の事実が歴史資料の中に残された。天皇や貴族層による恩恵的な貧民・病人の救済が大和政権の正史である『日本書紀』など六国史（『新訂増補国史大系』吉川弘文館、1979年）に記録されている。

　古代には飢饉、災害、疫病の流行が繰り返された。人民の不幸に際しては、税金の減免が行われるだけではなく、医師を派遣し、穀類・薬草が与えられた。701年の大宝律令、718年の養老律令で「賑給（賑救）」として制度化された。天皇の慶事（代替わり、貴金属の発見）や凶事（飢饉・災害）に際して「鰥寡孤独・疾病・廃疾・自存不能者」への五穀などの支給・免租・減租が行われることになった。民間で飢饉に備える義倉、穀類の値段調整を兼ねた常平倉が設置された。三子出産の女子に対して布・稲の付与と乳母の派遣が行われた。

　これは儒教的な支配者としての善政の責任を果たす民本政治の要請であり、仏教の受容に伴う慈悲の実践であったと思われる。仏教の慈悲の教えは人々に幸福を与え、苦しみを抜き去る（与楽抜苦）という仏道に励むものの行うべき義務とも考えられ、富や人生をそのために使うべきだとする福田思想が広がったとされる。6～7世紀に推古天皇の摂政として政治にかかわった聖徳太子は、仏教信仰により人々の不幸を解決するために、悲田院・施薬院・療病院・敬田院の四箇院を大阪の四天王寺に設置されたと伝えられる。同様の施設を設立したのが、藤原氏出身で聖武天皇の皇后となった光明皇后であった。藤原

氏は氏寺である奈良の興福寺内に施薬院・悲田院を設立したと伝えられる。730年、光明が皇后になると皇后宮職の下に悲田院、施薬院が設けられた。悲田院は貧民救済のための施設であった。施薬院は薬園を備えて貧民治療を行った。聖徳太子、光明皇后については仏教では「業病」とみなされて差別された癩病（現在のハンセン病が含まれる）患者の介護を試みた伝説がある。

　飛鳥地方（奈良県中部）から都を平城京に移した8世紀は、大化の改新以降、権力闘争に打ち勝った藤原氏が政権を把握するまでの政情不安な時期でもあり、政治権力闘争と疫病の流行が相次いだ。737年「是の年の春、疫瘡大いに発る。初め筑紫（福岡）より来たり、夏を経て秋に渉る。公卿以下天下の百姓継て没死すること、勝げて計ふべからず」（『続日本紀』）と記録されている。藤原不比等の子ども四兄弟が疫病で死去した。一時、都が奈良を離れ恭仁京や紫香楽に移った。752年の奈良平城京に聖武天皇が大仏建立したのも仏教の力で人民の幸福と国家の安泰を実現しようとするものであった（鎮護国家）。

　大仏建立にかかわった僧・行基は青年時代には、政府からさまざまな弾圧を受けていた。仏教は政府公認の宗教であり、僧尼は一種の官僚として免税などの特権があった。行基自身は正式の僧の資格を得ていたが、資格を得ない私度僧として仏教を修める集団が活動していた。行基は私度僧を率いて、各地で開墾、架橋、道路補修を行い、仏道修行や雑徭で都に駆り出される農民たちに宿泊所を提供する布施屋を設置した。行基は技術力や組織力を利用して、鎮護国家の実現に協力し、僧侶の最高位である大僧正に任命される。大仏開眼の3年前のことであった（『元亨釈書』『大日本仏教全書101』名著普及会、1979年）。

　都が784年に長岡京に一時移された後、794年、京都・平安遷都が行われても、政情と疫病の不安は解消されなかった。平安という都の呼称は逆に時代の不安定を示していた。実際、この時期は東北で中央政権に従わない「蝦夷」追討の軍隊が派遣されていた。805年、朝廷では、人民の負担となっていた「蝦夷」追討と都の造営の継続をめぐって「徳政論争」が行われ、それらの中止が決定された（『日本後記』）。

　奈良時代に制度化された貧民・病人の救済は継続された。天皇・朝廷が行う賑給は年中行事化されて5月の吉日に貧窮民に米や塩を与えることになった。

施薬院は京都に移され、平安京南端に薬園が与えられ、825年に職制が定めら
れ、施薬院使が置かれた。しかし実質上の管理は藤原冬嗣（北家）に入ったよ
うだ。冬嗣は一族子弟の学問所として勧学院を設置した。冬嗣の子良相は延命
院、崇親院を設けて藤原一族の貧窮者救済を行った。施薬院も一族の結合を図
る面もあったといわれるが、藤原氏以外の病人も利用した。摂関政治の後、藤
原氏が実権を失うに従い、施薬院の活動は衰退する。

　貧民・孤児の救済を行う悲田院は京職の管理下で都の東西の南端に設置され
た（鴨川と桂川）。乳母・養母が置かれ成長した孤児は良民として姓が与えられ
戸籍に編成された。11世紀には東西悲田院は衰退した。1017年の夏（旧暦では
秋）、豪雨のため鴨川が氾濫し、悲田院の病人300人が流される被害を受けた
（『左経記』（『増補史料大成6』、臨川書店、1967年）寛仁1/7/2）。

　平安時代は、京都を中心にした貴族文化が栄えた時代として知られている。
平安初期には空海や最澄が新しい仏教を日本に伝え仏教による平安を追求し
た。空海には京都・東寺（遠方の和歌山高野山）、最澄には比叡山延暦寺が与え
られ、現世利益を実現することで貴族や民衆に浸透していった。他方で疫病や
災害を広げる怨霊を鎮めるための御霊会が863年、天皇の宴が催される京都神
泉苑で行われた。中世に京の町衆の祭事となる祇園御霊会（祇園祭）の源流と
も考えられている。藤原氏から退けられ京都市中に祟りをもたらしたと怖れら
れた菅原道真の鎮魂のために10世紀には北野天満宮が創設された。

　自然災害は頻発した。869年には、陸奥国（東北地方）で大地震が発生し、そ
の大津波が押し寄せたため多賀城で溺死者が1000人に上った（『三代実録』貞観
11/5/26）。781年、800年、864年、937年等富士山が噴火を繰り返した。東南海
トラフの大地震が1096年、1099年に記録されている。京都市中には、御霊信仰
だけではなく、福徳神・長徳神を唱えて郡飲する者が摘発され。田楽祭、飛礫
が流行するなど民心の弛緩が眼立ってくる。

　938年ごろ、市聖と呼ばれた空也が、南無阿弥陀仏を唱えることで浄土に赴
けることを主張して庶民に浄土信仰を広げた。空也は、架橋、道路の改修、死
者の埋葬、貧民や病人への施行を行った（『元亨釈書』）。1052年が、仏陀の教え
が途絶えてしまう末法の時代に入るとする終末観は貴族階級にも受け入れら

4

れ、極楽浄土を支配する阿弥陀仏をまつった建物が作られた。栄華を極めた藤原道長は、1017年に貧民3000人に「施行」をした。晩年は阿弥陀堂を備えた法成寺を建築した。道長の子・頼通が建築した阿弥陀堂は宇治平等院鳳凰堂として残されている。

(2) 中世の福祉

混乱は地域に広がっていた。9世紀後半には、関東一帯に小武士集団である俶馬の党と呼ばれる群盗が活動し始め取締が命じられている（『類聚三代格』『新訂増補国史大系』吉川弘文館、1979年、昌泰2（899）/9/19）。相模（神奈川）の前国司橘永範は荒廃地を開墾して救急院を設け困窮者を救済したという（『類聚三代格』承和15（844）/3/21）。国司の悪政については、尾張（愛知県）国司藤原元命が重税・臨時税を賦課したことに対して、988年、地域の豪族である郡司百姓が非法として訴え、翌年には解任される事件が有名である（『平安遺文』東京堂出版、1968～81年、339）。地方の不安を解決するために派遣された国司が地域に土着化し、武装集団の指導者となる場合も多かった。

古代末から中世末にいたる500年は、源平の争いから蒙古襲来、鎌倉政権の崩壊の後の南北朝の内乱、14世紀末に南北朝が統合され足利義満が全盛を誇る間もなく、応仁の乱を起点とする戦国時代に入っていく。社会の崩壊だけではなく自然災害も深刻化する。

源頼朝が平氏追討を本格化する1180年代は「治承・養和の飢饉」が広がっていた。同時代の古典である『方丈記』（『日本古典文学大系30』岩波書店、1957年）で鴨長明は仁和寺の僧が死者の額に梵字（サンスクリット）の「阿」の字を書いていくと4万2000を数えたと記している。戦乱の中で、餓死者があふれ、嬰児の遺棄、死体の放棄が日常化していた。1230年頃の「寛喜の飢饉」では、「死骸道に満つること日を逐つて加増す」と記した歌人藤原定家は、家僕に命じて前庭を掘らせ凶作に備えて麦を植えることになった（『明月記』国書刊行会、1910～11年、寛喜3（1231）/7/2、2/10/13）。

鎌倉政権を開始した源頼朝は幕府の組織化を図るとともに、社会の不安を取り除く努力を試みた。1186年、前年の飢饉で未納のままの年貢を頼朝は免除し

た（『吾妻鏡』『新訂増補国史大系』吉川弘文館、1979年、文治2／3／13）。執権として北条家支配を固める北条泰時は、大風雨で不作となった伊豆（静岡東部）の人民の貸米証文を棄却させ、米などを与えた（同建仁1（1201）／10／6）。人身売買に関しては、寛喜の飢饉までは、良民の売買が黙認されたが、1239年、平時での妻子・眷属の人身売買を禁止する方向を示したが、十分には実行されなかった。1258年からの「正嘉の飢饉」で、幕府は、飢饉の際には貧民が山野に入り食糧を求めてもよいとした（「式目追加」『日本思想大系21』岩波書店、1972年）正元1（1259）／2／9）。

　平安末から鎌倉時代にかけて、浄土思想の影響を受けた仏教革新運動が、救済や救貧の実践にも影響を与えた。鎌倉新仏教と呼ばれる。疫病と騒乱の広がる現生を穢土と捉え（厭離穢土）、西方にある極楽を求める（欣求浄土、西方浄土）。そのために「南無阿弥陀仏」と唱える念仏が重視される。法然やその弟子親鸞が専修念仏、悪人正機説を唱え浄土宗、浄土真宗を組織化していった。一遍は平生を臨終と考え念仏に専念した。組織化を重視せず、神社信仰も利用して念仏踊を中心において全国を遊行した。一遍の布教を伝える『一遍上人絵伝』（『日本絵巻物集成・別巻』中央公論社、1978年）には武士の館、市場、河原の様子だけではなく、一遍に付き従う物乞い、非人、女性など社会から差別・排除された階層の姿が生き生きと描かれている。

　浄土系（浄土宗、浄土真宗、時宗）の思想には救済・救貧が含まれていると思われるが、実践の面で具体的な成果は明確ではない。自然災害と飢饉、蒙古襲来という内外の危機を法華経に基づいて解決しようとした日蓮も同様である。具体的な実践は鎌倉新仏教に対抗して旧来の仏教の立場を再建しようとした「反改革」の中から生み出される。奈良の西大寺を根拠地として律宗の復興を図った叡尊・忍性の貧民救済の実践である。戒律の重要性を説く叡尊は、社会から排除された非人を文殊菩薩の化身とみなし、1269年、非人施行を行い食糧と物乞いの鍋を与えた。叡尊の弟子である忍性は、師の非人施行を受け継ぎ、奈良の町から排除されたハンセン病患者のための施設、北山十八間戸を開いた。奈良の北方に18の小部屋をもった建物を造り介護や見取りを行った。1567年頃に焼失した。北条氏に叡尊とともに招かれて鎌倉に赴いた忍性は、極楽寺

を与えられた。寺院の周辺に療病院、施薬院、悲田院、「癩宿」が設けられた。

　鎌倉時代後半には、農民たちを中心とする自治的な組織「惣」「惣村」がはっきりとしだしてくる。これまで寺院や荘園、封建領主の下で地侍、百姓、下人などさまざまな身分を構成した階層が惣百姓としてのまとまり意識を形成してきた。1262年には琵琶湖北辺の奥嶋荘で、神社での一味神水で惣掟を作成し、村に「返り忠」（反逆）するものを追放し、その家屋を破却することを決めた（奥津嶋神社文書『滋賀県史5』1972年）。犯罪に対する自検断（裁判権）と惣の共同地・山野の共同利用の方法を定めたが、隣村との対立、寺院・領主権力との紛争には武装して対抗することもあった。1275年、紀州（和歌山）阿弖川荘の荘民は「ミミヲキリ、ハナヲソグ」地頭湯浅氏の悪行を京都六波羅探題に訴えた。村から逃亡する逃散のような消極的抵抗もあった（『高野山文書』東京大学出版会、1968年）。戦国時代に近づくと、1485年の山城国（京都府南部）一揆や、加賀（石川県）の一向一揆のように、惣や浄土真宗の道場が連合して新たな領域支配を志向する事例も発生した。

　惣的結合の実態、特に相互扶助や弱者救済についての資料は多くはないようである。1483年、琵琶湖畔の菅浦荘の公事掟では、死刑判決や逃散で喪失した地下人の跡職（遺産）は子どもが継承することを決めた（『菅浦文書』滋賀大学日本経済文化研究所、1967年、文明15/8/10）。しかし、和泉（大阪府）日根野庄では、1504年、前年の洪水と旱魃のため餓死者が多く、ワラビ泥棒が頻発した。現行犯でとらえられた巫女の母子がその場で処刑されることもあったという（『政基公旅引付』和泉書院、1996年、永正1/2/15）。戦闘共同体でもあった惣村にとって、弱者を排除することで、村の生存を図らざるをえない場合があった。村の自立性は、法の違反者や弱者・貧民には厳しい面を示した。

2　近世の公的救済と地域

(1) キリスト教伝来と戦国内乱

　戦国の内乱は下剋上の言葉が示すように国内での身分・職業・住居の流動性が活性化するとともに、対外的な流動性も大きくなった。倭寇の行動範囲が、

日本列島にとどまらず朝鮮半島、東南アジアにまで拡大した。その担い手も日本人、琉球人に止まらず、朝鮮人・中国人が含まれていった。現在の領土、国民の枠組みを超えた動きであった。東南アジアにはヨーロッパ人の活動が広がっていた。1492年、C. コロンブスがアメリカに到達するが、その前後からの大航海時代の波はインド、東アジアに及んできたのであった。1543年、ポルトガル人たちが種子島に漂着し、領主種子島氏に鉄砲を献上した。1549年には、スペイン人である F. ザビエルがキリスト教伝道のために鹿児島に到着し、京都、山口で布教を行い500人程の信者を獲得したという。キリスト教伝来の第一波であった。1630年代に江戸幕府が鎖国を断行するまでの80年間に大名、商人、農民に浸透してキリシタン（切支丹）と呼ばれる。

　ザビエルはイエズス会の創設者の１人として知られている。紀元30年頃、ローマ帝国で弱者の救済・隣人愛を主張したイエスが処刑された後体系化されたキリスト教は４世紀にはローマ帝国に公認され国教となった。体制化したローマ教会は贖罪符の販売で救済を保障するなど形骸化した。15〜16世紀になると、M. ルターや J. カルヴァンがローマ教会を批判し、信仰の原点であるイエスと聖書に立ち戻る宗教改革を開始した。彼らはプロテスタントと呼ばれるが、1534年ローマ教会の内部で改革を図るイエズス会がザビエルや I. ロヨラによって組織された。彼らもイエズス（イエス）に立ち戻り信仰と清貧に基づいて戦闘的な伝道を実践しようとした。ザビエルたちは堅い信仰により大海をこえて来日したのである。ザビエルは２年程の布教で日本を離れ、中国で死去した。

　ザビエルの伝道を引き継いで、多くの宣教師たちが日本を訪れ、相争う戦国大名や権力者にも庇護を求めた。ザビエルから話を聞き来日した L. フロイスは、天下統一を果たしつつある織田信長の保護を受けた。信長はキリスト教を信仰しなかったが、対立する仏教勢力を牽制するためキリスト教を利用した。建築したばかりの安土城にフロイスを招待した。フロイスは日欧文化比較を行った書物の中で「西欧では人を殺すのは恐ろしいことで動物を殺すことはそうではない、日本では動物を殺すのをみると仰天するが、人殺しは普通のこと」と記した（『ヨーロッパ文化と日本文化』岡田章雄訳、岩波文庫、1991年、要旨）。仏教の不殺生戒の浸透と、戦国時代の殺人が日常化した日本の様子が描かれて

第 1 章　前近代の社会福祉

いる。この状態から救済するためにもキリスト教の布教が求められた。G. オルガンチーノは京都に南蛮寺（教会）、安土にセミナリオ（神学校）を建てた。A. ヴァリニャーノはセミナリオ・コレージオ（学院）を開設し、1582年にはキリシタン大名の大友宗麟（豊後大分）・大村純忠・有馬晴信に勧めてローマに天正遣欧使節を派遣させた。キリシタン大名としては高山右近（大阪府高槻）・小西行長（秀吉の家臣）・黒田孝高（官兵衛・豊前福岡）などが有名である。明智光秀の娘細川ガラシアも洗礼を受けた。

　戦国の内乱にともなう不安と危険は民衆の中に安全・救いを求める宗教的覚醒をもたらした。鎌倉仏教は戦国時代には地方農民（北陸・東海・紀州などの一向一揆）や町衆（日蓮宗の京町衆）に広がった。極楽と天国（パライソ）を民衆は希求していた現れである。しかし現実には殺人が日常化し、場合によっては弱い立場の子どもが殺され、生れる前の胎児や幼児が殺害された。フロイスが指摘した日本人の道徳的頽廃を改善しようとした宣教師が L. アルメイダであった。商人あるいは外科医として来日したアルメイダは戦乱の日本の困難を解決するためには宗教が必要だとして、再来日の時はイエズス会の宣教師として活動し、1555年以降、豊後府内に、キリシタン大名大友宗麟の支援を受けて、中絶（間引き）や捨子を行わないように洋式病院・孤児院（育児院）を開設した。ハンセン病患者の施設も設けた（『イエズス会士日本通信』雄松堂書房、1968年）。

　キリスト教による社会事業についていえば、病院が、京・大坂・堺など商工業の栄えた町や長崎・有馬・臼杵など九州でキリシタンの多い地域に開設された。日本の各地で自治的な惣が形成されたように、キリスト教徒は教会を中心とした共同組織を生み出していった。貧民や障害者を支援する相互扶助として「ミゼリコルディア（慈善兄弟会）」「コンフラリア（信心会）」が山口、大分、平戸、長崎など信徒の多い地域に設けられた。信仰告白と精神的支えあいだけではなく、捨子養育、貧民救済、高齢者・病人の介護などの問題に取り組んだ。

　1600年に関ヶ原の戦で勝利した徳川家康によって江戸幕府が開かれ、1630年代、キリスト教が禁止され、鎖国が始まると、キリスト教による社会事業は姿を消していく。1620年には長崎奉行がミゼリコルディアの教会と病院を破壊した（『イエズス会日本報告集』同朋舎出版、1997年）。「コンフラリア」が弾圧に抵

抗し信仰を維持し相互扶助を行う役割を果たした。「崩れ」と呼ばれる領主による摘発は鎖国中にも行われた。幕末の1805年の「天草崩れ」では潜伏キリシタン5000人が摘発されたが、キリシタンではない別の邪教とされ厳罰は免れた。九州の五島列島、長崎周辺、天草などに隠れキリシタンが再び姿を現すのは開国をまたねばならないが、その間、キリスト教の信仰は変化を免れなかった。宗門改めが行われ、仏教の信徒となることが強制されるようになる。

(2) 江戸幕府と福祉

　各地の戦国大名の対抗を打ち破り、農民などの抵抗を刀狩などで武装解除したことを前提に織田信長、豊臣秀吉の路線を引き継いだ徳川氏が将軍として日本を支配した。地方に配置された大名は、参勤交代などで将軍に従属すると同時に、支配地域ではかなり自主的な権力を行使できたともいわれる。幕府や藩は、古代以来の政府が行ったように、災害、疫病、飢饉の際には税を減免し、米銭の貸与・給付を行っている。年貢を納める農民の生産・生活が破綻しないように、幕府は1649（慶安2）年には32条を数える慶安御触書を示して、政府の法令を順守すること、農業をはげみ、倹約に努めることなどの統制につとめた。

　伊勢（三重県）の藤堂藩では1643年、領民が他国で物乞いをしないように米などを与えた（上野市古文献刊行会編『宗国史』同朋舎、1979～81年）。名君として名高い加賀（石川県）藩主・前田綱紀は1670年、高齢者や貧民を収容する非人小屋を金沢に設けたといわれる（『加賀藩史料』清文堂出版、1980年）。幕府では1688年、牢屋役人である囚獄石出勘太夫に命じて、牢獄の換気や風呂など衛生の改善を命じた（『御当家令条』石井良助編『近世法制史料叢書2』創文社、1959年）。民間では飢饉の際には寺院や僧侶が施行などを行った。1682年、前年の天候不順で飢民の流入が多くなった大阪では、僧鉄眼が窮民に銭や米を与えた（『大阪編年史』大阪市立中央図書館市史編集室、1967～79年）。

　居住地、職業、婚姻などを固定化する身分制度を整え、被支配身分として本百姓・町人と小百姓、諸職人、さらに地域により非人・穢多などと呼ばれた賤民的身分が置かれた。一方では、農民の都市への奉公人や出稼ぎ労働者としての流入については、制限しながらも、1665年、下層の日雇い（日用）層を斡旋

第1章 前近代の社会福祉

する日用座を設立し日用札を与えて移動の管理を行わせた。奉公人などの職業紹介を行う「人宿」を認可した。行旅病人（行倒れ）については、行倒れが発生した地域のものが世話をし、場合によっては投薬、故郷への通知が義務とされた（「所預かり」「村送り」）。

　地域が相互扶助によって租税・福祉などの分野で協力することは中世以来の自治的惣村の慣行であり、キリスト教徒の信心会にも受け継がれていた。1640年代に恒常的制度となる五人組は5軒を1つの組として、キリシタン・犯罪の取締り、年貢や夫役負担で連帯責任を負わせた。その点では支配強化の役割を果たしたが、相互扶助的な役割も無視できない。村全体を統括した村方三役といわれる庄屋（名主）・組頭・百姓代は幕藩権力の末端を担ったと同時に、村共同体の相互扶助によって共同利益を実現する責任を負っていた。村の指導層は年貢米が不足する場合は自腹で村高を充たさねばならない。他村との河川・溜池・山林利用の紛争の際は裁判の手続きをリードし出費も行うことがあった。飢饉に備え米穀を蓄える義倉や社倉（郷倉）の設立、場合によって医師を村が雇うこともあった。

　町方の場合も辻番（番屋）が置かれ、町内の治安・火事などの取締を行った。家主・地主が交代につとめたが、後に番人が雇われた。町全体には町年寄・町名主が半自治的な機関としておかれた。その事務所として町会所が設置される場合もあった。

　捨子や赤子養育についても村や地域共同体の相互扶助の責任は大きかった。近代の文学者森鴎外が「山椒大夫」として小説化した民話は近世初頭に説教節としてまとめられた。その中に「旅は心、世は情け、さて大船は裏がかり、捨て子は村の育みよ」という言葉がある（『新潮日本古典集成66説経節』新潮社、1977年）。捨子があった場合は村が養育することが語られていた。

　捨子養育については、幕府も関心を払っている。捨子の前提になる、出産前の中絶についても禁止令を出している。意外なことに、犬公方で名高い五代将軍徳川綱吉が1685年以降に制定した生類憐みの令の中に捨子養育が定められていた。生類憐みの令の狙いは犬を中心とした生き物の虐待防止を求めることであった。不殺生戒を守ることで綱吉は男子（跡継ぎ）出生を願ったともいわれ

11

る。犬を虐待した人間が重罰に処せられた。動物以外の規定に「捨子これあり
候わば早速届けるに及ばず、そのところの者いたわり置き、直ちに養い候か、
又は望みの者これあり候わば遣わすべく候」（『江戸町触集成』塙書房、1994年）
とする。捨子はその地域（ところ）の者が世話をすることを優先している。

　1692年の法令では捨子をしてはいけないこと、養育困難なものは申し出るこ
とを申渡したのち今後「地借店借の者、子をはらみ候わば、大家地主へ知ら
せ、その上出産又は傷産流産致し候わば、これまた知らせ申すべく候、出生の
子三歳の内に死に候か、何方へも遣わせ候わば、そのわけ大家地主方へ届け申
すべく候」とした。妊娠・出産、3歳までの子どもの管理を地域の責任とし
た。綱吉の死後、生類憐みの令は悪法として6代将軍家宣のブレーン新井白石
の提案で廃止されたが、捨子・赤子養育については幕末まで継承される。

　赤子養育に関しては、福島の三春藩（秋田氏）では1746年、捨子禁止を確実
にするため幼児養育の手当てを貧民に付与することにした（『三春町史』三春町、
1975〜81年）。81年、津山藩（松平氏）でも間引きを禁止するとともに、貧しい
家庭には養育米を与えることになった（『岡山県史』岡山県、1981〜99年）。大阪
では違った状況が報告されている。1692年の町触では大阪周辺の被差別民の捨
子が多数を占めるので取締強化を命じた（『新修大阪市』1988〜96年）。1810（文
化10）年の広島藩（浅野氏）は、同様に被差別民の親が捨子によって「平人」
身分に上昇することを願っている場合があるとして、捨子はすべて非人とする
と改めた（『広島県史』広島県、1974〜84年）。

　地域による捨子養育は京都にも事例が残されている。清水の舞台から飛び降
りるの言葉で有名な清水寺では、近世には毎年3〜4件の「飛落」があり、門
前町が負傷者の世話や死者の奉行所への報告などの責任を負っていたという。
捨子の場合も同様であった。1697年の1月、生後間もない女の捨子があったの
で門前町の世話役宅に預け乳や薬を与えた。しかし死去したため町奉行所の取
り調べ後、門前町が死体埋葬などを行った。経費の負担などは清水寺と門前町
が分担したとする（『清水寺史』清水寺、1996年）。幕末の京都郊外塩小路村では
1854年2月3日の真夜中に30日位の男の捨子があった。庄屋であった若山要助
が世話を引受、領主への届け出、捨子の貰い受け先を求めて京都市中・周辺を

第1章　前近代の社会福祉

走り回る。2月15日、紹介業者から東山に貰い人が見つかり、紹介業者などに礼金などを支払う約束をし、17日、捨子を先方に引き渡す。要助は捨子の落ち着き先を探す努力のみではなく、礼金の一部を負担する必要があった（『若山要助日記』京都市歴史資料館、1997～98年）。

　捨子の発生や、農村から都市への出稼ぎ人の流出などは農村・農業の疲弊をもたらす原因であるため、幕藩を超えた取り組みが行われた。18世紀になると、人別帳から外れた無宿は治安対策としても問題化した。1709年、犯罪をしていない無宿も逮捕されて、出身地の農村に返すのが基本とされたが、帰る場所のないものは被差別民（非人）とされることになった。8代将軍徳川吉宗の享保の改革の時期になると、江戸の無宿を各町に預ける案が検討された。

(3)　三大改革と封建的社会政策

　江戸町奉行大岡忠相が庶民の意見を投書させるため設置した目安箱に、1722年、町医者小川笙船が無宿を含む貧病人のための施薬院の設立を提案した。17世紀に開設されていた小石川薬園内部に小石川養生所が開設され、身寄り看護人がいない貧病人を当初は40人入院（後百名）で治療を開始した。町奉行支配下で与力・同心が置かれ小川の子孫が肝煎（院長）を務めた。内科（本道）、外科、眼科などの漢方医が診察に当った。薬・治療は無償とされ、食事は1日男5合、女4合が目安とされた。院内で死去した場合は宿もとに送り、身元不明の場合は無縁墓地の回向院に葬った（前掲『江戸町触集成』など）。

　1732年に暖冬・冷夏の天候不順、西日本の蝗害（ウンカともいう）などで飢饉が広がった。飢民264万人、餓死人1万2000人を数え、天領では27万石を救助米としたので餓死者はなかったといわれる。西南諸藩は幕府の御用米支援で被害を少なくした。鯨油によるウンカ駆除や虫送り行事も盛んになった。被害者の相互扶助（合力）が奨励され、幕府は寄付者名を書き上げた『仁風一覧』を刊行した。米の不作は米価高騰を招き、1733年、将軍の御膝元である江戸では打ちこわしが発生した。

　この頃の東北では、医者の安藤昌益が『自然真営道』などを著して、不耕貪食の武士が農民を支配する封建社会を批判し、万人直耕（労働）する平等社会

13

を実現しようとする思想を展開した。秋田に生まれ生活拠点は太平洋側の八戸に置いた昌益の周辺には世界・日本についての知的関心を抱いた藩士・僧侶・豪農からなる文化サークルが存在したといわれる（『日本思想大系45安藤昌益』岩波書店、1973年）。農民・町人たちの文化サークルの中には『古事記』などの古典に仏教以前の日本を発見し地域の民俗的特質の解明を行う国学のグループ（本居宣長など）が生み出されていく（『日本思想大系51』岩波書店、1971年）。

　享保の改革が終わると田沼時代（1750年頃～90年頃）を迎える。将軍の側近田沼意次が幕府財政の再建を図るため、貿易振興、蝦夷地開拓、新田開発などの積極策をとったが、贅沢志向の賄賂政治と批判された。後半には天明の飢饉が発生し、都市部では打ちこわしが広がった。

　天明の飢饉は1782（天明2）年の凶作に始まり、翌年の関東の洪水、浅間山の噴火などで大凶作となった。1784～86年も不作で慢性的な大飢饉となり、餓死、行倒れ、病死が広がった。特に東北地方では草根や牛馬、犬猫、さらには人肉を食べたという資料も残っている。津軽藩（青森）で20万人の餓死者が発生し、1784～85年に全国で90万人の人口減があったとされる。幕府では、天明の飢饉前の1780年、江戸町奉行が深川に無宿養育所を設け、無罪無宿の収容を行い、在所に返す努力はした、1786年の10代将軍家治の葬儀には貧民への施行米の付与を行った。1787年、江戸にとどまらず、大阪、京都、大津、奈良、長崎などで打ちこわしがあった（杉田玄白「後見草」『日本庶民生活史料集成7』三一書房、1970年）。

　18世紀末の幕藩体制の危機を克服するために1787年老中に就任した松平定信が寛政の改革を開始する。財政緊縮のための倹約令や、思想統制のための寛政異学の禁などの政策とともに、農村の復活を図るために1789年、各地域で社倉や義倉を設置して雑穀を蓄える囲米、1790年に無宿の増加による都市の治安問題を解決し農村人口の減少を防止する旧里帰農令を出した。無宿の増加については1790年に江戸湾の埋立地石川島に人足寄場を設置した。これは無宿人収用所であるとともに、無宿人に大工などの手仕事を身に着けさせることによって社会復帰を図ろうとする封建時代の社会政策とも呼べる施策であった。

　犯罪に走りがちな無宿については帰郷を勧め、佐渡や伊豆諸島に送付するこ

第1章　前近代の社会福祉

とも考えられた。火付盗賊改長谷川平蔵（宜以）が無宿人の更生・授産施設として人足寄場の設立を建策し、実現の任務を命じられた。無罪無宿や入墨・敲きなどの刑を与えられた犯罪予備軍に紙すき、鍛冶屋、元結、大工、米つきなどの作業に上達することが目指された。食事・道具代を差し引いて賃金の3分の2を生活費に渡し、3分の1は寄場で預かり放免の時渡すとされた。幕府の負担としても毎年、米700俵と500両を出費した。無宿に対する精神修養（教諭方）を心学者の中沢道二が勤めた。彼は勤勉を尊び、誠実な生活を営むことによって生活を改善することを説いた（『東京市史稿救済編』東京市役所、1913年）。

　寛政の改革の貧民救済の施策としてもう1つ著名なのが七分積金制度であった。これは1785年から5年間の江戸の町費を調査し、これをもとに節約できる基準の町費を算定した。その7分（7割）を積み立てて江戸町民の救済に当てようとしたのであった。幕府が2万両を負担した。1792年、浅草向柳原に江戸町会所が設置された。積立金などは、窮民救済と低利資金貸付のために利用された。窮民救済は無償貸与であったが低利資金は火災などでの家屋建築などにも貸与され利子がとられ基金に組み込まれた。1828年には46万両余に達した。この基金は明治維新後、文明開化の資金として東京府が引き継ぎ利用することになる。

3　列強の接近と欧米の福祉への関心

(1)　内憂外患

　度重なる飢饉と災害は農村を疲弊させ、多くの無宿が農村を離れ都市に向かった。18世紀以降、都市では打ちこわしが発生したが、19世紀になると1833〜36年の天保の飢饉が契機となって、1837年幕府の大坂町奉行所与力を勤めた陽明学者・大塩平八郎が、貧民救済と幕政批判の反乱を起こすに至った。大塩は飢饉の際には蔵書を売払って、窮民1万軒に分配した。挙兵の目的は「下民を悩し苦しめ候諸役人共を誅伐し、引続き奢りに長じ居り候大坂市中金持の町人共を誅戮」することであった。反乱は1日で鎮圧され、1ヶ月後に大塩は自殺した。大塩門下生だけではなく、近郷の農民の支持を受けた。大阪北部の能

15

勢での農民騒擾の動き、さらに遠く北陸の生田万の乱にも影響を与えた。

　農村の荒廃については農民一揆を事前におさえる農村改善の動きが現れてくる。関東周辺で大名の財政改革と結びつけて、二宮尊徳が中心となった農村・農業の改革を行った。相模（神奈川県）小田原付近に生れた二宮尊徳は、父母の死去や洪水で相伝の田畑を失い、苦学と勤勉によって一家を再興し1810年頃には四町歩の地主に回復した。次いで小田原藩（大久保氏）の家老服部家の家政改革の功績があり、1823年からは大久保家の分家の知行所などの農村復興に携わることになった。天保の飢饉では、領主、商人、農民からの依頼で北関東周辺の荒村復興を行い、1842年には幕府に登用された。尊徳の農村改良の方法は報徳仕法と呼ばれ、その教えは、相馬藩士富田高慶の『報徳記』や豪農福住正兄『二宮翁夜話』でまとめられた。幼名二宮金次郎として伝説化された。

　農業や農村を改善するには自然にゆだねるのでなく人間の主体的作為（人道）が必要とする尊徳は、「興国安民」を実現するためには各人が誠実を尽くし勤労に励む通俗道徳の実践を求めた。各人が身分や財力を自覚する分度、各人が社会（家族・藩）から課せられる責任の遂行・推譲が求められる。村落や一族の指導者はとりわけそうした責任が重いのであった。

　尊徳と同様の農村改良を同時期に行った人物に大原幽学がいた。尾張名古屋の武士出身の幽学は、18歳で家を離れ20年間の諸国遍歴を経験して、1835年、天保の飢饉が広がる下総（千葉県）香取郡長部村に拠点を置き1842年には定住して、庄屋である遠藤氏の支援を受けて周辺の荒村復興の努力をした。無宿の拡大で博打が流行し農村が荒廃していた。神儒仏を融合して勤倹と知足安分を重視する性学を教える八石教会（後に改心楼）を長部村に設立して地域青年の精神教育と農業指導を行った。1838年に先祖株組合を結成してつぶれ百姓の再興を支援し始めた。組合参加者に五両分の土地を提供し、生産利益を積立て組合が管理することで没落農民を助けようとするものであった。他村にも拡大し始めたが、1851年頃には幕府により不穏な動きとして嫌疑を受けたため、大原は1858年自害した（『日本思想大系52 尊徳・幽学』岩波書店、1973年）。

　飢饉や災害に起因する経済的疲弊が広がっていた18世紀末には、鎖国を脅かす西欧列強の東アジア進出が忍び寄っていた。

第1章　前近代の社会福祉

　1792年、蝦夷地（北海道）の根室にロシアから A. ラックスマンが来航して、幕府に対して開国を要請した。ラックスマンは大黒屋光大夫など漂流民を引き渡して、開国を強要せずロシアに帰国した。1853年のアメリカ合衆国の M. ペリー来日以前に日本の近海にはロシアだけではなくイギリス、アメリカが、自由な市場を求めて活動を活発化させていた。1630年代の鎖国開始によって正式の対外関係は長崎を通したオランダ、中国に限定された。準公式の使節は朝鮮通信使、琉球からの慶賀使・謝恩使があり、蝦夷地を通したロシア・樺太の関係もあったので、近世日本が外国に対して完全に閉ざされていたわけではない。鎖国の許でも漢文訳、オランダ語を通した西洋の文物の紹介が行われていた。

(2)　洋学と水戸学の福祉認識

　1771年に江戸の処刑場で女囚の解剖を行った杉田玄白らは西洋医学書（『解体新書』）の正確さを認識し、1774年にはオランダ語を日本語に訳して出版した。医学、化学、自然誌などを中心に西欧の近代科学の紹介がなされた。1841年の蕃社の獄に関連して自殺することになる渡辺崋山はその1人であった。三河（愛知県）の小藩の家老を勤めたが、儒学とととともに蘭学を学び尚歯会を結成して、西洋事情を研究した。1838年、幕府が異国船（モリソン号）の打払いをしようとしたのに対し「慎機論」を書いて、幕府の「井蛙の管見（視野の狭い考え）」と批判した。「西洋事情書」では「西夷（欧米）」が「物理の学」を追求することで世界に広がり「一国を以て天下（世界）と仕らず、天下を以て天下と仕り候義、頗る規模を拡張仕り候風これあり候……その政事は養才造士を先に仕り、第一教道、第二政道……第三医学……第四物理学」、さらに芸術、手職を重視するとする。この基盤には「皆学校これあり、無告之者は養子院に入り、病院に入り、国により女学院を別に設け申し候」（『日本思想体系55崋山・長英・象山・小楠・左内』岩波書店、1971年）とする。

　欧米の接近に際し、200年来の鎖国を継続する方針を幕府は一貫できなくなった。ロシアの接近があり、また1808年には、イギリス軍艦がナポレオンに支配されたオランダの長崎商館を襲撃したフェートン号事件を発生させ、1824

年にはイギリスの捕鯨船が常陸（水戸藩・茨城県）に上陸し薪水（燃料と食糧）を物々交換する事件が発生する。幕府は1825年には異国船打払い令（文政の無二念打払い令）を出した。しかし、1840～42年の阿片戦争でイギリスが中国（清王朝）を打ち破る情報を得ると、1842年には、旧に復し、薪水の給与を認めた。渡辺崋山に関連する蛮社の獄はその間に発生したのであった。阿片戦争後に対外的強硬策を継続することはかえって列強の反発を引き起こすと考えられたのであった。

　国内には農民一揆が頻発し、海外から列強が接近する状況を「内憂外患」と捉えて、幕府中心の支配体制を「尊皇攘夷」のスローガンで強化しようとした思想として水戸学があった。江戸に近い水戸藩は江戸幕府を支える御三家（副将軍）の立場であった。2代藩主で水戸黄門として知られる徳川光圀は、江戸幕府の正統性を主張するため『大日本史』の編纂を行った。以後、儒学者・国学者が水戸学の学風を形成してきた。藤田幽谷や会沢正志斉などが知られる。「内憂外患」と表現したのは当時の藩主徳川斉昭であり、その子一橋慶喜は後に徳川本家を継いで最後の将軍となった。幕末の政治にも水戸学関係者は大きな影響を与える。

　1825年、異国船打払い令が出された。水戸学の会沢正志斉は『新論』を発表する。現状認識を示す「虜情（外国の情勢）」では次のように述べている。「西夷の海上に跋扈すること、殆ど三百年」と、欧米の発達がこの300年にあることを確認する。コロンブスのアメリカ到達、宗教改革、イギリスのピューリタン革命が端緒と考えられている。会沢は欧米発達の理由を考える。「その智勇の大いに人に過絶するあるか、仁恩の甚だあまねきか、礼楽刑政（政治制度）の修備せざるなきか、そもそも神造鬼設、人力のよくなすところにあらざるものなるか」と人為的・政治的・神秘の理由を挙げて、全部を否定する。会沢は欧米発達の根本原因として「独り耶蘇教（キリスト教）あるのみ」と断定する。もちろん、キリスト教の教えは「邪僻浅陋にして、固より論ずるに足るなし。然れどもその帰（結）は易簡にして、その言は猥瑣、以て愚民を誑誘し易く、巧言繁辞、天を誣ひて以て天を敬すとなし、人道を滅裂して、以てこ恵みを行ひ、以て仁聞を市」るという。キリスト教は言葉巧み民衆を惑わし、こ恵みと

18

いう福祉実践を行って浸透を図っている。「人の民を誘い人の国を傾くるを以て、胡神（外国の神）の心に副うとなし、兼愛の言を仮りて、以てその呑噬を逞しうす」（『日本思想体系53　水戸学』岩波書店、1973年）。水戸学が、西欧の危険性の理由としてキリスト教の福祉実践、古代中国の墨子の兼愛（博愛）に類似する隣人愛・カリタスが鋭く認識されているのが興味を引く。

　会沢はキリスト教を利用して日本の侵略（植民地化）を図る欧米に対して、天皇中心の日本（国体）を強化するために尊皇攘夷を主張する。尊皇論は将軍を中心とするものであり、将軍だけが天皇を尊敬することが認められる。大名は将軍を尊敬し、家来は主君を、農民は領主を尊敬（従属）することが許されるのみで、直接、天皇を尊敬することは禁止された。しかし、ペリーの来航による開国で、通商・旅行・キリスト教伝道など、外国人との交流が盛んになると、日本人の中に藩を超えた交際が広がり、一面では排外・攘夷思想が民衆に浸透し、尊王論も、下層武士や民衆が直接の忠義を天皇に捧げる方向が強まっていく。草莽崛起の主張である。長州藩（山口県・毛利氏）の軍学者である吉田松陰は1851年、佐久間象山に洋学を学ぶため江戸に赴いたが、さらに脱藩して水戸藩に接近し諸藩の下級武士が協力して危機を克服する下からの尊皇攘夷論を唱えた。1854年早々のペリー再来日に際しては、海外密航を企て失敗して自首、長州藩に戻される。

　松陰は密航の前の1853（嘉永6）年9月に兄杉梅太郎あてに書簡を送っている。「西洋夷狄にさへ貧院、病院、幼院などの設けありて、下を恵むの道を行ふに、目出度き大養徳（ヤマト）において却て此制度なき、豈に大欠典ならず哉」（『日本思想大系54　吉田松陰』岩波書店、1978年）。松陰にとっては会沢のように「こ恵み」は民衆をたぶらかす偽善ではなく、優れた国である日本でこそ実現すべき目標と考えられている。謹慎処分の中で松下村塾を開き高杉晋作、桂小五郎（木戸孝允）など明治維新を遂行する政治家の教育に当たった。安政の大獄で逮捕され、1859年に処刑された。

(3)　西洋体験と福祉認識

　文明の華として社会福祉をとらえる方向を、尊皇攘夷は重視しなかった。開

国を余儀なくされた幕府は薩長中心の討幕運動との対決のため軍備強化、強兵富国を目指さざるをえなかった。幕府、尊攘・討幕を志向する諸藩は優秀な下級武士を選択して欧米に留学生として送り出す。慶應義塾の創設者である福澤諭吉は九州豊前中津藩（大分県奥平氏）出身の下級武士であり、蘭学を大阪の適塾（緒方洪庵）に学び、1860年、幕府の万延元年の遣米使節の随行員として渡米した。1861〜62年、1867年と3度、幕府使節に参加した。2度目の海外体験では日記を残しており、各地の福祉施設を訪問したのがわかる。たとえば、1862年3月17日「朝十時、病院を観る。巴里（パリ）府に病院大小十三処あり。本日観るものは最大なるものにあらず。……都下の人民、病院に行かんと欲するものは、先づ此官衙に至り、吏人の免しを受けて院に入るを得」る。「病院の入費は都て政府より出ることなし。初め之を建造するとき、都下に令を下し、各戸より貧富に応じ出銀」させた。「此外、海陸軍の病院、養老院、養唖院、養盲院あり。此等の入費は全く政府より出す。但し貧者にあらずして、盲子唖子ありて、院に入れ諸学を学ばしめんと欲するものは、其学費を出すなり」（「西航記」『福沢諭吉選集第1巻』岩波書店、1980年）。福沢は帰国後、1866年に刊行した『西洋事情初編』でも、さらに詳しく論じている（第2章参照）。

維新後の1875年、都が東京に移った後の京都にキリスト教系の語学学校・同志社英学校を設立することになる新島襄は、開国後の1864年、幕府の許しを得ずに北海道箱館から密航を図り、アメリカ合衆国のニューイングランド地方で欧米文化の基本をなすキリスト教を学んだ。北関東の小藩（安中藩・板倉氏）出身の新島は蘭学を学び、密航以前に、アメリカの大統領選挙、無月謝学校、貧民院、感化院の存在を知って、日本の領主が大統領のようであらねばならないのに、人民を「犬か豚」のように扱っていることに疑問を感じたという。1867年、新島はアメリカから父民治に書簡を送り、自らが学ぶアンドヴァーには大学以外に、自由（無月謝）学校、婦人学校その他、貧院・病院が存在することを報告している。自由学校の割注に「この学校は一文も取り申さず候故、いかなる貧乏人も入門いたし学問修業いたし候故、この国には目あき目くら即ち読み書きを出来ぬものは一切御座なく候」とし、病院についても「これは邑の

人々金を出し薬衣服食物等を求め乞食の如き者を養ひ置くなり。嗚呼仁政の支那日本に優れる事ここにおいて見るべし」（『新島襄全集10巻』同志社大学、1985年）。吉田松陰と同様に、日本や中国にあるはずの仁政がアメリカで実現しているのを実感したのである。

ペリーの来航前後から、福祉を含んだ欧米の社会制度についての関心は、当時の知識人に浸透していった。開国とともにいち早く民衆の中にも影響を与えていく。その１つが天然痘（疱瘡）に対する種痘の実施であった。種痘は1796年にイギリスのE. ジェンナーが牛痘ウイルスを人に接種して免疫を造ることに成功して世界に広がった比較的新しい技術であった。日本には開国前の1849年に、紹介され実行された。長崎のオランダ商館に医者として来日したP. シーボルトに学んだ佐賀藩の蘭方医楢林宗建が商館医O. G. モーニッケと相談して牛痘を入手して実子などに接種を行い成功した。江戸ではシーボルト門下で蘭学塾を開いた伊東玄朴が、開国後の1858年に幕府の協力を得て種痘所を設立する。大阪では緒方洪庵、京都で日野鼎哉、福井で笠原良策が実施した。

病気の予防・治療の面で欧米医学はプラスの影響をいち早く与えたが、欧米との交際の開始は新しい流行病を広げた。インドベンガル地方の風土病であったコレラは、開国前の1822年に流行が見られた。開国後の1858年、長崎の発生したコレラは、京・大坂、さらに江戸にまで達した。江戸だけで約３万人の死者が発生した。流行は周期的に繰返し、「ころり」として恐れられた。

1854年米露英などとの和親条約が結ばれ、1858年には通商条約が締結されると、横浜を中心として貿易が開始された。またキリスト教を伝道しようとするキリスト教各教派の宣教師たちが来日する。しかし、幕府は開国を認めたがキリスト教禁止は継続した。幕府が崩壊した後、1873年に、明治新政府が欧米政府の要請を受けて、キリスト教の伝道を公認する。その間、キリスト教宣教師たちは攘夷運動に圧迫を受けながら、伝道の前提となる教育や福祉実践に傾注することになった。

開国をもたらした英米のキリスト教主流派であるプロテスタントがいち早く伝道のため来日した。長老派の宣教医として妻クララとともに1859年に来日したJ. C. ヘボンは、神奈川（横浜）成仏寺を借受け、施療所を設けた。医者とし

て開業した。公然と伝道することは控えられた。1867年、『和英語林集成』を編集し、妻と私塾を開いた。語学教育、医学を通して伝道の準備を行った。

　カトリックの宣教師たちは1858年横浜天主堂をたて、1863年長崎にも大浦天主堂を開いた。長崎では1790年、1842年、1856年に「浦上一番崩れ」「二番崩れ」「三番崩れ」と呼ばれるキリシタン摘発が行われたばかりであった。天主堂完成にともない潜伏キリシタンが神父の前に現れ信仰を告白するが、キリスト教の禁止が継続していたため1867年、四番崩れが発生し、信徒3400名が西日本各藩に「流罪」となる。そうした逆境の中で信仰による相互扶助・福祉活動が行われることになる。浦上での岩永マキたちの赤痢・天然痘流行の際の救護活動、孤児養育を行う浦上養育院の開設がその一例であった。

【参考文献】

池田敬正『日本社会福祉史』法律文化社、1986年

世界人権問題研究センター・上田正昭編『人権歴史年表』山川出版社、1999年

宮城洋　郎『宗教と福祉の歴史研究──古代・中世・近現代』法藏館、2013年

吉田久一『日本社会事業の歴史』勁草書房、1960年、1966年改訂、1981年新版

岩波書店のシリーズ本『日本古代史』（全6巻）、『日本中世史』（全4巻）、

　『日本近世史』（全5巻）など

コラム1　近世の盲人組織——当道座

■「座頭」「検校」の由来と当道座

　読者の皆さんは、『座頭市』や『ICHI』という映画をご存知だろうか。

　この『座頭市』『ICHI』には原作があり、その作者は子母澤寛（しもざわ・かん：1892〜1968）という小説家である。原作の「座頭市物語」は大変短い小説で、盲目の侠客である「座頭の市」という男が主人公となっている。後年、この「座頭の市」が目にも留まらぬ早技で仕込み杖を使いながら敵を切り倒すアクションと人情悲喜劇などを盛り込んで映画・テレビ番組などを製作するようになる。これらの作品に上記の映画が含まれるのである。ちなみに、この「座頭の市」の「座頭」は、当時の盲人組織である「当道座」の中の官職名に由来している。

　また、京都銘菓の「八ツ橋」も有名であるが、これにも由来がある。江戸時代に三味線、胡弓の名手で、箏曲の発展につとめた八橋検校（やつはし・けんぎょう：1614〜1685）」という人がいる。この「八橋検校」の死後に、金戒光明寺常光院に彼の墓が設けられ、弟子達が八橋検校を偲んで、金戒光明寺に訪れる参詣者らに琴をかたどった米粉の焼き菓子を振る舞ったことが「八つ橋」の起源となっている。この「八橋検校」の「検校」もまた、前出の「当道座」の中の高位の官職名である。

■ 当道座の成立過程の概要（中世から近世）

　当道座の始まりは、中世期に、平家物語を琵琶で弾き語る琵琶法師のうちの一集団が、天皇や貴族などの権力者や寺社のもとで神事をつとめて庇護され、芸の上演権の保護と独占をはかる為に形成した組織である「座」だとされている。当時、この「座」は6つの流派に分かれていたが、1300年代前半期にこの6つの流派を統合し、全国規模の組織である「当道座」に構成したのが、盲目で平家物語を弾き語る名手だった明石覚一（あかし・かくいち：1300〜1371頃）という人物である。

　当道座は成立当初から、所属している盲人に金銭を配る「配当」を行っていたといわれている。この配当は、当道座が、組織を維持していくために必要になる多額の資金に、当道座の中で階級を売却した金銭を充当し、これによって得た金銭の一部を当道座に所属している各々の盲人の階級・職分に合わせて分配していたものである（当道座内部の階級は大きく分けて「検校、勾当（こうとう）、別当、座頭」の四官に分かれていた）。中世期においては、芸に秀でた者に官位が授

コラム1　近世の盲人組織——当道座

与されていたが、近世になると芸の優劣ではなく、金銭を出せば出自に関係なく
官位を購入することが可能となっていた。しかし、官位の昇進への努力も義務づ
けられ、5年を過ぎても昇進しない場合は「座落ち」となり、当道座からの配当
が廃止されたり減額されたりするなど職業集団らしい特徴を保持していた。

　この「当道座」は、職業集団としても、あるいは、社会から阻害され経済的に
も苦しい状況にあった盲人を救済・保護するための相互扶助組織としても機能し
ていたが、自分たちの職域について天皇や権門寺社という権力から認証を受けて
利権を展開していく集団組織でもあった。

　江戸時代になると、天皇の恩寵の代わりに徳川幕府が当道座や当道座中の規則
を公認することになった。このことは、幕府から何らかの盲人保護対策を行うの
ではなく、当道座が階級を売る「売官」を行うなどの自助努力で「盲人保護」を
実施するようにする方向を示していたとも考えられている。

　この江戸時代では、当道座の本部・地域組織の整備が行われている。最初は京
都の職屋敷を本拠にしていたが、後の1692（元禄5）年に江戸にも拠点となる惣
録屋敷が設けられた。職屋敷と惣録屋敷はいわば当道座の中枢機関で、検校など
の官位の授与、配当、当道座内の犯罪者の処分などを業務としていた。中枢機関
にいる高位の惣検校や十老といった盲官は告文状（官位免許状）の発行権、金銭
等を当道座内で配分する権利、当道座に所属する人々に対する裁判権などさまざ
まな自治権を執行することが幕府によって認められていた。ただし、遠島や死罪
といった重罪については公儀（幕府や藩）の認可を得てから、刑の執行が行われ
ていたようである。また、地方の主要都市に仕置屋敷を置き、郷村には組頭を置
いて、一般の家族から強制的に玄米や金銭を徴収する仕事を担っていた。

　18世紀中期に入ると商品貨幣経済が発達し、大名から農民まで金融機関を必要
とする状態となってきた。当道座では、室町時代からあった座頭金（当道座内の
者に貸し付けていた金銭）の制度を発展させて、当道座外の武士、農民、町人に
も金銭を貸すようになった。高利で貸金業が行われることもあり、幕府から規制・
抑圧の対象とされることもあったが、高利貸しの需要がなくなることは無かった。
この貸金業は、当道座の中で琵琶などを使う芸能や鍼治などの技術をもたない人々
には重要な職業となっていったのである。

　このように当道座は、一定の自治権や業務を幕府に認められていながらも、そ
れは幕府に許された範囲のことであって、幕府の存在が無ければ当道座のもろも
ろの「自治」を行うのは大変難しかったことだろう。当道座に所属していたのは
全ての盲人の内の一部ではあるが、近世の当道座は変わらず彼らの救済・保護の
為の組織、相互扶助組織、座の存在を維持するための利権獲得など多様な特徴を

もっていた組織であったが、組織の維持にはその時の最高権力の公認が必要な団体でもあった。

■ 近世から近代における当道座の状況

　明治期に入ると、明治政府によって幕藩体制の中でつくられてきた制度や組織の解体が始まるようになる。

　1868（明治元）年に戸籍仕法が制定されると、翌年の1869（明治2）年に平民、士族、寺社などの籍に分かれていた旧戸籍制度を整理し始めた。この整理業務では、高い位にある検校や勾当などの子孫の苗字帯刀を禁止することが含まれていた。これは、当道座に属する盲官の特権の一部を解体することを示していた。しかし、この整理業務は当道座の完全な解体には至らず、京都府などの地方自治体では当道座や、所属している人々の存続を容認していたのである。

　しかし、この容認は長くは続かなかった。1869年に始まった凶作と米価の高騰は民衆の生活を困窮させることになり、当道座の人々にもその影響が及ぶことになった。すでに元禄時代の頃に、災害や凶作で諸藩の財政が苦しくなっていたことから、当道座に徴収される金銭（運上金）を減額するという対処は行われていた。しかし、幕末、明治維新期の政治や社会状況の変化も影響し、大名から農民に至る階層から徴収していた運上金はさらに減少し、当道座内の貧困は拡大していた。この社会状況に対して、各地の当道組織は運上金支払いをますます強要したり、配当される金額を増額するようにと嘆願運動を起こすようになった。特に、階級の低い人々は貧困な生活を送っていたことから、「理由のない虚言をもって金銭をむさぼったり、脅すような強い調子で運上金をとろうとした」ので役所に訴えられた者がいたほどの状況だった。中枢機関の職屋敷からは「事柄をわきまえた者が嘆願をするように」という自主規制が行われていたが、1871（明治4）年頃に当時の東京府から政府に、強談や按摩市場の独占を理由として当道座と惣録屋敷を解体・取り払うべきであるという申し出が行われた。また、当道座の本拠である職屋敷がある京都府からも東京府と同様の理由で、当道座内だけで通用していた座法の廃止や盲官の廃止を願い出るようになった。

　これらの盲官廃止、当道座解体を求める動きに対して、当道座では鶴岡惣検校の名前で政府に高額の寄付を行ったり、歴史が古く朝廷とは浅からぬ因縁をもつ当道座の由来を王政復古を唱える明治新政府に説くなどの活動を行っていたが、その求めも空しく、1871年に盲官廃止令が太政官布告で出され、盲官は廃止されることになった。この布告によって、京都の職屋敷や東京の惣録屋敷も新政府に

コラム1 近世の盲人組織――当道座

没収され、当道座内で配られていた配当についても禁じられることになった。戸籍も一般市民層への統合が行われた。当道座は、徳川幕府の認証があってはじめて存在できる組織であって、明治新政府に認証されなかったこの組織はこれまでと同じ形では存続できなくなったのである。解体後の当道座は、各地で芸能集団として、あるいは鍼治・按摩業の同業組合として再編されていくことになる。

■ おわりに

　高価な楽器を使わずに身一つで商売ができる鍼治や按摩を生業としていた当道座内の座頭以下の下位層は座内全体の6割を占め、彼らは同時に貧困者でもあった。当道座の解体は、その貧しい階層の収入の補足となっていた配当を失わせる事になった。つまり、彼らは、当道座の上層階級への納金などで搾取される状況から解放されると同時に、そこから得ていたわずかな生活保障（配当）を失い、明治期以降の日本の近代社会の中で生業の維持、家族などによる保護、一般の救貧対策の対象として生きていくことになったのである。

【参考文献】
京都市立盲学校同窓会編『當道大記録』京都市立盲学校同窓会、1930年
吹田市立博物館編『ことのしらべ――琵琶法師から当道座へ：平成16年（2004）度特別
　　展』吹田市立博物館、2004年
藤田斗南編『当道資料』上方芸術保存会、1930年

（畠中　暁子）

第2章　明治前半期の社会福祉

☑　この章で学ぶこと

　この第2章では幕末期から明治前半期（20年代）、すなわち日本が近代化へ歩みはじめる時期の社会福祉の状況をみていくことにする。文明開化や富国強兵政策、憲法や議会制の整備などによって近代国家としての体裁が整う一方で、大きな社会変動は社会問題（貧困、衛生、労働、公害など）を生み出し民衆生活を直撃した。本章ではこれらの問題に対する明治政府の対応、さらにはその不十分さを肩代わりするかのように勃興する民間慈善事業の活動などについてもみていくことにする。

1　幕末の社会の動揺

(1)　社会状況

　19世紀のはじめ頃より日本の沿岸には欧米の船がたびたび出現していたが、1853（嘉永6）年には米国海軍の提督・M. C. ペリーが大統領の国書をもって来航し軍事的な圧力をもって江戸幕府への開国を迫った。米国との和親条約（54年）を皮切りにロシアなどとも条約を締結するに及び、ついに鎖国体制は崩壊した。幕府は海軍伝習所や講武所を設置するなど国防の強化を図ったが、すぐさま自由貿易などを柱とした通商条約の締結を求める米国の圧力にさらされると、大老の井伊直弼は朝廷の勅許を得ずに米・英・仏・オランダ・ロシアの5ヶ国と通商条約を結んだ。

　この条約は領事裁判権を他国に認め、さらに日本側に関税自主権がないという不平等条約であった。実際に横浜・長崎などで貿易が始まると日本からの輸出品目を中心に物価が急騰、金銀の交換率の違いによって大量の日本金貨が外国に流出することになったため国内の経済は混乱に陥った。幕府への不信は百

姓一揆や都市での打ちこわしという形であらわれた。一方で、外交政策をめぐる幕府と朝廷の軋轢はやがて尊皇攘夷・倒幕運動へと発展し、1867（慶応3）年10月ついに15代将軍・徳川慶喜の大政奉還によって幕藩体制は終わりを告げた。

(2) 幕末期の救済事業

　江戸時代後期にはすでに飢饉や災害によって民衆生活は危機にさらされることが多かったが、特に幕末期は社会経済的混乱だけでなく1853年の小田原大地震をはじめ、東海・東南海大地震など巨大地震が頻発し日本中が自然災害に見舞われた。都市部では、死亡率が高く人口減少を外部からの人々の流入で補うという「蟻地獄」の様相をみせ（布川弘「都市化と都市問題の成立」『日本史講座8 近代の成立』東京大学出版会、2005年）、18世紀末に創設された七分積金制度（江戸町会所）による救済は一度に数十万人の町民を相手にすることもしばしばであり、浮浪者・犯罪者などの収容・授産は石川島人足寄場で実施された。

　そのような状況の中で西洋の慈善（福祉）事業についても司馬江漢（『和蘭通舶』）や渡辺崋山（『西洋事情書』）といった蘭学者や吉田松陰など日本人の手によって紹介されていた。幕府の欧米使節団随員として米国や欧州諸国を歴訪し、明治期を代表する啓蒙思想家として名高い福澤諭吉は1866年より西洋の諸制度や社会、文化の実情を記した『西洋事情』を世に送り出した。本書の著述は人権観・貧困観など思想的側面から外交、兵制、小学校制度など多方面にわたっているが、その中で養老院や孤児・棄児院など（総称して「貧院」）や昼間保育施設、さらには盲聾唖・知的障害児の教育施設や精神病院の実情についても言及している。たとえば棄児院について「院の戸外に鈴ありて、子を棄る者、戸外に子を置き鈴を鳴らして去れば、院より出でてその子を拾て、之を棄る者を問わず。既に院に入れば衣服を与え乳母を付け丁寧に養育して、次第に成長すればその才に応じて学術技芸を教え、活計の方を知るに及で之を出だす」と紹介している（福澤諭吉、マソオン・ソシエ・西川俊作編『西洋事情』慶應義塾大学出版会、2009年）。

　西洋の慈善事業との媒介には開国後まもなく来日した宣教師たちの貢献も大

きい。現在でも「ヘボン式ローマ字」で著名な宣教医・J. C. ヘボンは、1859年に来日し眼科医でありながら結核やハンセン病患者などを分け隔てなく診察した。また長崎を訪れたポンペも身分制にとらわれない医学教育・治療を展開した。このように西洋的なヒューマニズムを体現した彼らの実践はその後の慈善事業に大きな影響を与えた。

2 明治前半期の社会変革と社会問題の萌芽

(1) 富国強兵政策

　倒幕を実現した長州・薩摩藩出身者を中心とする明治新政府は、天皇を頂点とした中央集権国家の建設を目指した。1868（慶応 4）年 3 月には天皇が神に誓う形式で新政権の基本方針「五か条の誓文」を発表した。そこでは「公議輿論」（身分や立場を超えた各社会階層の意見を、広く国政に反映させること）や攘夷を修正した「開国和親」などが謳われていた。誓文発表の翌日には太政官が「五榜の掲示」を行い、民衆に対してはキリスト教禁止など幕府と同様の姿勢を示した（西欧諸国の非難により1873年にキリスト教禁止を解除）。宗教に関してつけ加えれば、同時期に神道国教化を目指す新政府によって神仏分離令が出されると「廃仏毀釈」が各地で実施され、全国の仏教寺院の60％が破却されるなど仏教側も大きなダメージを受けた。

　また、天皇は1868年 9 月 8 日に元号を慶応から明治へと改元し、その際「一世一元制」を採用した。次いで同年10月13日江戸城は東京城と改名され、翌年3 月28日には東京奠都が実現した。さらには中央集権制の確立のために版籍奉還（1869年）と廃藩置県（1871年）を断行し封建制の解体を図ったが、このことは江戸時代までの身分制を解体することも意味した。旧来の身分制の解体を「四民平等」と呼ぶがそれ自体について規定した法令は存在しないものの、一連の改革の中で「士農工商（四民）」を解体、華族・士族・平民に整理し、結婚や居住、職業選択の自由が認められた（当初は士族と平民の中間に「卒」＝下級武士が存在）。士族に対してはそれまでの領主に変わり、新政府が秩禄（俸給）を支給することとなった。しかし財政的に大きな負担であったため1876年に金

禄公債条例を制定して秩禄の支給を停止した。廃刀令の発布など政府は士族の特権を徐々にはぎ取っていく一方で「士族の授産」を試みたが、多くの者が生活苦に陥りその不満は政府へ向けられ各地で反乱を招いた。また、1871年には「賤称廃止令」が出され40万人以上の「えた・ひにん」と呼ばれた身分の人々を法令上解放して平民として位置付けたが、彼らの職業・経済的特権も解消されたために却って生活が困窮する者も多かった。1872年10月には娼妓解放令が出された。

　政府はさらなる富国強兵を進めるために1872年に「徴兵の詔」。翌年太政官布告として「徴兵令」を出し、全国で徴兵検査を行った。当初の徴兵令は広範囲の免役条項が存在し、それを利用して徴兵忌避をする者が少なくなかったが、数度にわたる改正を通して1889年には国民皆兵制が確立した。また、租税収入を安定的に確保するために地租改正が行われた。政府は1872年から土地の私有制度を進め、1873年には地租改正条例を出し土地の所有者から地価の3％にあたる税額を金納させた。作物の豊凶にかかわらず一定の税収入が見込めることになったが、50件を超える地租改正反対一揆のために1877年より税率が2.5％に引き下げられた。

　以上のように新政府は強力に中央集権・富国強兵を進めていった。しかし、征韓論をめぐる対立から政府を去った板垣退助らによって「公議輿論」を実現するための民選議院設立の建白書（1874年）が提出されると、政府に不満をもつ士族や豪農による自由民権運動が巻き起こった。民権派の愛国社、国会期成同盟などの激しい要求に対して政府は1890年の国会開設を約束＝「国会開設の勅諭」（1881年）を行い、内閣制の創設、大日本帝国憲法発布（1889年）、帝国議会開設（1890年）を経て立憲政体を採る近代国家の体裁は一応整えられた。ただし、国会開設後も「地租軽減」「条約改正」などをめぐり民権派政党と政府との対立は続いた。

(2)　文明開化と民衆生活の変化

　新政府は中央集権制を推進する一方で西洋文化諸制度の積極的導入（文明開化）を図った。西洋列強の政治・法制度や経済・教育・軍事などの実情を把握

するため、岩倉具視特命全権大使や木戸孝允・大久保利通などの使節と留学生を含めた100人を超える人々が海を渡ったことは、その典型的な姿勢のあらわれである（使節団は12ヶ国を視察し1873年９月に帰国）。在野においても留学経験をもつ福澤諭吉、中村正直、西周らが結成した明六社は1874年から『明六雑誌』を刊行し、「天賦人権説」（加藤弘之）や「廃娼論」（津田真道）などの西洋思想の啓蒙に力を注いだ。その他電信や郵便制度、鉄道の敷設などのインフラが西洋の技術やシステムを活用して整備された。1872年には太陽暦が採用され同年12月３日が、新暦で1873年元日となった。

　天皇を迎えて首都となった東京では、政府関連の施設から出火し約3000戸を焼いた1872年２月の大火の後、不燃都市を目指して銀座に煉瓦造りの街並みを建設した。そこでは日本初のガス灯・鉄道馬車が導入された。新聞紙印行条例によって1870年12月の横浜毎日新聞を皮切りに次々と新聞（日刊紙）が発刊されたが、大手新聞社の多くはこの銀座に社屋を構え、当地は文明開化の象徴的場所となった。しかし、「火事と喧嘩は江戸の華」とは過去の話ではなく1868年から1890年までの23年間に1000戸以上の建物を焼失した大火が18回起こっており、首都東京の防火対策は切実な問題であったといえよう（小木新造『東京時代』講談社、2006年）。

　このように西洋の文物が輸入され外形的な部分を中心に文明開化が進展したとしても、国民が自動的・自発的に近代的市民に変化していくことはありえない。日本が列強諸国と対等に渡り合うためには近代的市民の育成が重要であり、新政府も文部省を設置し（1871年）、新しい教育制度の導入を図った。まず72年に「一般ノ人民（華士族農工商及婦女子）必ス邑ニ不学ノ戸ナク、家ニ不学ノ人ナカラシメン事ヲ期ス（学事奨励に関する太政官布告）」と謳った学制が制定されたが、人々にとって学校建設や授業料の負担は重く、一家の労働力としての子どもが学校に取られることに対する反発もあった。1879年には米国の自由主義的な教育を手本とした教育令、1886年に至って学校令（帝国大学令・師範学校令・中学校令・小学校令からなる体系的な学校教育制度を定めた法令）が公布され、教育に対する国家統制が進んだが、貧困家庭等の児童については「就学猶予」の規定が存在したため1891年に至るまで小学校就学率が50％に届かなかった。

さらに1890年10月30日には教育勅語が発布された。文部大臣名で全国の学校に頒布されたこの勅語は「学校をつうじての天皇制注入の最大のよりどころ」として機能した（坂野潤治『近代日本の出発』新人物往来社、2010年）。その後、小学校令は1900年改正で尋常小学校4年間が義務教育であることを定め、授業料が廃止された。そのため1905年には就学率が95％を超えた。

　一方で明治初期におけるこのような西洋文明への無批判な政府の姿勢は、時に過剰適応ともいうべき事態を生み出し、日本人の生活全般に関わるさまざまな場面で衝突した。1872年に東京府下で公布された違式詿違条例（翌年太政官布告として全国施行）は、欧米人からの批判の的となる旧弊・悪弊を違式罪目（＝故意の犯罪）と詿違罪目（＝無意犯）として取締まることを定めた。摘発の対象は、江戸期までは当然の光景であったといわれる裸での往来、混浴、喧嘩、入れ墨、見世物、肥桶の運搬や、夜間での無灯火での馬車通行、悪戯、女性の断髪など多岐にわたった。

(3)　社会問題の萌芽1──下層社会

　江戸幕府の支配が終わり明治という新しい時代を迎えても、一般の人々の生活はなおも混乱が続いていたといってよい。むしろ矢継ぎ早に実施される新政権の政策によって、民衆の生活はより一層の混迷を深めたという側面もある。たとえば、発足当初から財政難で苦しんだ新政府は軍備や殖産興業などのために太政官札などの紙幣を発行し、国立（民間）銀行が発行する他の不換紙幣も市中に出回ったためにインフレーションを招いた。1881年に大蔵卿に就任した松方正義は、政府の財政支出を切り詰めた緊縮財政と軍拡を背景とした増税を行う一方、日本銀行の設立・統一紙幣（日本銀行券）を発行しそれまで出回っていた紙幣の処分を進めた（紙幣整理）。これによって改革当初は物価が大きく下落し、日本経済は深刻な不況に見舞われた（松方デフレ）。松方はさらに官営工場等を民間に払い下げ、大資本の育成に努め産業革命の土台を作った。

　前述のように1873年には地租改正が実施されたが、しばらくの間はインフレの影響により米価は高騰したため、都市部の住民や士族などの生活苦をよそに農民たちの税負担は実質的に軽減された。しかし、松方の緊縮財政によりデフ

レが進行すると米価は急落。減収と重い税負担（地租は2.5%に固定）を抱える農民は土地を手放して小作人となるか、都市へ流出して労働者（とその予備軍）となった。手放された農地は経済力のある地主へと集積され、小作料だけで多額の収入を手にする寄生地主と呼ばれる人々も現れ、農民の階層分離が進行した。

　旧来の社会経済体制の倒壊や物価の乱高下、不況に直面した人々は都市に沈殿し江戸期から残存する貧民窟（スラム）を中心に「下層社会」を形成していった。中川は、都市生活者のうち下層10%にあたる人々を「都市下層」と呼び、明治中後期の都市下層の生活のあり方として「家族を形成すること自体が困難であり、木賃宿や貧民窟を中心とする渾然とした『下層社会』の共同性に依存して、かろうじて都市に滞留していた」と述べる（中川清『日本の都市下層』勁草書房、1985年）。

　また、1887年頃の女子の平均結婚年齢は14才8ヶ月で、明治前期の東京では男女とも早婚の傾向が顕著であるとされた一方、離婚の多さが問題視されていた。東京府における1880年の離婚件数は7604件であるが、その数は当年婚姻数の73.6%にあたり、1890年まで全国平均を上回る離婚率を保持していたことも中川のいう「家族を形成・維持」することの困難さを物語っているかもしれない（小木　前掲）。

　ここで、当時の下層社会の様子をみておきたい。明治10年代末からジャーナリズムによって「異質」な社会空間としての貧民窟の現状が注目されたが、この時期の下層社会の調査をいくつか取りあげてみよう。

　『最暗黒之東京』（1893年）の執筆者で国民新聞社記者の松原岩五郎は、東京の三大貧民窟（下谷万年町、四谷鮫ヶ橋、芝新網町）と呼ばれた地域などに飛び込み、そこでの生活体験を通じて下層社会に生きる人々の実像を描こうとした。そこではさまざまな職業や家族構成の人々が雑居し、彼が「動物的待遇」と呼んだ木賃宿の様子や、たとえ住居があったにせよ、家財等のあまりの粗末さから「彼らの生活はスベテ『欠乏』といえる文字を以て代表され居る」という感想を抱いた。また、下層社会における職業についても言及しており、中でも陸軍士官学校生徒の残飯（「肥料」として払い下げられる）が商品となり、そこに多

数の人々が列をなす「残飯屋」の様子は松原自身が従事した体験もあって、貧民の食糧事情に関する状況まで非常に描写が細かい（松原岩五郎『最暗黒の東京』岩波書店、1988年）。「スベテ『欠乏』」という状況は「東京府下貧民の真況」（『朝野新聞』1886年）も伺える。ここでは「長屋中二、三軒組み合いて一個の釜を使用するさえ甚だしきに、その日の飯を焚きおわればその釜を携えて質屋に至り、これと布団と入れ替え来り、既に夜明けて起き出ればまた布団を持て質屋にい至り…」として、数少ない家財道具を繰り返し「質入れ」することでその日その日をしのいでいく家族の様子を著述している。この他にも下谷万年町での人々の様子を「垢に塗れ塵に汚れ男女の分ちだに定かならず、獣に均しき有様なれば世に何の望みありてなお命を惜しみ居るや、むしろ世を棄つるこそ楽ならめと思ふほど」と述べたり、残飯屋について「総てこれらの食物は獣類の食うべきほどのもの」と述べる姿勢には、下層社会に対するあからさまな蔑視のまなざしを伴っているが、当時の読者ならずとも少なからずの驚きを感じるだろう。

　東京府との対比において、大阪府・名護町の貧民窟の様子にもふれたい。『貧天地飢寒窟探検記』（日本新聞社、1893年）を著した大我居士（桜田文吾）は、名護町の貧民窟で生活する人々の代表的な職業である人力車夫、紙屑拾、按摩など11種をあげその仕事の内容や日給を紹介している。そこでは比較的賃金の高い人力車夫と車引き（荷物運搬）を除いた9種の平均日給は4銭8厘（1人あたり）であるとしているが、一日の生活に必要な支出（5銭3厘）に届かないため、人々は時に残飯や濁水をすすって不足分を補っていると報告している。また近親者が死亡した場合その葬儀費用が大きな負担となるため、火葬場に死者を棄てるか、葬儀の必要のない疫病にかかって死ぬことが望ましい（「死ぬなら虎列刺（コレラ）」）とも著述している。

(4) 社会問題の萌芽2 ── 衛生、公娼制度、労働問題、公害問題

　それでは、当時の人々の生命・健康問題はどうであったのか。明治20年代の日本人の平均寿命はおおよそ40歳代前半で推移していたが、この背景には明治期を通じて15％を超えていた乳児死亡率と疾病による死亡者の存在が考えられ

る。明治期の前半を代表する感染症といえばコレラであるが、幕末期から検疫制度が十分に整備されない19世紀末にかけて、国内ではたびたびコレラの流行が起こった。致死率が高く、発病後1日か2日で死に至る病であり、さらに警察等の強制的な隔離政策と患者への差別や避病院（隔離病院）の惨状に人々は恐怖した。この病気は当初外国人の出入りする長崎から発生していたが、維新以降は国内で交通網が整備されたこともあり、1877年から79年の全国的な大流行のように10万人以上の人々が死亡するケースもあった。1875年に内務省衛生局が設置されると当局は外来の感染症対策に取り組み、1880年の伝染病予防規則により予防策を講じるべき法定伝染病にコレラや赤痢などを指定し、公衆衛生の整備を進めた。このような事情が「コレラは衛生の母」と呼ばれる由縁であるが、このような感染症が慢性的な貧困状態、過重労働や食糧の不足、不衛生な環境の中で人々が生活する下層社会で猛威をふるったことは想像に難くない。

　貧困が人々にもたらした問題は健康問題だけではない。前述のように1872年の「年季奉公等種々ノ名目ノ人身売買禁止令（通称「娼妓解放令」）」は、同年に起こったマリア・ルース号事件に際して、日本の娼妓が奴隷契約の下に使役されていることを各国より非難されたことから制定された。この布告によって「人倫」に背くとして人身売買は禁止され「娼妓芸妓等年季奉公人一切解放可致」と規定されたものの、「貸座敷」という売春施設での娼妓の「自由意志」による売春行為は許容された。このことは実家の借金等によって娼妓を続けざるをえない実態も女性本人の意志・責任とみなされるようになった。実際問題として娼妓の数は1879年に2万3713人、1896年には3万9068人に及び、娼妓と貸座敷業者からの納税（賦金）は地方に多額の収入をもたらしたとされる。

　このような売春制度の廃止運動＝「廃娼運動」の先駆けは1880年に群馬県で始まり、1891年には同県で廃娼令が出された。この過程で廃娼運動は全国に波及し、後述する日本基督教婦人矯風会や救世軍などが廃娼運動を牽引した。但し、当時の廃娼運動は売春行為に従事せねばならない女性の境遇から彼女らを解放するのではなく、「醜業」に従事する彼女らを社会的に排除していく論理によって動かされていたという指摘もある。彼女らにとっての「救済」とは

「娼婦自身が自己を『不浄不潔なる者』と恥じ、卑賤観を内面化」することで、自らの意志で売春行為から逃れる（自由廃業）ことであった（藤目ゆき『性の歴史学』不二出版、1997年）。

　売春問題と並んで女性とかかわってくるのは、中絶や嬰児殺しの問題である。1880年に制定された最初の刑法では「堕胎ノ罪」（330・331条）が設けられ、堕胎をした女性と手術等を行った者が処罰されることとなった。しかし、処罰の対象はあくまでも女性であり当事者としてかかわった男性は処罰の対象から除外された。ここにも当局の性に対する不平等的な姿勢がみて取れる。明治期における死産率の高さの背景には、堕胎によって胎児の命が「強制的」に失われたことが影響しているという可能性を指摘する声もある（岩田重則『〈いのち〉をめぐる近代史』吉川弘文館、2009年）。

　その他、明治前中期には労働問題の萌芽もみられた。政府の殖産興業政策と農民層の分解などが進み、1887年頃に約10万人だった工場労働者も3年後には約35万人に達していたが、同時に過酷な労働実態などが明るみに出ることになった（牧原憲夫『全集 日本の歴史 第13巻　文明国をめざして』小学館、2008年）。

　たとえば、長崎県で三菱が経営する高島の海底炭鉱において、多数の鉱夫が奴隷的境遇の下で酷使されている事実が1887年頃から多数の有力メディアで取り上げられた。この事件は世論の注目を浴びたことから、政府は内務省警保局長・清浦奎吾を現地に派遣し改善勧告を行っている（高島炭鉱事件）。また、山梨県の雨宮製糸場では1886年6月に労働条件の悪化や賃下げに反発した女工100名余が職場を放棄して寺院に立てこもった。結果的に工場主から労働条件の改善を勝ち取ったが、この集団的な職場放棄が日本最初のストライキといわれる（雨宮製糸争議）。このような社会状況を背景にして明治30年代に入ると社会問題研究会や社会主義研究会が誕生していった。

　この時期の社会問題として公害問題の発生も見逃せない。足尾銅山鉱毒事件は近代日本における公害問題の原点といわれる。当地において鉱毒の被害が顕在化したのは1884年の暮れ頃からであるが1890年の洪水によって土地・農作物は甚大な被害を受けた。このことを受け国会議員の田中正造は1891年12月8日の帝国議会において鉱毒問題の糾弾を行い、鉱毒反対運動を展開した。根本的

解決が見えないまま1901年12月には田中正造が明治天皇へ直訴に及んだが、被害地の出生率の極端な低下と死者の急増という深刻な実態は直接的な被害住民をはじめとして多くの国民・マスコミ等を巻き込んだ民衆運動へ発展した。

3 明治前半期の公的救済制度と慈善事業

(1) 公的救済制度

これまでみてきたように、幕末から明治期に至る社会変革（西洋化、近代化、資本主義化）の一方で、その大きな変化のうねりに翻弄される民衆の姿があった。それでは、明治新政府はどのような姿勢でこの民衆の困難に向き合ったのだろうか。

新政府による王政復古から廃藩置県に至る一連の改革により幕藩体制は崩壊し、それまで同体制が担った地方の救貧事業は衰退していった。首都・東京府では江戸期以来の町会所による救済が廃止（1871年）された後、同所の有していた救済費（積金）は都市整備のための費用として府の諮問機関である営繕会議所（東京会議所）の予算に組み込まれた。ロシア大公アレクセイの来日をきっかけとして1872年に同会議所に「養育院」が設立され「乞丐老幼男女」140名の収容保護を開始した（安達憲忠『東京市養育院沿革及実況』東京市養育院、1896年）。養育院は1876年に府に移管されて公立施設・東京府養育院となり地方税の補助によって経営されることとなった。しかし、公費によって窮民を収容保護することへの非難もあり、府では1884年までに施設を閉鎖するとの決定もなされたが、救済事業の必要性を認識していた院長・渋沢栄一は養育院に慈善会を設立し、1890年に市所管の東京市養育院となるまでの間独立経営によって窮民の収容保護を続けた。同院は設立当初は窮民を混合収容していたが、やがては行旅病人（1883年）、棄児・孤児（1886年）、不良少年（1900年）などへ対象を拡大し、処遇も専門分化していった。このような経過を辿った養育院ではあったが、窮民や孤児らの収容保護には多くの困難があったと思われる。たとえば、以下に窮民などの施設への出入り表を示したが、「窮民」や「棄児・遺児・迷児」の死亡率の増減の大きさなどからもそのことが伺える（東京市養育

図表 2-1　窮民出入表　1872（明治 5）～1892（明治25）年

	年繰越（人）	入院（人）	出院（人）	死亡（人）	死亡率
1872年	0	313	46	22	7%
1873年	245	493	292	190	26%
1874年	256	667	358	208	23%
1875年	357	572	335	198	21%
1876年	396	370	202	175	23%
1877年	389	292	142	198	29%
1878年	341	403	147	227	31%
1879年	370	576	241	232	25%
1880年	473	582	211	355	34%
1881年	489	444	253	333	36%
1882年	347	168	208	135	26%
1883年	172	42	37	33	15%
1884年	144	21	33	18	11%
1885年	114	45	15	16	10%
1886年	128	57	16	45	24%
1887年	124	72	28	25	13%
1888年	143	61	26	26	13%
1889年	152	105	33	53	21%
1890年	171	255	66	193	45%
1891年	167	182	45	104	30%
1892年	200	117	41	61	19%

出典：『東京市養育院月報』 6 号（1901年）をもとに筆者が作成

院『東京市養育院月報』 6 号、1901年）。

　東京府に限らず、新政府は衰退した地方の救貧事業の再編成を行う必要から1973年に内務省を設置し、翌年には窮民に対する救済についての滋賀、小田、千葉など各県からの内務省に対する申請を受け、国内統一の救貧制度として恤救規則を公布した。救済対象として設定されたのは①「極貧の者独身にて廃疾に罹り産業を営む能はざる者」、②「同独身にて70年以上の者重病或は老衰して産業を営む能はざる者」、③「同独身にて疾病に罹り産業を営む能はざる者」、④「同独身にて13年以下の者」、もしくは独身でなくとも家族が70才以

第2章　明治前半期の社会福祉

図表2-2　棄児・遺児・迷子出入表　1885（明治18）～1897（明治30）年

	年繰越（人）	入院（人）	出院（人）	死亡（人）	死亡率
1885年	0	29	4	3	10%
1886年	22	103	27	19	15%
1887年	79	36	23	12	10%
1888年	80	55	40	10	7%
1889年	85	38	38	3	2%
1890年	82	201	46	49	17%
1891年	188	149	65	74	22%
1892年	198	106	76	73	24%
1893年	155	183	69	34	10%
1894年	235	122	56	30	8%
1895年	271	104	107	27	7%
1896年	241	93	107	26	8%
1897年	201	78	75	20	7%

出典：『東京市養育院月報』6号（1901年）をもとに筆者が作成

上か15才以下の者であり①～④と同様に「窮迫」している者で、救済の対象者にはそれぞれの所定の量にあたる米の代金が支給された。

　前文に謳われているように、同規則は貧困の責任と原因は個人にあることを前提としており、①救済の対象を「無告の窮民」に限定し、②「人民相互の情誼」を強調して公的救済よりも血縁的・地縁的な共同体相互扶助（隣保相扶、親族相助）を優先させた。また、天皇の「仁政」を前面に押し立て、新体制の正当性を示す手段としての性格を持ち合わせていることなどに特徴がある。『日本帝国統計年報』から推計すると、1876年の救済率が総人口に対して約0.07‰（パーミル）、1881年の救済率が約0.2‰、1889年が0.35‰となっており、厳格な適用条件と低水準の救済内容とが相まってその効力は十分とはいえなかった。そのため第1回帝国議会において、早くも山県有朋政府の提案として恤救規則にかわる「窮民救助法案」が提出された（1890年12月）。同法案は「無告の窮民」であることを条件とせず、市町村等に救済責任と費用負担を求めるものであり（2、5条）、居所や衣食、医療、埋葬について現物給付を行うという救済方法を採るものであった（6条）。しかし、帝国議会においては多額の

公費を貧民救済に充てることへの反発や、被救済者の怠惰を助長することへの危惧（惰民観）などにより反対多数で不成立に終わった。その後は1897（明治30）年2月に市町村の救済義務を謳った恤救法案と救貧税法案が帝国議会に上程されたが審議未了のまま終わった。さらに1902（明治35）年にも市町村の救済義務を盛り込んだ救貧法案が上程されたが、政府委員・井上友一（内務省）の批判などによって不成立となっている。このように国政レベルでも幾度か恤救規則の改正の動きがみられたもののいずれも実現することなく、昭和に入ってから救護法が制定（1929年）されるまでの50年以上の間、同規則が日本の救貧制度の中核を担った。

　恤救規則の他には、捨て子を養育する者に対して養育米を支給する棄児養育米給与方（1871年）、三つ子を出産した困窮家庭に対して一時金5円の養育料を支給した三子出産ノ貧困者へ養育料給与方（1873年）、行旅病人取扱規則（1871年）、行旅死亡人取扱規則（1882年）、自然災害の罹災者に対する応急的救済を定めた備荒儲蓄法（1880年）が整備された。

　以上のように民衆の生活問題（主として貧困問題）に対する公的救済制度は一応の整備をみたものの、その性格は救済の徹底よりも民衆に「自助自立」を要請するものであった。それは、富国強兵政策に代表されるように欧米列強諸国と肩を並べることが時の政府の大きな関心事であり、救貧行政には関心が低かったこと。むしろ、政府内においては惰民観やマルサス的貧民観が支配的であり、救貧行政そのものに否定的であったことによる。結果として上記のような救貧制度の整備とは矛盾するかのように、民衆の生活困難は深刻化していくのであった。

(2)　慈善事業、思想・理論

　ここまでみたように、消極的な政府の慈恵的救貧政策は民衆の生活状況の改善や社会問題の解決に至らず、文字通り貧困な救貧政策を補う形で宗教者を中心とした民間の慈善事業や施設が創設されていくこととなった。そのモデルとなる欧米の慈善事業などについては幕末以降に日本へ紹介され、日本の慈善事業発展の母胎となった。

第 2 章　明治前半期の社会福祉

　明治10年代になると、自由民権運動の広がりとともに運動にかかわった人々の関心も政治問題に止まらず社会問題にも拡大していった。たとえば、民権運動の指導的立場にあった植木枝盛は立志社の機関誌である土陽新聞で「貧民論」を展開した。彼は貧困が社会的矛盾の産物であることを指摘し、貧民自身の個人的責任を強調する自由放任的思想を否定する一方で、天賦人権説に基づく貧民の救済権についても言及した。また、安達憲忠（東京市養育院幹事）や原胤昭（東京出獄人保護所）、高瀬真卿（私立予備感化院）のように民権運動に直接的・間接的にかかわった経験から、慈善事業の領域にその活躍の方向性を見出していく人々も存在した。この時期には、T. R. マルサスの人口論が大島貞益により『馬爾去斯人口論要略』として日本に紹介されている。

　明治20年代に入り、社会問題が徐々に表面化されていくにしたがい、社会改良思想に基づく論調も目立ちはじめ、行政官僚の中からも救貧制度を改革しようとする論調がみられた。日本社会行政の始祖と呼ばれる後藤新平は、医師としてそのキャリアをスタートさせ自由民権運動で岐阜を遊説中の板垣退助が刺傷した際に治療した経歴がある人物であり、1889年に『国家衛生之原理』を発表し、翌年よりドイツで衛生行政学を学んだ。彼は C. R. ダーウィンの進化論と国家有機体思想（「国家は其至尊なる生活分子即人類より成れる衛生的団体」）を根底に据え、社会における生存競争・自然淘汰に働きかけ、国家（社会）を構成する人類の「心体の健全発達に満足なる生活境遇」・「生理的円満」を保持することが「衛生」であると定義した。そして「政府は益公衆の健康福寿を保護するの職務を執行せるへからす」として衛生を講ずるのは政府の役割であるとし、内務省衛生局長として貧民や下層労働者の保護救済の必要性を主張した。また、社会政策学者の金井延なども社会改良的視点から労働者保護や救貧制度を充実させる必要性を説いた。

　慈善事業・施設の方面では児童保護事業をはじめとして障害児・者の教育保護や更生保護、婦人保護事業などさまざまな分野の事業が誕生した。その他、西南戦争を契機として佐野常民らによって創設された博愛社（1877年創立、1887年に日本赤十字社へ改称）の医療保護事業、キングスレー館（1897年創立）を拠点とした片山潜のセツルメント事業などもあった。

棄児や孤児、貧児を救済する児童保護の分野では、カトリックの「浦上養育院」(1874年創立)などが早くから活動を展開している。本院の創立者の1人「岩永マキ」は、1849年に長崎・浦上に生まれたが、新政府によるキリスト教迫害(浦上四番崩れ)により家族を失った。迫害の中でも信仰を守った彼女は、フランス人宣教師のM.ド・ロに協力し棄児・孤児を救済する「子部屋」(後の浦上養育院)を開設し、1920年にその生涯を閉じるまでに1800人以上の子どもを救済した。

　プロテスタント系では1887年に「岡山孤児院」が創設された。創立者石井十次は65年に宮崎県児湯郡(現高鍋町)に生まれ、キリスト教と出会った後岡山甲種医学校において医学の道を志すが、英国ブリストル孤児院のG.ミュラーの信仰と実践に関する講演に感銘を受け孤児教育会を設立した。「岡山孤児院」の名は安部磯雄がその呼称で『基督教新聞』に石井の事業を紹介したことから定着した。孤児教育の道に専念した石井は、小舎制による養育や里親委託、子どもの年齢に応じたケア(「時代教育法」)、「満腹主義」など先駆的な実践方法を展開し、日本の児童保護事業をリードする役割を担った。また、濃尾大震災(1891年)や東北大凶作(1906年)の際には積極的に罹災児童の救済に取り組んだ。後年はJ.-J.ルソーの『エミール』から影響を受け、自然の中での労働教育を進めるため宮崎県の茶臼原に施設事業を移転した。キリスト教系の事業としては、大阪約翰(ヨハネ)学園(1889年設立)、博愛社(1890年)、神戸孤児院(1890年)などの設立が続いた。

　仏教系の児童保護事業としては福田会育児院(1879年創立)や大勧進養育院(1883年設立)などの実践がある。福田会育児院は福田思想に基づいて仏教系諸派が結集した事業であり、本施設は入所児童を「教童」と呼び、乳幼児については里親(乳母家)への委託を積極的に行った。

　その他、高知育児会(1883年創立)などのように堕胎や嬰児殺しといった問題に取り組む事業も存在した。同育児会はその設立動機において、数百年以上にも及ぶ地域の悪習を具体的に例示し(一家に「男2人女1人」の子が居れば、次子からは圧殺もしくは堕胎の対象となること、「年老いて児を生むを恥」として堕胎を行うなど)、その悪習を絶ち切ること、さらにそれまでの児童観の転換・修正を

図っていくことの必要性を強調している。

　さらに、非行や犯罪に手を染めた児童らを保護教育する感化事業（感化院）も明治10年代から各地でスタートした。その代表的な施設に留岡幸助の家庭学校（1899年創設）がある。留岡幸助は1864年に備中松山藩（現高梁市）に生れ、幼少時に身分制による不条理な経験をしたことからキリスト教に入信、14才で受洗した。1885年に京都の同志社に入学し新島襄の下に学んだが、在学中に2つの社会問題「二大暗黒―監獄と遊郭」を知ることになる。卒業後牧会活動に従事した留岡は監獄改良事業に進むことを決意、北海道の集治監（監獄）で原胤昭らと伴に教戒活動を行う。在監者の多くがその幼少時から家庭環境や境遇に恵まれなかったことを知ると、非行少年に対する感化教育（保護教育）を学ぶために渡米し、帰国後「家庭にして学校」「学校にして家庭」という理念の下、不良・非行少年のための感化教育施設「家庭学校」を東京巣鴨に創設した。留岡は「学術的慈善事業」を標榜し保護教育のかたわら、研究・実践に関する著作・機関誌を発行するなど、生涯を通じて慈善・社会事業界全体を牽引していった（留岡幸助「予を語る」（1928年）『留岡幸助著作集〔第4巻〕』同朋舎出版、1980年）。

　留岡が出会った「二大暗黒」のうちのひとつ、遊郭＝人身売買・売春の問題に対して廃娼運動が展開されたことは先に述べた。その運動を指導した人物の1人に矢島楫子がいる。矢島は1833年に熊本県で生れた。元夫の酒害に苦しんだ体験などから米国で興った禁酒運動に関心を示し、1886年に社会の弊風（悪弊）を矯正するために女性の力を結集する団体、東京婦人矯風会を発足した。彼女は初代会頭として、廃娼運動や女性参政権運動などを指導し、1893年には全国組織・日本婦人矯風会（1906年から日本基督教婦人矯風会）を立ち上げ、平和運動などにもその活動を広げていった。1865年にW.ブースによってイギリスに誕生したキリスト教の一派・救世軍（Salvation Army）は1895年に日本への伝道を開始したが、その直後に山室軍平が入隊している。この救世軍も出獄人保護や貧困家庭への訪問援助等とともに廃娼運動に力を注いだ。

　障害児・者については、原則として重度の者は恤救規則の救済対象に設定された。明治期に入り、視覚障害者のもつ職業的特権＝盲官（按摩・鍼灸師・琵琶

など）が1871年に廃止されると、古河太四郎による京都盲唖院（1875年）や中村正直らによる楽善会訓盲院（1880年）など、視覚障害児・者などに必要な教育を行う盲学校が開設されていった。中村正直は1832年に幕府御家人の家に生まれ、1866年に幕府留学生としてイギリスで学んだが、帰国した際には既に幕府は倒壊していた。彼はS. スマイルズの『自助論』の翻訳書（『西国立志編』）やJ. S. ミルの『自由論』の翻訳（『自由之理』）を発表するなど福沢とならぶ啓蒙思想家として著名である。彼はその西洋経験の中で市民社会における慈善事業のあり方をも知り、自身も宣教師やキリスト者たちと視覚障害児・者教育のための楽善社を結成したのである。

　また、知的障害児の分野では滝乃川学園が1891年に誕生した。創立者石井亮一は1867年佐賀・鍋島藩に生まれ、立教大学校に学び（在学中に受洗）立教女学校教頭となった。しかし1891年に濃尾大地震が起こり、被災した女児が人身売買の被害に遭うという状況を知った石井は東海地方に赴き救済活動を展開、同年東京に孤女学院（孤児のための女子教育施設）を創設した。この被災女児の中に知的障害児がいたことから知的障害児の教育に傾倒し、米国での留学を経て妻・筆子と伴に日本で初めての知的障害児専門施設・滝乃川学園（1897年に孤女学院から改称）を運営した。1904年には国内初の知的障害児教育の専門書『白痴児其研究及教育』を発表している。その他、慈善事業ではないが、戦場や公務で傷痍を受けた軍人（戦争障害者）に対しては「陸軍下士官兵卒給俸諸定則」（1871年）や「軍人恩給法」（1890年）などが整備され、比較的早い時期から当人や家族に対して金銭給付による生活救済が試みられたことも付しておく。

　老人保護（養老）事業については活発な状況ではなかったが、明治の中頃から聖ヒルダ養老院（1895年）、神戸友愛養老院（1899年）などが設立された。1903年には岩田民次郎が大阪養老院を設立している。岩田は1869年に岐阜で出生、幾度の起業を経て大阪難波で貸座敷（売春施設）を経営していたが、1902年に大阪で留岡幸助の講演を聞き、貧困に身を窶す高齢者達のための養老院設立を決意した。貸座敷業を廃業することで養老事業に専念し、順風満帆とはいえない施設経営に苦しみながらも聖徳太子信仰を基盤にして、養老事業のみに

止まらず戦前の大阪社会事業の発展に貢献した人物である。

　このような慈善事業は明治10年代には50ヶ所を超える程度であったが、明治20年代末には250ヶ所を超え、日露戦争後には急速にその数を伸ばしていった。ただし、その3分の2が個人経営の事業であり、財政的にも零細な施設が数多く存在した（池田敬正・池本美和子『日本福祉史講義』高菅出版、2002年）。また、当時の実践の中では対象者の問題に対する対処療法的な救済が中心となり、生活問題の社会的・経済的な要因が十分に認識されずその点に対するアプローチの弱さも指摘することができよう。しかし、日本の近代化の幕開けとともに発生・深刻化していく社会問題とさまざまな立場から対峙した人々の思想や実践の跡は、まさに近代日本社会福祉の原点そのものであり、決して看過することはできない歴史的事実なのである。

【参考文献】
　室田保夫編著『人物でよむ近代日本社会福祉のあゆみ』ミネルヴァ書房、2006年
　室田保夫編著『人物でよむ社会福祉の思想と理論』ミネルヴァ書房、2010年
　室田保夫編著『人物でよむ西洋社会福祉のあゆみ』ミネルヴァ書房、2013年
　室田保夫・蜂谷俊隆編／室田保夫解説『子どもの人権問題資料集成──戦前編第1〜3巻
　　子どもの養護Ⅰ〜Ⅲ』不二出版、2009年
　『東京市養育院月報〔復刻版〕』不二出版、2008年

| コラム2　キリスト教と社会福祉──原胤昭、小橋勝之助、石井十次 |

■ キリスト教慈善事業家

　プロテスタント・キリスト教の宣教師が初めて来日したのは1859（安政6）年のことである。5月にアメリカ監督教会の宣教師 J. リギンス（1829〜1912）、6月に C. M. ウィリアムズ（1829〜1910）らが中国から長崎に到着した。そして10月にアメリカ長老教会の宣教師 C. ヘボン（1815〜1911）、11月にはアメリカ・オランダ改革派教会の G. H. F. フルベッキ（1830〜1898）、S. R. ブラウン（1810〜1880）や D. B. シモンズ（1834〜1889）というように、欧米の宣教師が続々と訪れた。当時の日本において、キリスト教は「文明の宗教」と捉えられ、士族を中心に広く知識階層に受け容れられた。

　近代日本のキリスト教の移入において、欧米から派遣されてきた宣教師たちは、伝道活動と一体的に、医療活動、教育事業、とりわけ女子教育の普及、慈善事業等を行っていった。そのため、この時期にキリスト教を受容した日本人クリスチャンの中に、こうした社会活動を自ら実践していく者たちが現れた。近代日本の慈善事業はこのような事情を契機としたものが少なくない。

　ここでは、日本のプロテスタント・キリスト教草創期の信徒で慈善事業家となった者のうちから、生年順に、監獄改良・出獄人保護事業の先駆者である原胤昭、1890年に教育社団「博愛社」を設立した小橋勝之助、そして、1887年に岡山孤児院を創設した石井十次を取り上げることにする。

■ 原胤昭

　原胤昭（はら・たねあき：1853〜1942）は1853年2月2日江戸町奉行所与力の家に生れた。開明的な家庭教育を受けた原は、1873年よりアメリカ長老教会宣教師 C. カロザース（1839〜1921）が主宰する英学校・築地大学校で学び、翌1874年10月カロザースが設立した東京第一長老教会で洗礼を受けた。同年銀座に日本初のキリスト教出版社である十字屋を開業し、文書による伝道に貢献する。

　次いで1876年4月に日本独立長老教会銀座教会を創設し、5月には原女学校を開校する。翌1877年12月「救済義会」を設立し、貧困児童の救済や災害発生時の支援事業を行う。さらに、1882年より江戸錦絵の改良を始め、翌1883年に錦絵の輸出を手がけた。加えて自由民権運動に共鳴していた原は、福島事件に対する政府の圧制に抗議するために錦絵「天福六歌撰」を刊行。ところがその錦絵に記された原の論文が国事犯をかばったと認定され、錦絵は発売禁止の処分を受けた。販売できないのであれば無料で配布しようと考えた原は、錦絵を街頭で配ったと

ころ、出版条例新聞紙条例違反の容疑で逮捕されてしまう。1883年10月東京軽罪裁判所で軽禁錮３ヶ月罰金30円の判決を受けて石川島監獄へ収監された。

収監中、非衛生的な獄舎内でチフスが流行し、看護を手伝っていた原も罹患して九死に一生を得た。また、１つの監房に数百人もの受刑者が雑居する施設では矯正の効果が全く無いと痛感した原は、監獄改良を志し、出獄人保護に献身することを決意する。そのため、収監中より釈放される人々に原の自宅を訪ねるように勧め、食事や帰省の旅費を与えた。1883年末に釈放された原は自宅で療養し、翌年春、旧知の内務少輔・土方久元（ひじかた・ひさもと：1833〜1918）を訪ね、獄内の現状報告や監獄改良の必要性を述べた。

監獄の教誨師となることを要請された原は、1884年７月から兵庫仮留監教誨師として神戸へ赴任する。原は「臨房教誨」や「個人教誨」等の教誨方法を創案して個別処遇を重視し、受刑者の改悛状況を個人別カードに記した。1887年８月に北海道の集治監を視察した原は、釧路集治監における受刑者による硫黄採掘労働を中止するように進言した。さらに、北海道集治監・樺戸本監教誨師となった原は、空知集治監における受刑者による採炭作業の廃止へ向けて尽力し、1894年末に廃止へと導いた後1895年11月趣意書を発表して辞職した。

東京に戻った原は1897年１月の英照皇太后の逝去に伴う恩赦により釈放された人々の希望に沿う形で東京出獄人保護所を立ち上げた。原は被保護者の話に耳を傾けて精神的な慰藉に努め、被保護人ごとに「保護カード」を作成して彼らの更生の状況を記録した。その「保護カード」は１万枚以上に及んだが、原の死後、遺言に従い、被保護者のプライバシー保護のために全て焼却された。

1924年、原は雑誌『太陽』（31巻２号）において自らの実践を振り返り、「信念をもって、尚科学的根拠をもった方法によったならば、一層の成績を挙げ得たことだらうと思ふのである」と述べている。原は、40年に及ぶ自己の経験のみに頼るのではなく、科学的な根拠に基づく効果的な支援方法を常に追い求めていたのである。

■ 小橋勝之助

小橋勝之助（こばし・かつのすけ：1863〜1893）は1863年２月25日赤穂郡矢野村瓜生（現在の兵庫県相生市）において旧家の長男として生れた。15歳のときに父が急逝し、小橋家の家督を相続する。その後医学を志した勝之助は1880年に神戸医学校に学び、さらに東京帝国大学への進学を目指して上京したが、肺を患い、入院治療を受けた。小康を得た勝之助は、1886年10月から築地の三一神学校に入学し、上記のウィリアムズが牧する神田基督教会で1887年５月に洗礼を受けた。

ところが、1888年９月、勝之助は母の死去のため帰郷せざるをえなくなり、矢

コラム2　キリスト教と社会福祉——原胤昭、小橋勝之助、石井十次

野村周辺で伝道活動を開始した。しかし、彼のキリスト教信仰は、一族の中から異教者を出したとみなされ、親戚一同から迫害を受けることになった。勝之助はそうした迫害に屈することなく、兵庫の西播磨地域で伝道を続ける傍ら教育事業にも関心を寄せていく。そして、1890年1月、勝之助は小橋家の財産を捧げて博愛社を創立した。博愛社創設時の基本構想には、「博愛文庫」による書籍の貸与、『博愛雑誌』の発行、慈善的夜学校や慈善的普通学校、貧民施療所、感化院、孤児院の設置があり、創設当初の事業は、子どもと職員が農作業に従事しつつ、聖書の教えに従って共同生活をするという形態をとっていた。

　1891年7月25日には普通学校を開校。同年、勝之助は岡山孤児院創設者の石井十次と出会い、10月2日に博愛社と岡山孤児院は合併する。また、同月末に濃尾大震災が起こり、小橋は石井と共に現地へ救援に向かい、震災孤児院の設立に奔走していく。しかし、勝之助の病状は悪化の一途をたどり、1893年3月2日に志半ばで死去した。そして、同年4月20日博愛社と岡山孤児院はそれぞれ独自の道を歩んでいくことになる。

　勝之助は、亡くなる前年の夏、病気の体に鞭打つように単身北海道へ出かけた。1892年8月1日の彼の日誌『天路歴程』には次のような記載がある。

　　博愛社前途の方針に付き考へたり午后は北海孤児院主任林竹太郎氏と次ぎの個條に就き話せり（一）如何にして孤児に生業を授け社会に出す可き乎（農業的殖民を以て其基礎を定むる事）（二）孤児院事業と社会改良伝道教育及其他の基督教主義の事業を並行して進歩すべき真理ある事（三）農業教育は孤児を教養するに適当の道なり

当時、勝之助は博愛社と北海孤児院との統合をも模索していた。博愛社で預かっている子どもたちの将来を真剣に案じる勝之助の真摯な姿が日誌に刻まれている。

■ 石井十次

　石井十次（いしい・じゅうじ：1865〜1914）は1865年4月11日宮崎県児湯郡上江村（現在の宮崎県高鍋町）の高鍋藩士の家に生れた。石井は高鍋藩の藩校であった明倫堂の伝統を引き継ぐ高鍋島田学校や晩翠学舎に学んだ。1879年に東京の攻玉社に進学するが、脚気にかかりやむなく帰郷。その後、石井は医者になって地域に貢献することを志し、1882年に岡山県甲種医学校に入学した。ところが、1884年の夏休みに里帰りした石井は、新島襄の「同志社設立始末」を読んで教育事業に関心をもち、馬場原教育会を設立、朝晩学校を開校した。また、その頃石井は岡山基督教会で洗礼を受けた。

48

折から1886年末より1887年にかけて、イギリスのブリストル孤児院の創設者である G・ミュラー（1805～1898）が来日し、石井はミュラーの信仰と実践に強い影響を受けた。加えて、1887年9月、石井はある貧しい母子に出会ったことが契機となり、岡山市大道の三友寺の一室を借用して孤児教育会（後の岡山孤児院）を設立した。

石井は1887年9月3日の『日誌』に次のように記している。

　　若し孤児教育会にして人意的のものなりせば必らず、風波のために早晩破壊せらる可し、若し神の企て玉ふものにしてキリスト之れが基礎たらばいかなる暴風怒涛と雖も決して破壊すべからず反って之れがために鞏固不抜のものとなる可し、

ここで石井が述べているように、孤児教育会は彼の堅い信仰が基盤となっていることがわかる。そして、石井は慈善事業に献身することが神に従う道であると思い定め、1889年1月孤児教育に専念するために医書を焼き捨てる。以後、石井は岡山孤児院の運営に全力を傾けていくことになる。

【参考文献】
片岡優子『原胤昭の研究──生涯と事業』関西学院大学出版会、2011年
西村みはる『社会福祉実践思想史研究』ドメス出版、1994年
室田保夫編著『人物でよむ近代日本社会福祉のあゆみ』ミネルヴァ書房、2006年

（片岡　優子）

第3章 明治後半期の社会福祉

☑ この章で学ぶこと

　本章は、前章に引き続き明治時代の社会福祉の展開をみていくが、その範囲を明治期後半（明治20年代末から1912〔明治45〕年）、つまり19世紀から20世紀へと移りゆく時期に設定する。

　そこで、当時の日本の政治・社会・国際関係等を概観した上で、本期にみられた社会問題やそれらと対峙した慈善事業や救済政策についてみていくことにする。

1　明治後半期の社会状況

(1)　国際関係と国内産業の進展

　明治後半の日本を語る上で欠かせない問題として2つの戦争をはじめとする外交状勢がある。明治政府が長年懸案事項としてきた欧米諸国との不平等条約の問題は日本の経済や社会制度に大きな影響を与えてきた。また日清・日露の2つの戦争も日本の国際的地位を決定づけるのみならず、国民生活に直接的な影響を与えるなどその影響は多方面に及ぶものであった。

　不平等条約については1894（明治27）年陸奥宗光外相が日英通商航海条約を締結し、領事裁判制度（治外法権）の廃止に成功した。1899年に条約が発効すると外国人も国内での居住・商業活動などが自由になり、同時に日本の法令の支配に従ういわゆる「内地雑居」の状況となった。また、関税自主権の回復については日露戦争後の国際的地位の高まりを受けて1911年に小村寿太郎外相が交渉を成功させている。

　先に述べたように日清・日露の2つの戦争も外交関係のみならず、国内状勢に大きな影響をもたらした。まず前者についていえば、戦勝によって得た植民

地の経営は現地の居住者や近隣・欧米諸国との緊張や衝突の危険性をもたらし、そのための止めどない軍備増強とそれに伴う増税・外債（外国からの借金）は、当然のことながら国民生活に重くのしかかった。一方で国内産業では日清戦争で得た巨額の賠償金などにより、製糸・紡績業などの軽工業中心から重工業へと次第にシフトしていった。両戦争を経て日本では資本主義が確立、日露戦争後には三井・三菱・住友などの財閥の形成も進んだ。

(2) 社会不安──社会主義、戊申詔書と地方改良運動

　国内における急速な工業化の進展は、工場や鉱山などで働く賃金労働者を発生させたが、政府による規制が存在しない状況ではどの産業部門においてもその労働条件は過酷であった。そのため、労働条件の改善に向けた労働者の運動もみられるようになり、1897（明治30）年に職工義友会、労働組合期成会が起こると各産業部門で労働組合が結成され本格的な労働運動が日本国内で始まる。そのような労働問題が深刻化する一方で、1901年には社会主義研究会を母体にした日本初の社会主義政党・社会民主党が幸徳秋水や安部磯雄らによって結成されたが、治安警察法によって直ちに禁止された。その後もこれら社会主義者らによって指導された労働運動は激しさを増していき、政府や資本家への脅威となっていった。しかし、1910年に天皇暗殺を計画したことで幸徳秋水らが逮捕・処刑される大逆事件が起こり、政府は警視庁に特別高等課（特高）を設置して社会主義への徹底した弾圧を加えた。

義勇会が職工へ配付した檄文

　夫れ労働者なる者は元来他の人々の如く其身体の外には生活を立て行くべき資本なき者にて所謂腕一本脛一本にて世を暮し行くことなれば何か災難に出遭て身体自由ならざることとなり又は老衰して再び働らくこと能はざるに至るときは忽ち生活の道を失なうて路頭に迷ひ…（中略）…其有様は恰も風前の灯火の如くにして誠に心細き次第なりと謂ふべし
…（中略）…我輩の諸君に勧告する所は企業相求むてふ人類至情の上に基礎を置ける企業組合を起して全国共同一致以て事を為すことにあり…（中略）…立て職工諸

> 君、立つて組合を組織し以て重大なる責務と其の男子たる面目を保つを務めよ、諸
> 君の前途は多望なり要するところは不抜の精神と不屈の意志のみ、天は自から助く
> る人を助くと云はずや、奮ひゃや諸君、其自助心を発揮せよ。
> 　　　出典：横山源之助「附録 日本の社会運動」『日本之下層社会』教文館、1899年

　また、この頃から日比谷焼き討ち事件（1905年）に代表されるような都市に
おける騒擾事件も起こるようになった。日露戦争終結のためのポーツマス条約
を不満とした民衆の暴動ではあったが、その後につづく1912年（大正1年）の
第1次憲政擁護運動と大正政変、1914年のシーメンス事件、1918年の米騒動に
現れるように民衆のエネルギーが政治世界を大きく揺さぶる力をもつことを証
明していくことになった。このような労働運動や社会主義、社会不安の高まり
や深刻な財政悪化という難局に直面した政府は、1908年に「戊申詔書」を発布
した。これは天皇の名の下に国民に対して忠誠・勤勉・節約を要請、思想統制
による国民統合と国力増強を図るものであったが、この詔書の主旨を具体化す
るために地方改良運動が実施された。地方改良運動は地方の経済的・人的資源
を養成し、国家を下支えできる地方自治体・町村の育成を目的とした運動であ
り、国民の造成こそ国家の基本と捉え国富の源を農村に見出した内務官僚・井
上友一を中心として展開された。商品経済の流入と寄生地主制の進展（小作人
の増加）、東北大凶作（1906年）など、疲弊した農村部を立て直す運動の思想的
基盤は二宮尊徳の報徳思想が最大限に用いられた。特に留岡ら慈善事業家たち
が参加した中央報徳会も同運動において大きな役割を担った。

2　明治後半期の社会問題

　前節のような明治後半期の社会状況においては、近代化の過程で発生した社
会問題もさまざまな様相と深まりをみせるようになる。そこで本節では産業革
命と資本主義が進展する中で拡大した貧困問題、児童と女性の労働問題および
児童の犯罪問題や衛生問題などをみていきたい。

(1) 貧困問題

　明治30年前後の日本の貧困問題、貧民の生活を記録した代表的な書物は横山源之助の『日本之下層社会』（1899年）であろう。同書において横山は、貧困の科学的分析、つまり資本主義的（社会的）貧困という視点から民衆の生活困難を詳細に描き出したのである。

　「特に日清戦役以来、機械工業の勃興によりて労働問題を惹き起し、物価の暴騰は貧民問題を喚起し漸次欧米の社会問題に接近せんとす」という横山の言葉にあるように、日清戦争後の産業革命の進展とともに貧困問題は深刻化した。それらはもはや人々の個別的な事情によるものではなく「西洋諸国と同じく全く経済組織の欠陥」によって生じた「社会問題」となっていったのである。

　貧困問題が深刻化した具体的な理由としては、2度にわたる戦争によって食料や生活物資の価格が大きく高騰したことに加え、戦争に関係の薄い平和産業の衰退、相次ぐ恐慌（1897〜98年、1900〜01年、1907〜08年）による賃金の低下、失業者の発生などがある。また地方に目を向ければ、天災や凶作に加え、農業従事者の徴兵や農耕馬の徴発によって農村部は荒廃した。そのため、土地を手放して都市部へ流出する人々が増え都市人口が急増、従来の住民とともに都市下層社会を構成するに至った。また、出征軍人の家族（遺族）、傷病兵の生活困窮も戦争が生んだ貧困問題といえよう。

　このような貧民の増加と都市下層社会の形成・拡大は、治安対策上の上からも重要な問題となりつつあった。そのため、明治20年代からは警察当局による調査が行われていたが、明治末年からは内務省による本格的な実態調査が行われた。内務省による第1回貧民調査は1911（明治44）年に実施され、東京市の下谷区と浅草、第2回は東京市本所区・深川区、大阪市において実施された。本調査は「細民」を対象とした調査であったが、内務省の想定する細民とは「此調査ニ於テ細民ト称スルハ東京及大阪両市ニ在リテハ、特殊小学校ニ児童ヲ入学セシムル資格者及之ニ準スヘキ者ヲ謂ヒ、大略左ノ各項ニ該当スル者」である（内務省地方局編『細民調査統計表摘要 大正元年調査』内務省、1914年）。

　この定義の中にある「特殊小学校」とは、貧困のために就学できない児童を

入学させるために設置された東京市直営の小学校である。1903年に4校が設立
され、19年間に市内で11校が開設された（石井昭示『近代の児童労働と夜間小学
校』明石書店、1992年）。特殊小学校の一例として東京市絶江尋常小学校の活動
を紹介する。同校は1909年6月に授業開始、当日の出席児童は193人であった
が開校式を行った10月には学級数6・児童数273人に増え、1911年7月には学
級数9・児童数は600人に急増した。特殊小学校の特徴は授業料の免除、教科
書や学用品も貸与もしくは給与し1日2時間程度の授業を実施していたが、生
徒家庭への白米廉売、食品や金銭の給与を行うなど家庭生活支援も担っていた
（東京市絶江尋常小学校『特殊教育第一歩』1912年）。

　また、定義中の「左ノ各項」とは①細民部落に居住する者、②主として雑業
又は車力その他下級労働に従事する者、③月毎の家賃が3円以内の家屋に居住
する者、④世帯主の職業上の収入月額20円以内の者（③・④については場所及所
帯の状況により金額は適宜斟酌される）の条件を示すが、要するに「生活困難では
あるが、自力で日常生活を営むもの」が細民に該当する（吉田久一『〔改訂版〕
日本貧困史』川島書店、1993年）。

　東京市で実施された第1回調査をみると、調査対象となった細民の世帯数は
3047（男性世帯主：2831、女性：216）で、世帯構成員の合計は1万548人であっ
た。世帯主の月収は、**図表3-1**にあるように、男性の場合は「10円以上15円
未満」（現在の約3万～4万5000円）が過半数であるが、女性の場合は10円未満で
約8割を占め、世帯主の性別が大きく異なっている。ただし、**図表3-2**から
もわかるように、貯金を所持している世帯はほとんど存在しない。このような
貧困に陥った主因（**図表3-3**）については、世帯主（女）の「扶養者の死亡」
の割合が高いほかは、商業等の失敗、病気・虚弱、拙劣・無能、天災、多産な
ど貧困に陥るリスクが広範にわたり、ありとあらゆる事故（出来事）が貧困に
直結する危うさを物語っている。また、一般労働者の労働条件が良好でない状
況においては、細民の労働条件や賃金はさらに低位におかれた。そのことから
も彼らが貧困状態から抜け出せないまま、都市下層に沈殿せざるをえない状態
であったことが理解されよう。

第3章　明治後半期の社会福祉

図表3-1　世帯主の月収額

月 収 額	1ヶ月の平均月収額 世帯主（男）		1ヶ月の平均月収額 世帯主（女）	
	人数（人）	割合（%）	人数（人）	割合（%）
5円未満	114	4.0%	99	45.8%
5円以上10円未満	534	18.9%	75	34.7%
10円以上15円未満	1421	50.2%	13	6.0%
15円以上20円未満	546	19.3%	0	0%
20円以上	138	4.9%	0	0%
不 詳	78	2.8%	29	13.4%
合 計	2831	100.0%	216	100.0%

出典：内務省地方局編（1912年）『細民調査統計表』33-40頁をもとに筆者が作成

図表3-2　貯金のない細民世帯

	貯金無し世帯数	総世帯数	割 合
金杉下町	726	764	95.0%
入谷町	316	338	93.5%
龍泉寺町	680	709	95.9%
万年町	582	636	91.5%
山伏町	466	500	93.2%
新谷町	53	54	98.1%
神吉町	46	46	100.0%
合 計	2869	3047	94.2%

出典：内務省地方局編（1912年）『細民調査統計表』172-175頁をもとに筆者が作成

図表3-3　貧困に陥った主因

世帯主（男）			世帯主（女）		
主 因	人数（人）	割合（%）	主 因	人数（人）	割合（%）
商業および事業の失敗	571	20.2%	扶養者の死亡	90	41.7%
疾病または虚弱	299	10.6%	疾病または虚弱	15	6.9%
技術拙劣および無能	213	7.5%	技術拙劣および無能	13	6.0%
水害または火災	183	6.5%	商業および事業の失敗	14	6%
家族多きため	180	6.4%	放 蕩	10	5%
・	・	・	・	・	・
・	・	・	・	・	・
・	・	・	・	・	・
合 計	2831	100.0%	合 計	216	100.0%

出典：内務省地方局（1912年）『細民調査統計表』93-94頁をもとに筆者が作成

(2) 労働問題──児童と女性

　日清・日露戦争を期に日本では産業革命が進み、欧米諸国の例に漏れず工業化の進展は多くの労働力、特に不熟練労働者を必要とし、多くの児童・女性労働者（女工）がそれを担った。そして、産業革命が進む中での低賃金や長時間労働などの歪みは弱い立場にあった女工や労働児童などに大きな悪影響を残した。先にみたように資本主義の進展は労働者階級の成長をも促し、日清戦争後には労働運動の萌芽もみられるようになっていたが、女工や労働児童らが団結し運動を展開することが極めて困難であったことは想像に難くない。

　まず、女工の問題に目を向けてみよう。**図表3-4**にあるように軽工業の中でも主要産業であった生糸、紡績、織物工業などでは女性が労働力の中核を担っていたことがわかる。しかし、その労働環境は過酷で、**図表3-5**のように長時間労働に加えて休憩・休日が極度に少なく、規制のない不衛生な作業場や宿舎が彼女らの身体的・精神的な健康を蝕んだ。さらにそのような労働の対価として受け取る報酬は低廉なものであり、女工の日給が30銭未満の者で約90％を占めていたのに対し、男性労働者で占められていた機械等の重工業の賃金（約90％以上が日給30銭以上）とは大きな格差があった（**図表3-6**）。

　次に労働児童（14歳未満）の状況についてみる。当時の職工の中で労働児童の占める割合は**図表3-7**の通りである。男子では段通（手織りの高級敷物）・

図表3-4　女工ヲ傭使スル重ナル工場調
（1899年、全国工場統計表）

工場種別	女工数（人）	全職工に占める女工の割合(%)
生　糸	109061	94
紡　績	65211	77
製　綿	436	65
織　物	38399	94
組　物	808	66
製　紙	1943	38
染　色	546	22
燐　寸	11141	76
煙　草	7806	83
製　茶 （以下7業種は省略）	1482	68
合　計	242987	82

出典：農商務省商工局（1905年）『工場調査統計表』40-41頁をもとに筆者が作成

第 3 章　明治後半期の社会福祉

図表 3-5　労働時間、休憩時間、休日調（各府県諸工場調査）

工場種別	労働時間 最長	労働時間 最短	休憩時間 最長	休憩時間 最短	毎月の休業日 最多	毎月の休業日 最少
製　糸	15時間	9時間	75分	20分	3日	なし
紡　績	12時間		70分	35分	週休1日	2日
手織物	17時間	12時間	120分	60分	2日	0日
機械器具製造	12時間	10時間	40分	10分	2日	1日
造　船	10.5時間		30分		週休1日	なし
硝　子	12時間	9時間	60分	30分	3日	なし

出典：農商務省商工局（1905年）『工場調査統計表』43-45頁をもとに筆者が作成
注：製糸・紡績など「なし」は休日の定めが存在しないこと等を意味する

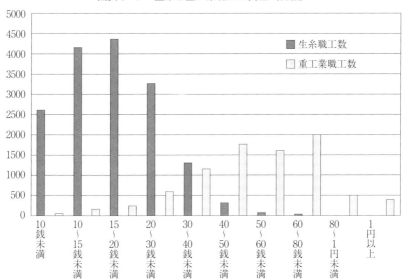

図表 3-6　生糸と重工業職工の賃金（日給）

出典：農商務省商工局（1905年）『工場調査統計表』58-64頁をもとに筆者が作成
注：生糸職工賃金は、1901年長野県205の工場および他県29の工場を調査、重工業職工賃金は、1902年機械・造船・車両製造9の工場を調査

57

図表 3-7　幼年者ヲ傭使スル重ナル工場調

工場種別	男			女		
	14才未満 （人）	合計 （人）	14才未満の 職工の占める 割合（％）	14才未満 （人）	合計 （人）	14才未満の 職工の占める 割合（％）
生糸工場	59	1301	5 ％	2590	15428	17％
紡績工場	133	1322	10％	541	4560	12％
織物工場	374	7675	5 ％	7459	57125	13％
段通工場 （手織りの高級敷物）	1374	2437	56％	3197	6577	49％
機械、造船、車両 製造工場	62	7629	1 ％	0	0	0 ％
金属品、洋燈口金 製造工場	23	665	3 ％	30	275	11％
硝子工場	1477	3949	37％	0	11	0 ％
燐寸工場	328	1914	17％	994	5410	18％
煙草工場	9	784	1 ％	334	4958	7 ％
印刷工場	296	2735	11％	192	503	38％
製綿、製紐、莫大小、 刷子、電球、 燐寸軸製造工場	90	1230	7 ％	453	2201	21％
合計	4225	31641	13％	15790	97048	16％

出典：農商務省商工局（1905年）『工場調査統計表』11頁をもとに筆者が作成
注：工場種別毎の数値は、農商務省がサンプル抽出した工場の数値である

硝子・燐寸（マッチ）工場など、女子では段通・印刷という順で割合が高かった。さらに女子においては生糸・織物などの繊維工業で働く人数が多いことが特徴的である。しかし、彼らの労働環境は児童ゆえに特別な配慮がなされていたわけではなく、「各工場ノ職工ハ一ヶ年毎ニ全数更送スルナリ」という農商務省の調査・『綿糸紡績職工事情』（農商務省商工局、1903年）の記述が過酷な状況を示している。また、このように学齢期にある児童の多くがこのような条件の下で労働に従事するという事実は、彼らが教育を受ける機会を与えられない

第 3 章　明治後半期の社会福祉

図表 3 - 8　各種工場職工教育調（1897年11月大阪教育会職工調）

教育程度	男	女	合計
無教育の者	1327	4653	5980
少しく教育を受けたる者	2509	5262	7771
尋常小学を卒へたる者	1042	887	1929
合　計	4878	10802	15680
尋常小学を卒へたる者の割合	21.4%	8.2%	12.3%

出典：農商務省商工局（1905年）『工場調査統計表』79-80頁をもとに筆者が作成

ということにつながる。実際に図表 3 - 8 のように工場労働者のうち、尋常小学校卒業者は12.3％にとどまっていた（無教育は38.1％）というデータも存在する。『製糸女工と奴隷』（林広吉、1926年）の中で、女工や労働児童らの募集について「年少婦人の無智と父兄の愚昧とに乗じ、屡々（しばしば）欺瞞的誘惑を以てすることは周知の事実」とあるように、教育程度の低さはそのまま貧困に陥るリスクとして彼らの将来に暗い影を落とすのであった。

　政府においては農商務省が産業政策を推進する一方、労働児童の保護を目的とした職工条例案（1887年）や工場法案の起草（1898年）に取りかかっていたが、産業界の猛烈な反対等に遭って法整備が進まなかった。工場法がようやく成立したのは1911（明治44）年で、施行は1916年 9 月であった。工場法は、①12歳未満の者の就業禁止（ただし、10歳以上の者の継続雇用は可能）、②15歳未満の者・女子の労働時間の制限（ 1 日12時間以内）および深夜業、危険業務の禁止、③職工の負傷・疾病・死亡に対する補償、④行政官庁による臨検等について規定した。また、1916年の同法施行令によって、尋常小学校を卒業していない被用者に対する工場主の就学措置を義務化することなどが定められた。農商務省の調査・『大正六年　工場監督年報 第弍回』（農商務省、1919年）によれば、工場法施行の翌年には同法が適用される工場の幼年工（12歳未満）が前年度比で 3 分の 1 以下に減少している。以降、国際労働機関（ILO）の成立などを受け大正期には内務省社会局の主導によって労働児童の保護が進んだ。

　しかし、工場法制定をはじめとした児童労働を規制する効力には限界があっ

59

た。たとえば工場法の適用範囲は常時15名以上の職工を使用する工場や毒劇物（薬）等を使用する「性質危険」な事業に限定されていた。このことは除外対象（食料品等の軽工業や鉱工業）となる工場をはじめ、商業に従事する徒弟などの労働については従来通りの「野放し」状態が続くことを意味していた。また、労働時間や深夜業の制限自体も15年間の猶予期間を置くという即効性のないものであった。そのため、昭和期に入ってからの国勢調査（1930年）でも100万人を超える労働児童（14歳未満）の存在が確認されている。

(3) 監獄と非行・犯罪児童問題

　これまでみてきたような貧困問題や労働問題が本格化すると、当然のごとく生活の糧を失った人々が多く生み出される。さらに、恤救規則に代表される公的な救済制度が未だ不十分であるため、このような人々の中には否応なしに犯罪者に身を落とす者もあり、監獄が彼らの受け皿となりつつあった。一方、当時の監獄は治外法権の撤廃という政府の悲願と密接なかかわりをもっており、日本国内で罪を犯した外国人に対応するため、監獄制度の近代化（監獄改良）の動向は国内外から注目を集めていた。そこで、当時監獄を所管していた内務省を中心に監獄法令や設備の近代化、処遇法の改良によって罪人を良民に復帰させる方策について活発な議論が交わされていたのだ。その中で特に治安の改善と犯罪者削減のための有力な方法の1つとして考えられたのが非行・犯罪児童への処遇改善である。従来の監獄においては児童に対する特別な配慮は事実

図表 3 - 9　受刑者の推移

年次	新規受刑者（人）	年末在監受刑者（人）
1890（明治23）年	138591	57615
1895（明治28）年	175264	65234
1900（明治33）年	160269	49260
1905（明治38）年	118729	48344
1910（明治43）年	107415	64071

出典：司法省監獄局編（1901-1913年）『司法省監獄局統計年報』『日本帝国司法省監獄統計年報』1-14回をもとに筆者が作成

第3章 明治後半期の社会福祉

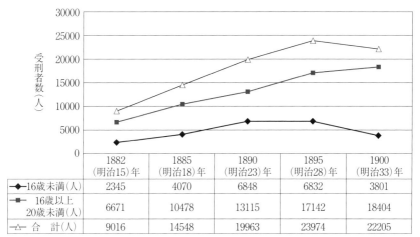

図表3-10 未成年の新規受刑者数（1882～1900年）

	1882（明治15）年	1885（明治18）年	1890（明治23）年	1895（明治28）年	1900（明治33）年
◆ 16歳未満（人）	2345	4070	6848	6832	3801
■ 16歳以上20歳未満（人）	6671	10478	13115	17142	18404
△ 合計（人）	9016	14548	19963	23974	22205

出典：小河滋次郎（1989年）『未成年者ニ対スル刑事制度ノ改良ニ就テ』五山堂書店、32-33頁をもとに筆者が作成

表3-11 明治年間の携帯乳児の入監数等

年　次	新入児数(人)	年末時の在監児数(人)	死亡児数(人)	獄内出産児数(人)
1876（明治9）年	405	69	3	
1879（明治12）年	825	148	16	
1882（明治15）年	906	149	21	
1885（明治18）年			22	
1888（明治21）年	1062	228	30	
1891（明治24）年	2225	341	83	
1894（明治27）年	2321	401	93	
1897（明治30）年	2015	352	90	
1900（明治33）年	743	100	23	143
1903（明治36）年	577	111	22	109
1906（明治39）年	343	70	18	81
1909（明治42）年	393	93	32	86
1912（明治45）年	324	52	15	36

出典：倉持史朗（2014年）「監獄に住まう乳幼児たち――明治期における「携帯乳児」の実態」『社会福祉学』54（4）、19頁より転載

注：1899（明治32）年の監獄則改正によって携帯乳児の年齢が満3歳未満から1歳未満へと厳格化されたため、児童数が減少した

上困難で、更生のための監獄が児童らにとっては「犯罪の学校」になるという批判が向けられた。そこで、非行・犯罪児童に対して刑罰ではなく適切な教育的処遇（感化教育）を行い、彼らが「独立自営」を実現させれば、将来的な成人犯罪の減少にもつながると考えられたのである。このような議論の中心には監獄の教誨師であった留岡幸助や内務官僚の小河滋次郎の存在があった。彼らは非行・犯罪児童に対して適切な教育的処遇を行うためには、監獄とは別の教育的施設（＝感化院）が必要であると主張し、1900（明治33）年制定の感化法へと結実させた。ただし、財政不足の府県では感化院の設立が進まず、設立を義務づける法改正（1908年）によってようやく全府県に公立感化院が誕生した。これらの多くが現在も児童自立支援施設として実践を継続している。

　また、犯罪者の増加は女性受刑者の増加にも結びついたが、妊娠もしくは乳幼児をもつ女性受刑者の中には監獄で出産を迎えたり、乳幼児をともなって監獄に収監される者もいた。獄内出産や母親とともに乳幼児を監獄に収監する（乳幼児は「携帯乳児」と呼ばれた）ことは、社会に受け入れ先のない当時にあってはやむをえない措置ではあったが、明治20年代前半から30年にかけては毎年約2000人の乳幼児が監獄に入ってくる状態が続いた（図表3-11）。衛生状態や養育設備のない当時の監獄にあって、流産や死産、乳幼児の健康・発達などにも到底望ましい状態とはいえない。内務大臣経験者であった板垣退助や小河滋次郎らはこの携帯乳児を問題視し、里親支援などの必要性を訴えたが、非行・犯罪児童についての問題とは異なり世間の耳目を集めることはなかった。この携帯乳児は年齢などの条件が厳格化され、徐々にその数を減らしたが、現在の法令（「刑事収容施設及び被収容者等の処遇に関する法律」）においても携帯乳児の規定は存在するという現代的な問題でもある。

(4)　衛生問題──結核・精神障害・傷病兵・ハンセン病

　明治前半期でもみたように、開国と西洋化という経験は新たな伝染病の流行など日本の医療・衛生問題に大きな影響を与えたが、明治中・後半期における産業革命、戦争という経験もまた同様であった。たとえば結核患者は1900（明治33）年から1912年までの間に約1.6倍に増加し、内務省は「肺結核ノ予防ニ

図表3-12　結核死亡数および死亡率の年次推移

年　　次	死亡数	死亡率（人口10万対）
1900（明治33）年	71771	163.7
1901年	76614	172.7
1902年	82559	183.6
1903年	85132	186.9
1904年	87260	189.1
1905年	96030	206.0
1906年	96069	204.2
1907年	96584	203.7
1908年	98871	206.1
1909年	113622	234.0
1910年	113203	230.2
1911年	110722	222.1
1912（大正1）年	114197	225.8

出典：疫学情報センター（2013年）「結核死亡数および死亡率の
年次推移」の一部を省略し転載

関スル件」（1904年）を出してその対応に当たったが十分な効果を上げることが
できなかった（**図表3-12**）。本項ではこのような明治後半期における国民の健
康問題として、精神障害者（精神病者）、戦争障害者（傷病兵）、そしてハンセン
病についてみていく。

　まず、精神障害者の問題についてみていこう。明治期以降、精神障害者は
「瘋癲」と呼ばれ、一部の病院に入院するほかは家族とともに地域社会で生活
していたとされる。「相馬事件」などを契機に1870年代後半から府県毎に在宅
の精神障害者の監置（居宅等の一室に住まわせる、監禁と保護の両方の意味をともな
う処置）の方法について規則が設けられていたが、1900年に精神病者監護法が
制定され全国統一のルールが作られた。同法は「精神病者ハ其ノ後見人配偶者
四親等内ノ親族又ハ戸主ニ於テ之ヲ監護スルノ義務ヲ負フ」（1条）として、
必要に応じて監護義務者に「精神病者」の私宅（病院・市町村の監置室等も含む）

図表 3-13　精神病患者数

年　次	総数（人）	精神病者監護法の適用 （私宅監置）患者数（人）
1905（明治38）年	23931	4440
1906年	24166	4774
1907年	25793	4819
1908年	26858	5084
1909年	27592	5186
1910年	28285	5397
1911年	29289	5850
1912（大正１）年	32964	6013

出典：橋本明（2011年）『精神病者と私宅監置』42-43頁の一部を省
略し転載

監置をさせるための方法、手続等について定めた法律である。私宅監置は「病院収容もかなわず、かといって家庭や地域社会に放置することもできない患者を、私宅監置室という私的な空間で、行政（直接的には警察）が公的に管理するというおそらく諸外国にも類例をみない制度」であり、治安対策的な意味合いが色濃く反映されているともいえる。**図表 3-13**にみるように私宅監置の対象者は明治末期から大正にかけては年々増加した。精神衛生法（1950年）制定まで同制度は継続した（橋本明『精神病者と私宅監置』六花出版、2011年）。

　また、日清・日露の両戦争は多数の死傷者を生み出したが、生き残った傷病兵はその後の生活困難に直面した。政府は1890（明治23）年に軍人恩給法を定め、そのような人々に対して年金支給で対応しようとしたが生活維持を可能にするような保障はなされなかった。特に日露戦争は約14万人もの傷病兵を生み出したため、1907年に廃兵院法を制定した。同法は戦闘時の傷痍などにより不具廃疾となった者を廃兵院に収容し、終身国費で扶養するというものであった。しかし、廃兵院に入ることによって「軍人恩給を停止し、他方で身寄りのある者は対象外とするという二重の規制」をもっており、同法制定のみで「一部の廃兵を救護することで、廃兵問題に対する国家責任を果たしたとの見解を

とった」といわれる（山田明『通史 日本
の障害者』明石書店、2013年）。事実、1907
年に東京に１ヶ所のみ設置された廃兵院
の入所者は、1914年の第一次世界大戦の
勃発まで50人以内（年末現員）で推移し
ていた。

　日本のハンセン病対策は、1907（明治
40）年の「癩予防に関する件」より始ま
る。同法３条「癩患者ニシテ療養ノ途ヲ
有セス且救護者ナキモノハ行政官庁ニ於
テ命令ノ定ムル所ニ従ヒ療養所ニ入ラシ
メ之ヲ救護スヘシ」という規定が、後の

図表３-14　ハンセン病患者数

年次	患者総数（人）
1897（明治30）年	23660
1900年	30359
1906年	23815
1919（大正８）年	16261
1925年	15351

出典：後藤基行（2011年）「日本におけ
　　　るハンセン病『絶対隔離』政策成
　　　立の社会経済的背景——戦前期統
　　　計からの考察」『年報社会学論集』
　　　24、97-108頁を一部修正し掲載

「癩予防法」（1931年）から本格化する患者隔離政策の起点となるのである。し
かし、当初隔離の対象とされたのは身寄りのない極貧患者などに限られてお
り、1909年に東京の全生病院をはじめ全国５ヶ所に連合府県立の療養所が開設
された。ハンセン病という病気自体は極めて毒性の弱い細菌（ノルウェーのハン
センが発見）による感染症である。感染によって外貌の変形などがともなうた
め「医学的には人びとから特別視される要素が強い病気」でもあったが、６世
紀には渡来人によって日本に持ち込まれたとされる。この病が明治期になって
問題とされたのは、他の欧米諸国の患者数に比して日本国内に多数の患者が存
在することが国際的「恥辱」、つまり文明国としての体面を汚すという論理と
結びついたことにある（和泉眞藏「無らい県運動と絶対隔離論者のハンセン病観」
『ハンセン病絶対隔離政策と日本社会』六花出版、2014年）。

　このハンセン病対策の中心的役割を担ったのは光田健輔という人物である。
弱冠20歳で医術開業試験をパスした光田は東京大学医学部専科へ入学、東大医
員として東京市養育院に勤務したことからハンセン病との関わりが始まる。当
時、養育院には行き倒れになったハンセン病患者が収容されていたが、光田は
院長・渋沢栄一などに患者の隔離を主張し、1901隔離病室（回春病室）を設け
その治療にあたった。すでに民間療養所は国内に数ヶ所（1889年神山復生病院：

65

静岡、1894年慰廃園：東京、1895年回春病院：熊本など）みられたが、光田は「此危険多き慢性的伝染病」というようにハンセン病の感染力を強調し、「恐る可き病毒の散布者たる浮浪癩病者」を中心に、国費でもって患者を療養所に隔離・救養すべきであると主張した（光田健輔「癩病患者に対する処置に就て」『東京市養育院月報』59号、1906年）。「療養所は患者の楽天地にして是れ以外に癩病者安住の地はなかるべし」として、生活に困窮するハンセン病患者への隔離政策こそが唯一の「救癩」策であると主張した光田は、「癩予防法」以降も続く全患者（絶対）隔離政策の主導者としての役割を担うことになった（光田健輔「癩問題の今昔」『東京市養育院月報』103号、1909年）。

3　感化救済事業

　ここまで述べてきたような明治後半期の社会問題、すなわち貧困問題や労働問題、犯罪問題などは、それぞれが独立した問題ではなく強固なつながりをもっていた。それでは、このような社会問題に対して政府の救済制度や民間の慈善事業関係者はどのような対処を行っていったのだろうか。

(1)　感化救済事業の展開
　日露戦争前後からの財政悪化と、深刻化する社会問題・社会不安に対応するため、戊申詔書の渙発や地方改良運動による農村地域を主とした地方自治体の立て直し、社会主義運動への取締などについては本章1節で述べてきた。これら戦後の国家運営の方針は、救済制度や慈善事業にも大きな影響を与え、「感化救済事業期」と呼ばれる特殊な時代状況を迎えることになる。この感化救済事業は、もともと非行・犯罪児童などへの対応策として用いられた感化＝教化という考え方と手法を広く一般国民に適用させるものである。さまざまな「教化」策を通じて国家に依存しない独立有為な国民（良民）に育成・変容させるという政策方針の下に救済制度や慈善事業を展開させることを意味した。さらに教化の根本精神として「天皇の慈恵」を位置付け、「天皇の慈恵を模範としつつ、国民が共同で社会防衛に努め、国家利益に叶うように自営の道を講ずる

こと」という国家主義的な取組みであった（池本美和子「感化救済事業——日本における社会事業形成の基点」『社会福祉学』37（1）、1996年）。

これらの政策方針は後述する井上友一ら内務官僚によって立案・遂行された。彼らの示した方針は「隣保相扶」、「防貧の精神」を強調して道徳的問題として貧困を再定義し、精神主義的な防貧を徹底させ結果として公的救済を可能な限り抑制することにある。さらには、民間慈善事業活動を奨励し、地方改良運動を通じて立て直しを図りつつある市町村を救貧の担い手と位置付けようとしたことである。

そこで、政府はこれらの方針を徹底させるため、内務省地方局長より「「済貧恤窮ハ隣保相扶ノ情誼ニ依リ互ニ協救セシメ国費救助ノ濫給矯正方ノ件」の通牒を発し、恤救規則による救済を大きく抑え込んだ。それにより同規則による救済人員数（年間）は、1万4155人（1908年）→9080人（1909年）・3991人（1910年）と減少し、10年の救済率は0.08‰（10万分の8）であった。このような方針転換によって救済からもれた人々に対しては民間慈善事業による支援か、市町村が設けた「地方税救育費」による救助が行われた。

(2) 感化救済事業講習会と済生会——民間事業育成と天皇の慈恵

国家による救済を抑制しつつさまざまな社会不安にも対応するためには、その代替となる地域や民間事業者、国民相互の「隣保相扶」の担い手を育成する必要がある。先に挙げた地方改良運動の目的の1つにはその担い手となる地方吏員の育成も含まれていた。さらに内務省は、井上らの立案によって感化救済事業講習会を開催し、行政主導の民間慈善事業者の育成に乗り出すことになった。その第1回講習会は1908（明治41）年9月1日から10月7日の期間で東京の国学院で開催された。同講習会の発会式において内務大臣の平田東助は、感化救済事業は「単に一人一己の救済事業てはなくて寧ろ世の公利公益を理想とすへき重大の事業である」と述べ、同事業の目的が人々の具体的な生活救済にあるのではなく、国家的利益の追求にあると述べている（平田東助「開会式に於ける平田内務大臣訓示演説」『感化救済事業講演集 上』内務省地方局、1909年）。同講習会は内務、司法省などの感化事業関係者や渋沢栄一、石井亮一など慈善事業

界の代表的人物が講師として名を連ねたが、この講習会をもって日本における社会福祉教育の嚆矢としてみることもできる。以後、1914（大正3）年の第7回までを東京市で、15年以降は大都市部で地方講習会を開催した。さらに、民間事業育成へのテコ入れとして模範的な事業者に対しては皇室からの下賜金や内務省からの救済事業奨励費が交付されることになった。このことは、後の中央慈善協会の発足と同様に、民間事業者に対する国家の関与（統制）が行われることをも意味した。

　一方、天皇の恩恵を国民に示す出来事は、下賜金だけに止まらず天皇の勅語（1911年2月「施薬救療ノ勅語」）に基づいた恩賜財団済生会の発足という形でも示された。天皇の下賜金150万円と、国民からの寄付金約2500万円をもとに病院の設立、窮民（極貧者）に対する医療提供が行われた。同勅語が大逆事件関係者の処刑（同年1月）の直後に出されたことからもわかるように、済生会事業は日露戦争後の社会不安や天皇制の動揺を天皇を中心とした国民の再統合によって鎮めようとする政治的な意図をもって実施されたものである。このように国民統合という目的の一翼を担う感化救済事業にあっては天皇の権威、恩恵が最大限に活用・強調されるのは当然のことであった。

(3)　救済理論──井上友一と小河滋次郎

　直接的な救済を抑制し、国家による救済義務を否定する政策の背後には、感化救済事業期をリードした内務省官僚らの存在があった。その代表として井上友一の名があがる。地方改良運動や報徳運動を企画・指導した彼は、内務省の地方行政の中心人物であったが、欧米諸国の救済事業の視察経験から独自の救済理論を形成し展開するに至った。その代表的著作が『救済制度要義』（博文館、1909年）である。井上は「緒言」において本書の目的を「国家全般の利害より察し之を公益公安に鑑み依て以て救済制度の理想如何を究めん」とし、「夫れ救貧は末にして防貧は本なり防貧は委にして風化は源なり証言せば救貧なり防貧なり苟しくも其本旨を達せんと欲せば必らずや先づ其力を社会的風気の善導に効さゞるべからず」という。つまり、救貧は国家の「恩典」として行われることはあっても、国家の救済義務や人々の救済権を認めるものではな

く、救貧よりも防貧事業に力を注ぐこと。さらに救貧・防貧の源に風化（「風気」の改良）があるとした。すなわち「近世の救済制度は風気の改良に重きを置き精神的要素の救済を以て寧ろ時弊根治の上策と為すへきを覚れり」として、救済制度に依存することないよう「風化的事業（各種の教育事業の振興）」を通じて精神的防貧を達成することこそ、「公利公益」にかなう救済制度であると主張したのだ。このような井上の救済理論が先にみたような感化救済事業の理論的根拠とされたのである。

　もう1人、救済理論を展開した小河滋次郎についてふれよう。彼はもともと内務省官僚として監獄事業に従事していた人物である。監獄学者・監獄官僚としての学究と実践から非行・犯罪児童の境遇を知った小河は、彼らに対して刑罰よりも教育を行う必要性を訴え、1900年の感化法を起草した人物である。さらに、救済事業の整備こそ児童問題の根本的解決につながると考え、やがては大阪府における方面委員（現在の民生委員）制度を考案・指導することになる。『社会問題―救恤十訓』（北文館、1912年）は、小河が監獄官僚としてのキャリアを終え、慈善・救済事業へと活躍の場を広げていく最中で記されたものであり、井上の著作と同様に日本独自の救済制度のあり方を模索したものである。彼は「窮民を救ふは国家の為政的任務」であると国家による救済義務の必要性を主張したが、同時に「権利は必ずしも義務の対象に非ず」として救済についての権利性を否定するという限界をもっていた。しかしながら、救済の前提となる窮民の「個別的実情」調査の重要性の認識、「救済其れ自身が独立の目的」であって政治的な意図と救済を切り離すとらえ方、「救済のある所、孤児は児となり、窮民は民となる即ち普通の児童たり普通の人民たるの面目を保たらしめられねばならぬ」という被救済者の不利益への考慮は、小河の注目すべき指摘である。これらは後に大阪の地で実際に社会事業を指導していく際のモチーフとなった。

⑷　慈善事業の組織化と防貧事業――中央慈善協会と「救済事業調査要項」

　ここまでみたように明治後半期に至り、ますます深刻化する社会問題と感化救済事業期における政策的な動向を受けて、官民共同の取組みや民間の慈善事

業者達の組織化の動きも活発に見られるようになった。

　まず、官民共同の取組みとしては東京における1900（明治33）年の貧民研究会の結成がある（後に庚子会へ改称）。同会は小河滋次郎、留岡幸助、原胤昭など警察・監獄事業関係者が中心となり貧民救済や更生、防貧事業などについて研究する組織であったが、貧困問題が不良・犯罪、治安悪化と直結するという問題意識、危機感がその背景にあった。一方、大阪では谷頭辰兄、加島敏郎、小橋実之助ら民間事業者が中心となって大阪慈善同盟会を結成（1901年）していた。この両団体を中心として全国的な慈善事業の連絡・研究組織を設立する気運が高まり、1903年5月に大阪で全国慈善団体同盟大会が開催され、全国組織（仮称「日本慈善同盟会」）の設立をめざすことが決議された。そこで、大阪と東京の組織の間で何回かにわたる会合がもたれたが、東京の内務官僚を中心に組織の名称や目的・体制についての方針が固められ、会の名称も「中央慈善協会」となる。

　同協会は日露戦争勃発による発足延期を経て、1908年10月7日、内務省主催の第1回感化救済事業講習会最終日に平田内務大臣などを迎えて発会式を行った。このことは同協会が内務省の強い影響下に置かれた組織であることを如実に示しているが、協会趣意書や会則（4条）にも「慈恵救済事業を指導奨励し、之に関する行政を翼賛すること」と同会の目的が明記されていることからも理解できる。役員体制として会長に渋沢栄一、顧問に清浦奎吾、幹事長には久米金弥、幹事に先述の井上、留岡、原など内務省官僚や民間慈善界の代表格が名を連ねている。また、同協会の活動としては感化救済事業大会の開催や1909年7月の専門誌『慈善』（現在の『月刊福祉』）の発刊、11年の『救済事業調査要項』の発行がある。

　中央慈善協会の『救済事業調査要項』は、「日本の救済事業の全体像を体系的にまとめ、最優先課題を国に提言」する目的で同協会により作成されたもので、当時の慈善事業の範囲やその課題を知る上で貴重な調査資料であった（菊池義昭「『財団法人中央社会事業協会三十年史』解説」日本図書センター、1996年）。この調査資料が作成されたきっかけは、同協会の評議員であった田中太郎の欧米派遣である。その田中の帰国報告（1910年）の際に会長の渋沢ほか、内相・平

田、文相・小松原英太郎、他の内務官僚や協会幹部が参集し、日本の救済事業の将来像について議論が交わされたのである。そこで協会に救済事業委員会（久米・井上・留岡・田中など8名）を設置し、9回の審議を重ねて本要項の作成と発表にこぎ着けたのである。同要項によれば、我国の慈善・救済事業の緊切の課題は、①「施薬救療事業ノ発達」、②「児童保護事業の整斉」、③「細民保険事業ノ新設（労働保険）」、④「政府ニ於ケル救済事業統一機関ノ設置（専門の行政機関の設置）」であり、それに次いで必要な事業として、養老事業、不良少年感化事業、不良青年矯正事業、浮浪徒処分事業、出獄人保護事業、業務紹介事業、労働者移住事業、低利質屋事業、貧民住宅改良事業、大学移殖事業、精神病者保護事業等、教化事業として子守・下牌・盲唖・白痴教育、通俗講話・文庫、良書普及事業が挙げられた。上記のうち、②の内容は孤貧児の養育、幼児昼間保育、児童虐待防止、貧児教育などで、これらは将来の「独立自営の良民」を育成するのに不可欠で、「国家自衛の見地よりするも、頗る有利の業たるは明なる」と述べられている。また、③は「細民殊に労働者が特別の事情の為めに労働の能力を減失し、収入の途絶へ、終に窮民となるを予防」するための「労働保険」である。このように保険制度が「彼等の独立自営の念を傷くることなく、而して救護完成を得るの途」であると強調されているが、当時行われた細民調査の影響などが背景にあるだろう。また、児童保護と同様に青年や地域、障害者などを対象とする教化（教育）事業の必要性が示されているが、ここでも良民育成が国家（財政）負担の軽減に結びつくことが再三強調されており、同要項の示した救済理念が感化救済事業の「風化」・「精神的防貧」といった理念と歩を一にしていることがわかる（中央慈善協会『救済事業調査要項』中央慈善協会、1911年）。

　以上のような中央慈善協会の結成後には1909年の仏教同志会（後の仏教徒社会事業研究会）、小河滋次郎の指導で設立された大阪の救済事業研究会（13年）のほか、京都、北海道、東京などでも地方組織が誕生し、更生保護などの隣接領域においても事業の連携や組織化が進んだ。また、『救済事業調査要項』に示されたような防貧事業も明治30年代後半から設立が進んだ。たとえば、**図表3-14**に見られるように家庭状況によって十分な養育・教育が受けられない児

図表 3-15　明治年間設立の慈善・救済事業数

事業種類	設　置　年				合　計
	～1897 （明治30）年	1898～1902 （明治31～35)年	1903～1907 （明治36～40)年	1908～1911 （明治41～44)年	
感化	3	3	5	37	48
育児	23	35	38	9	105
保育	1	3	8	6	18
養老	6	7	5	0	18
施薬救療	21	10	9	19	59
窮民救助	31	9	1	15	56
授産	4	3	8	4	19
職業紹介	0	1	2	11	14
宿泊保護	0	2	0	7	9
小住宅供給	0	3	0	0	3
婦人救済	1	2	0	0	3
盲唖教育	9	5	19	22	55
貧児教育	9	5	17	11	42
子守教育	3	4	2	1	10
その他の 特殊教育	1	0	3	5	9
上記以外	15	13	13	22	63
合　計	127	105	130	169	531

出典：生江孝之（1923年）『社会事業綱要』厳松堂書店、34頁を一部修正・省略して転載

童のために、保育所や貧児・障害児教育、感化教育施設が増えている。また、失業をはじめとした労働問題や細民の生活実態への対応策として、救世軍労働紹介所（東京・1906年）、大阪職業紹介所（1911年、所長：八浜徳三郎）などの職業紹介事業が大都市部でスタートした。これらは宿泊保護施設も併設して生活支援と合わせて失業問題等に対処するものであった。また、地域改善や細民教育・保護などためのセツルメント事業として、救世軍の大学殖民館（1908年）や労働寄宿舎（1911年）、渡辺海旭によって浄土宗労働共済会（1911年）などが

設立され、貧児の保育から青年教育、住宅改善など幅広い防貧活動を展開しようとした。

　ここまで見たように明治後半期に始まる「感化救済事業期」という時期は、資本主義の進展と貧困問題をはじめとする社会問題の深刻化、2度の戦争などによる国家財政の危機と天皇制の動揺といったさまざまな社会情勢によって生み出された時期である。それは徹底した国による救済の抑制と地方自治体や民間事業者による補完、天皇への報恩や風化（教化）による精神的防貧を国民に対して強力に要請した。一方で、民間事業者の組織化や研究団体等の設立、専門従事者の養成や防貧事業の促進などは「救済事業への取り組みの範囲を拡大させ、国家介入の強化とともに、大正時代に始まるとされる社会事業の在り方を規定するもの」（池本美和子　前掲）として、大正期に始まる社会事業へもつながっていくのであった。

【参考文献】

　疫学情報センター「結核死亡数および死亡率の年次推移」2013年（http://www.jata.or.jp/rit/ekigaku/toukei/adddata/）

　菊池義昭「『財団法人中央社会事業協会三十年史』解説」中央社会事業協会『戦前期社会事業基本文献集44 財団法人中央社会事業協会三十年史』日本図書センター、1996年

　東京市絶江尋常小学校『特殊教育第一歩（1912年）』室田保夫・倉持史朗編・解説『子どもの人権問題資料集成 戦前編 第10巻 子どもと貧困／労働』不二出版、2010年

　二井仁美・倉持史朗編『子どもの人権問題資料集成——戦前編 第7巻 少年保護』不二出版、2010年

　林広吉「製糸女工と奴隷」（1926年）室田保夫・倉持史朗編・解説『子どもの人権問題資料集成 戦前編 第10巻 子どもと貧困／労働』不二出版、2010年

| コラム3 | 地方改良と地方改善 |

▍ 帝国日本と社会改良政策

　近代日本の社会福祉の歴史を振り返る際、政府が被差別部落の人々を対象として行った政策のことを忘れてはならない。

　1871（明治4）年にいわゆる「身分解放令」が出された後も、被差別部落（以下では単に「部落」とのみ記す場合もある）の人々に対する差別意識は存続し、周囲から排除された状態が続いた。日本政府が重い腰を上げてこれらの人々に対する施策を講じるようになったのは、20世紀の初頭のことである。

　日本は日露戦争には勝利したものの、膨大な軍事費の支出（戦前数年間の一般会計規模が2億6000万円〜2億9000万円に対し、戦争の費用は19億8400万円）や、37万人に上る死傷者（疾病によるものも含む）が、その後も大きな負担として国民にのしかかることになった。疲弊した人々を目の当たりにして、政府は国民生活の基礎の確立と支配秩序の再編を急いだ。日本が欧米の帝国主義国と肩を並べてゆくためには、それを支える国力の充実が必要と認識されたのである。こうしたなか、内務官僚たちは人々の生活習俗の改良と地方財政再建への取り組みを開始した。これが地方改良運動である。

▍ 「地方改良」の時代

　1908（明治41）年に国民教化を目的として明治天皇が発布した戊申詔書には、人々に華美を戒め、倹約をすすめるなど、この時期に政府が理想と考えた国民規範が示されている。これ以後、日本の各地で地域の役人や有志者を集め、盛んに「地方改良事業講習会」が開かれていった。このなかで詔書は社会教育の聖典として普及するとともに、勤倹節約や納税の奨励をはじめ、さまざまな地方行政の合理化策が指導されていく。

　当時の地域社会では、いまだ江戸時代以来の村（自然村）が人々の生活区分として機能しており、この単位で山林を共有したり、神社を信仰したりしていた。地方改良運動のなかではこうした生活の区分が整理され、1889（明治22）年の町村制によって定められた町村（行政町村）単位への統廃合が推し進められた。また国家が定めた祝祭日が宣伝され、農耕や信仰のサイクルに基づいて設定されてきたそれまでの休日に代わっていった。

　さらに政府は、模範人物としての二宮尊徳（にのみや：そんとく：1787〜1856）の賞揚や、各自治体の町村是の作成を促すなど、人々の意識への働きかけを強めていった。二宮尊徳は江戸時代の後期、困窮した村落の復興を指導し、道

徳と経済を一致させることで富国安民をはかろうとした人物である。彼の考えは明治以後も後継者たちの運動のなかに引き継がれ、地方改良運動においては、勤倹貯蓄奨励策として重要視されたのである。こうした運動を実際に担ったのは地域の名望家や青年会、産業組合であった。そして成果を上げれば「模範村」として表彰され、全国に大々的に宣伝された。

■ 部落問題の「発見」

このような地方改良運動を展開するにあたり、大きな課題として浮上してきたのが部落問題である。当時、部落の人々は収入や教育、衛生などの面において低位な生活状態に置かれており、加えて外部から注がれる差別的な眼差しにさらされていた。あらたに行政町村や模範的な人物像のもとに人々の生活や意識の統合をはかるためには、被差別部落の人々を無視して通ることはできなかった。なぜなら人々の間に存在する障壁を取り除くことなくしては、他の帝国主義国に伍する国民を作り出すことは不可能だからだ。内務官僚らはこうした状態が社会の治安悪化を招くことを危惧したのである。

1907年、内務省は全国の郡市町村に命じ、被差別部落の実態調査を行った。そして地方改良運動の一環として実施された感化救済事業（第3章を参照）のなかで部落の救済事業（部落改善事業）に乗り出し、1912年には細民部落改善協議会を開催した。これらを通じて、政府は部落の富裕層に働きかけ、衛生状態や教育、治安の向上をはかろうとした。

ただしこうした政府の取組みは、社会福祉という観点からすれば極めて貧弱で不十分なものであった。その内実は部落改善事業にかかわった篤志家や部落の有力者など、功労者の表彰が中心であり、予算もごく少額に抑えられていた。

大きな問題は、これらの施策が基本的に差別された人々のためにではなく、国家繁栄の基礎を築く目的から実施されたことにある。部落改善政策のなかでは、部落の人々に対し、自らの生活改善をつうじて、国家に貢献する人材へと変わることが説かれた。また、部落の人々が従事していた製皮業・膠業・履物直しなどの職業を「卑汚の業」として転廃業を進めたり、北海道への移住を説くなど、差別されることの原因は主に部落の人々に帰されることとなった。こうした社会事業が展開された背景として、当該期に西洋から移入された犯罪学や優生思想などの影響が指摘されている。これらの科学思想は犯罪者や貧民、浮浪者、被差別部落民たちを「異常」な存在とみなし、治療や矯正の対象と考えたのである。

■ 部落改善運動の展開

この時代に部落改善政策の支援を受けて活動した団体として、1912（大正元）

コラム3 地方改良と地方改善

年に奈良県の被差別部落の有力者・松井庄五郎（まつい・しょうごろう：1869～1931）によって結成された大和同志会や、1914（大正2）年に大江卓（おおえ・たく：1847～1921）が中心となって創立された帝国公道会がある。前者は奈良県を中心としつつ全国の被差別部落の有力者に呼びかけて結成された組織である。一方、後者は政治家、実業家の大江卓が政・財・官界の名士を集めて結成した組織で、板垣退助（いたがき・たいすけ：1837～1919）、犬養毅（いぬかい・つよし：1855～1932）、大隈重信（おおくま・しげのぶ：1838～1922）、与謝野鉄幹（よさの・てっかん：1873～1935）らそうそうたるメンバーが名を連ねていた。

　大江はさきに触れた「身分解放令」の発布のきっかけをつくった人物として知られており、当初、部落の人々の中にはこの政策に差別からの解放を期待する者も少なくはなかった。しかし実際の運動は部落の人々に忍従を強いる道徳運動の観を呈するものであった。1918（大正7）年に発生した米騒動に際しては、政府はこの騒動を被差別部落の人々が起こしたとする事実に反した見解を示すなど、原因を部落民に帰して沈静化をはかろうとする姿勢を見せている。

　騒動の後、大江は全国の部落を行脚して回っている。この際、彼は人々に反省を迫り、「禽獣でさえ主人の恩を知る。人にして皇恩を忘却し、社会の公安を攪乱し陛下の宸慮を煩し奉るとは言語道断の振舞ひと云はねばならんではないか。嗚呼！　困った人達ではある」（大江「明星山房夜話」『社会改善公道』第11号、1919年9月）と部落の人々を非難した。

■「部落改善」から「地方改善」へ

　被差別部落の周辺からは、改善政策において主張された部落問題理解への不満が噴出していった。そして民間の有志者を中心に、従来の部落改善運動とは異なる理念のもとに、被差別部落民の解放を展望する自主的な動きが生まれた。1920（大正9）年創立の信濃同仁会と岡山県協和会、その翌年創立の広島県共鳴会などは、いずれも部落差別の原因を部落の人々に求めたり、国家のために部落の人々の生活改善をはかる立場とは一線を画していた。たとえば、岡山県協和会の趣意書には「自由と平等と博愛とこれ世界思想の主潮にして又実に天地の真理也」と、部落差別の非人道性への批判を鮮明に打ち出している。

　こうした動きは1922（大正11）年3月に結成された全国水平社の理念に受け継がれていった。全国水平社は「人間は尊敬すべきものだ」と主張し、水平社創立宣言のなかで「人の世に熱あれ、人間に光あれ」と謳った。これらは差別する人間の非を不問にして被害者に責任を押しつけてきたそれまでの部落改善政策への反省から生まれたものであった。水平社の訴えに対して被差別部落外の国民の中からもこれに呼応する動きが生まれ、「融和運動」の名称のもとに、それまでの部

第3章　明治後半期の社会福祉

落問題に対する認識について反省が唱えられるようになる。

　このように大正デモクラシー下においては、部落問題を論じる観点が大きく転回していった。同様の変化は、政府の部落問題に対する施策にも現れた。1920年に内務省が初めて部落改善費として5万円を計上したのを皮切りに、同予算は翌1921年には21万円、また1923年には49万円と増額され、社会事業の対象として独立した位置付けを与えられるようになる。

　さらに「部落改善」という名称には差別の原因を被差別部落に求めるニュアンスが含まれているとの反省に立ち、1923年からは「地方改善」の名称を用いるようになる。これは単なる名称変更に止まらず、「地方に於ける伝統的偏見、不合理なる因襲に起因する同胞間の親和を妨ぐる悪習弊習を改善する一切の事業」とされ、授産所・診療所・共同浴場・公会堂・子守教育所等の建設、住宅改良、実業講習、副業奨励、産業資金の融通、道路・橋梁の改造など幅広い事業が福祉政策の一環として実施されるようになる。

　その後、地方改善という名称は第二次世界大戦後の同和行政にも引き継がれ、被差別部落への特別施策（同和対策事業）は2002（平成14）年まで継続された。このように、日本では20世紀をつうじて部落問題に対する取組みがマイノリティにたいする社会福祉の重要な分野として続けられてきたことが分かる。近現代の社会福祉の中に明確に位置付け、その意義について考える必要があるといえよう。

【参考文献】

関口寛「大正期の部落問題論と解放運動――支配の正統性と全国水平社の創立をめぐって」『歴史評論』第766号、2014年2月

藤野豊『同和政策の歴史』1984年、解放出版社

(関口　寛)

第4章 大正期の社会福祉

☑ この章で学ぶこと

　こんにちの社会福祉は、かつて社会事業と呼ばれていた。大正期をとりあげる本章では、明治期後半からの連続性を持ちつつ、社会状況の変化に対応して社会事業という新たな領域がかたちづくられ、それが社会にひろがっていくようすをみていく。この社会事業の時代に形成された制度や理論は、戦中期を経て、戦後の社会福祉にさまざまなかたちで引き継がれている。

1　生活難と社会事業

(1)　「細民」の階層分化

　1912 (明治45) 年 3 月、内務省地方局嘱託・生江孝之による『欧米視察細民と救済』という本が出版されている。生江は1908 (明治41) 年 2 月から1909 (明治42) 年初夏にかけて欧米各国の田園都市や社会施設の視察を行い、帰国後に内務省嘱託に就いている。本書はその帰朝報告に当たるもので、泰西細民窟の状態（第 1 編）、各国救貧制度（第 2 編）、救済事業の趨勢（第 3 編）について各国の最新事情がまとめられている。

　この当時、欧米の制度の紹介がさかんになされていた。生江のほかに、田中太郎『泰西社会事業視察記』(1911年) や広中佐兵衛『貧民制度並救済制度』(1913年) などが代表的なものである。岡本芳二郎・樋口秀雄共訳『済生之本義』(1913年) など翻訳もいくつか出版された。中央慈善協会の機関誌『慈善』でも欧米の取組みがたびたび紹介されていた。生江による『欧米視察細民と救済』はそれらのなかでも先駆的なものの 1 つであった。

　タイトルに掲げられた「細民」は、現在では使われない言葉である。この語

は、当時「貧民」という言葉と同じような意味で使われていた。かつて隅谷三喜男が、「不熟練の筋肉労働者」を中核として「常に生活破滅の危機に直面していた」社会層を「貧民」、「職人」を中核として「おおむね定まった職業をもち、それだけ生活も安定していた」社会層を「細民」として仮説的に整理したが（隅谷三喜男『日本賃労働史論〔第2版〕』東京大学出版会、1974年）、隅谷自身も認めるとおり、当時、厳密な使い分けがされていたということではない。底辺に位置する「窮民」とは区別されて、そこに至らない下層の人々を指して、「貧民」や「細民」の語が使われていた。生江の著書でも「細民」と「貧民」が同じ意味で随意に使われている。

　内務省では1911（明治44）年から「細民調査」を行い、そのような下層の人々の実態に関心を向け始めた。第1回の調査は1912（明治45）年3月に「細民調査統計表」としてまとめられ、そこには細民戸別調査のほかに職工家庭調査、口入業・寄子業、質屋、木賃宿、細民長屋などの実態調査の結果がまとめられている。第1回は東京市の貧民窟（スラム）を調査対象としていたが、第2回は大阪市にも調査範囲をひろげて1912（明治45）年7月に実施された。第2回調査で使われた「細民戸別調査票記入心得」によれば、これら調査の対象となった「細民」とは、貧民窟に居住して雑業や車力などに従事する人たちとされていたが、調査結果には「工場通勤職工」つまり工場労働者も含まれている。

　中川清によれば、渾然としていた都市下層と工場労働者は1921（大正10）年頃に異なった階層として位置付けられるようになったという。19世紀末の都市下層においては、木賃宿を中心とした貧民窟の共同性によってかろうじて日々の生活が維持できるという状況であった。これらの人々は家族として世帯を構成する事が困難な状態で、子どもたちも10歳前後になると徒弟見習や丁稚・女中奉公に出て行った。この状況が1910年代から1920年代にかけて変化する。平均世帯人員3.5人から4人前後で安定し、核家族の世帯を構成し始める。子どもたちも世帯にとどまることとなり就学率が向上し、有業率が低下する。あわせて妻の有業率が低下し、下層世帯の女性たちのなかで家庭内の育児や家事に力を注ぐ人々が増え始めた（**図表4-1**）。こうして「それぞれの部屋

図表 4-1　都市下層の家族をめぐる諸指標

	1900年頃	1911～12年	1920～21年	1926年	1930年代
平均世帯人員	3.0～3.2人	3.5人	4.1人	3.9人	3.9～4.4人
死亡率	49‰	—	22‰	20‰	16‰
内縁比率	—	42%	37%	—	8%
子供の有業率	約50%	15%	13%	14%	12～14%
妻の有業率	約80%	約70%	44%	26%	26%
子供の就学率 (「特殊小学校」と「尋常夜学校」を除く一般の尋常小学校のみの就学率)		約70% (50%未満)	約80% (約50%)	約90% (約70%)	98% (約90%)

出典：中川清（2000年）『日本都市の生活変動』229頁表をもとに作成

には、流しや便所が付設され、電灯や畳も普及し、粗末なちゃぶ台で食事をとるという形」が1920年代頃の東京の平均的な下層世帯の生活となった（中川清『日本都市の生活変動』勁草書房、2000年）。

　このように近代家族を形成し始めた世帯は、それまでの集住地区の共同性から分散し、地域の中で個別的に生活するようになった。表に見られるように、内縁比率が低下して法律婚が常態化したことからも彼らの暮らしぶりの変化がうかがわれる。こうして分散した下層世帯は「定居的細民」と呼ばれ、貧民窟などの集住形態ではなく家計水準によってとらえられるようになった（「東京市内の細民に関する調査」東京市社会局、1921年）。これらの人々の一部が、やがて要救護者調査の対象となる。

　工場労働者の一部は都市下層と重なり合っていたが、これも1920年代からは独自の生活を形づくることとなる。さらに、新しい就労形態として登場した会社員、教員、官公吏員など新中間層が新たな階層として現れる。その一部を指して「洋服細民」という呼び方があった。収入は工場労働者に及ばないにもかかわらず、それなりの体面を保たなければならないため生活難にあえいでいるようすが表されている。しかし、彼らもやがて郊外の新興住宅地域を形成するなど生活のかたちを変化させていく。そして、これらの世帯形成からこぼれ落ちた日雇労働者などは都市に滞留し、先の「定居的細民」に対して「不定居的

細民」と呼ばれ、やがて「浮浪者」と呼ばれるようになった。

大正年間は、このように中・下層の人々の暮らしが大きく変化した時期である。第1次憲政擁護運動のさなか、1913（大正2）年2月、民衆が議会を取り囲んで桂内閣を総辞職に追いこんだ出来事は、こうした人々が政治に影響を与え得ることを示した。さらに1918（大正7）年には米騒動が勃発する。7月、アメリカからのシベリア共同出兵の申し入れがあり、参戦への思惑から米の買い占め、売り惜しみが起こり米価が高騰、人々の生活難が深まり、政府が出兵を決定すると全国各地で暴動が引き起こされた。政府は軍隊と警察を動員してこれに対処した。自然発生的で非組織的な暴動であったため、地方ごとに終息したが、鎮圧後に寺内内閣は総辞職した。

これら「民衆騒擾」の背景には、当時の人々の生活難や生活不安があった。河上肇『貧乏物語』（1917年）がベストセラーになったのには、そのような社会状況があった。いかに多数の人が貧乏しているか（上編）、何ゆえに多数の人が貧乏しているか（中編）、いかにして貧乏を根治しうべきか（下編）という問いに対する答えを知りたいと皆が思っていたのであろう。村島帰之や草間八十雄らによるルポルタージュが当時の様子を伝えている。

生活不安を背景とした突発的な騒擾だけでなく、組織的な運動も広がりを見せていた。

第一次世界大戦は日本経済の工業化を促した。国内の官民工場は増加し、それに伴って労働者の数も増加していった。この間、京浜、阪神、中京など工業地帯の形成、神戸、横浜、長崎、函館、新潟、門司、下関、博多など港湾都市の発展、広島、金沢、熊本、福岡、札幌、仙台、鹿児島、岡山など地方行政都市の人口増加などが見られた（坂本忠次『日本における地方行財政の展開』御茶の水書房、1996年）。これによる都市化と人口拡大は、さきに見たような都市内部の階層分化の背景をなすとともに、住宅難、衛生状態の悪化、失業など、さまざまな都市問題をもたらすこととなった。各都市ではこれら問題への対策を余儀なくされ、内務省もそれを後押しすることとなる。

労働者数の増加は、一方で、労働運動の昂揚をもたらした。内務省警保局調査により同盟罷業（ストライキ）件数を見ると、1914年50件、1915年64件、

1916年108件、1917年398件と急速に増加しており、参加人員も1914年7904人から1917年5万7309人と急増している（『日本労働運動史料・第10巻統計篇』労働運動史料刊行会、1959年）。

このような労働者の組織的な運動を支援したのが労働組合である。1912（大正1）年8月に結成された友愛会は、各地に支部を設置し、労働組合結成の先駆となった。ちなみに友愛会は1914（大正3）年に「日々の心得十ケ条」を示し、勤勉、忠実、誠意、信用、報恩、同情、節倹、衛生、反省、快活という道徳意識を会員に求めている。当時、労働者が下層社会の貧民と同一視されていたなかで、自己規律を通じて貧民との違いをアピールするものであったといわれる（安丸良夫『日本の近代化と民衆思想』青木書店、1974年）。当初は協調的で穏和な路線をとっていた友愛会であるが、労働者の階級意識の高まりを受けて、1919年には大日本労働総同盟友愛会と改称し（のちに日本労働総同盟と改称）、主張として労働組合の自由などを要求するようになった。

この動きに触発されて、農村地域では小作争議が急増する。1922（大正11）年4月に結成された日本農民組合は小作料の減免などを求める各地の小作争議を支援し、これを通じて農民たちは農民組合に組織化されていった。さらに、1920（大正9）年3月新婦人協会の結成、1922（大正11）年3月全国水平社の結成など、既成秩序に対する異議申し立てがこの時期の大きな潮流となり、「革新」「改造」などの語が盛んに使われていた。

(2) 社会局の設置

のちに米騒動のため総辞職することとなった寺内内閣の内務大臣に就任した後藤新平は、こうした社会情勢に対処するため、内務次官に水野錬太郎を起用し、労働運動や都市中間層の生活不安を行政課題として取り上げるべく新局設置の構想を練ったようである。1917年夏には翌年度予算編成上の問題として新局の設置が報じられるが、閣議の承認は得られず実現には至らなかった。ただしこの新局の代わりとして、内務省に救済事業調査会が新設されることとなった。

1918年6月救済事業調査会官制が公布され、即日施行される。調査会は内務

大臣の監督に属し、内務大臣の諮問により救済事業に関する事項を調査、審議することがその役割とされた。現在の審議会に相当する。ここにいう救済事業とは、労働行政などいわゆる社会政策を含んでおり、その解釈は「救済事業の意義には固と広狭の二様あり」、つまりもともと広義と狭義の2つの意味があるのだと説明されていた。そのうちの広義の解釈をとり、そこに社会政策が含まれることも妥当であるとしたのである。

内務省が調査会の名称に救済事業の語を冠したのには、いちおう一貫性があった。1913（大正2）年7月に改正された内務報告例の「救済事業調査表」に、育児、幼児保育、養老、施薬救療、窮民救助（ただし恤救規則による救助は「済貧恤窮施行表」として別項目）、授産、職業紹介、宿泊救護、婦人救済、盲唖教育、子守・下婢・貧児教育などが救済事業とされていた。また、1916年10月の地方統計主任協議会において示された「救育慈恵ニ関スル表式」のなかでは、これに免囚保護を加えたものが救済事業として挙げられている。社会事業と労働行政を管轄する新局の設置構想を抱いた内務省が、その代替として設置された諮問機関の名称を救済事業調査会としたことは、その意味で自然なことであった。

しかし、社会政策の研究者からは批判が起こった。「直ちに救貧事業を連想させる救済事業の名の下に（中略）社会政策を含ませることは頗る不穏当」（森戸辰男）、「「救済」ナル文字ハ、何等カ恩恵的意味ヲ連想セザルヲ得ナイ」（櫛田民蔵）、「自立独行を求むべき人々に（中略）一種の侮辱的名称」（高野岩三郎）などの批判である。これらの批判は、労働政策が恩恵的に位置付けられることへの危惧から発していた。

この議論の背景には、1920年頃まで「社会」という語が社会主義を連想させる言葉として忌避されていた、という事情がある。先に挙げた田中太郎『泰西社会事業視察記』（1911年）は私家版として発行され、関係者に配付されたものであるが、これを市販するに際して出版社から、「社会事業」の語は不穏であるから改題を、との要請があり、『欧米感化救済事業』（1913年）の題名で出版されたという逸話が残されている。また、1917（大正6）年7月の軍事救護法公布を受けて、その事務を取り扱うために専任の官吏を省内に置くとともに、

8月には地方局に救護課を新設して軍事救護に関する事務のほか「賑恤救済に関する事項」も取り扱うこととなったが、その名称を当初は社会課と考えられていたのが寺内首相の「役人が社会なんて言葉のついた課で働くといふ事は以ての外だ」という反対にあい、救護課になったといわれる（前田多門による回顧、鶴見祐輔『後藤新平・第三巻』勁草書房、1966年）。

　さて、1917年頃に構想された新局は、その後1920（大正9）年8月に社会局として実現する。1919（大正8）年12月に救護課が社会課と改称され、翌年これが社会局に昇格したのである。「社会」の語が忌避されていた経緯を踏まえると、内務省の新局が「社会局」とされたインパクトが想像できるであろう。また、社会局の管掌事項として「社会事業」が挙げられた。そして、こうした変化を受けて、1919〜20年頃から救済事業を社会事業と呼び替える動きが一気に進んだ。

　1922（大正11）年11月には新たに内務省の外局として社会局が設置された。もともと農商務省と内務省との間で所管争いがあったのを、1920（大正9）年に農商務省工務局に労働課を新設し、内務省社会課を社会局に昇格させることで決着させていた経緯があった。内務省の内局としてあった社会局を外局にするいうことは、農商務省などの所管事務を移し、社会行政と労働行政を一括して所掌する新たな社会局を設置することを意味していた。また、救済事業調査会も1921（大正10）年1月に社会事業調査会と改組され、内務大臣の諮問機関から関係各大臣の諮問機関へとその役割が拡げられていた。

　このように、それまで救済事業と呼ばれていた行政領域は1920年代に社会事業と呼ばれるようになり、それにともなって、それまで慈善事業と呼ばれていた福祉実践を含めて社会事業という語が広く使われるようになる。そして、社会事業という語が人々に広がり、その理解が共有されていくことで、社会事業という新しい活動領域の成立が社会的に承認されることとなった。

　19世紀末から20世紀初頭は、イギリスにおける無拠出老齢年金法（1908年）、国民保険法（1911年）などリベラルリフォーム、ドイツにおける疾病保険法（1883年）、老齢障害保険法（1889年）などビスマルク社会保険法や失業扶助令（1918年）、ワイマール憲法（1919年）、フランスにおける急進共和派による連帯主

義、労働者・農業者年金法（1910年）など、資本主義体制の欠陥を是正する試みが各国で模索されていた。日本における救済事業から社会事業への展開を、産業化の進展にともなう社会問題の拡大と社会主義思想の広がりに対する改良主義的な行政施策として、この国際的な潮流と重ねてとらえることができる。

(3) アイデンティティの共有

　1908（明治41）年に発足した中央慈善協会は、機関誌『慈善』を通じて情報の共有と専門知識の普及につとめていた。もともとは会員に頒布するものであったが、会員以外にも販売され、年4回、1917（大正6）年の改題まで32冊が発行された。主な執筆者は、渋沢栄一、留岡幸助、田中太郎、生江孝之、中川望、小河滋次郎、井上友一などであった。

　この他に中央慈善協会が行った重要な活動として全国大会の開催がある。第1回は1903（明治36）年に大阪の関係団体の主催で開催された全国慈善大会（全国慈善団体同盟大会）、第2回は1910（明治43）年に愛知の関係団体の主催で開催された感化救済事業大会とされている。これは、第2回大会において、1903年の大阪大会を第1回とし、当の名古屋大会を第2回とすること、第3回以降の開催は中央慈善協会に依頼することが決議されたことに基づいている。したがって、中央慈善協会が主催するようになったのは第3回大会からである。

　第3回全国慈善事業大会は1915（大正4）年11月に京都市で開催され約400人が参会したが、議事はわずか2件で、小河滋次郎、米田庄太郎、井上友一などによる講演と大臣・知事などの告辞、祝辞のみという内容であった。2件の議事のうち1件は「賀表捧呈」つまり皇室への感謝、1件は救済事業の重要事項を決める際には事業関係者の意見を徴するよう当局に建議する件で、いずれも全会一致で可決された。

　第4回大会は名称を全国救済事業大会と改め、1917（大正6）年11月に東京市で開催された。部会、総会、講演会、懇話会の4つに分けられ、全国大会にふさわしい形が整えられた。部会は、第1部が一般的救済（救貧、救済行政等）、第2部が児童（育児、社会教育、感化教育その他の特殊教育等）、第3部が救療、養老、災害救護、婦人救済、第4部が授産、職業紹介、宿泊救護、免囚保護、と

図表 4-2　中央慈善協会会員団体（1917年5月現在）

（東京市）東京育成院、社団法人赤坂病院、救世軍慈善事業部、東京盲人教育会、第一無料宿泊所、精神病者慈善救治会、社団法人同愛社、財団法人三井慈善病院、社団法人婦人共立育児会、社団法人白十字会、二葉保育園、辛亥救災会（東京府）滝乃川学園、桜楓会託児所、慈愛館、日本盲人協会、社団法人福田会、財団法人東京感化院、財団法人東京養老院、愛生産院、社団法人慰廃園（京都市）明徳学園、京都救済院、財団法人平安徳義会孤児院、済世病院、財団法人平安育児院、財団法人京都盲唖保護院、東亜慈恵会、真言宗各派連合法務所、財団法人大日本仏教慈善会財団、酬恩学校（京都府）白川学園、伏見慈善会（大阪市）財団法人大阪毎日新聞慈善団、社団法人大阪約翰学園、財団法人大阪婦人ホーム、財団法人大阪弘済会（大阪府）財団法人大阪養老院、財団法人大阪汎愛扶植会、社団法人博愛社、財団法人大阪自彊館（神奈川県）財団法人横浜孤児院、財団法人幼年保護会、横須賀孤児園、鎌倉小児保育園、中郡盲人学校（兵庫県）財団法人神戸孤児院、財団法人神戸報国義会、神戸養老院、兵庫県出獄者保護会、財団法人戦役記念保育会（新潟県）財団法人新潟育児院、財団法人積善組合、和敬孤児園（埼玉県）川越就実園、埼玉育児院（群馬県）財団法人上毛孤児院、前橋育児院、高橋育児院（千葉県）財団法人千葉帰性会、千葉県育児園、成田山感化院（栃木県）下野三楽園、財団法人蓼沼慈善団（奈良県）自彊館、天理教養徳院、大和育児院（三重県）財団法人三重済美学院、財団法人九華育児院（愛知県）財団法人愛知育児院、名古屋盲人会、名古屋養老院、豊橋育児院、豊橋盲唖学校、岡崎盲唖学校、帝国救助院（静岡県）静岡ホーム、富士育児院、財団法人静岡県勧善会（山梨県）深敬病院（滋賀県）財団法人滋賀県育児院（岐阜県）財団法人岐阜訓盲院、財団法人日本育児院、財団法人清水育児院（長野県）大勧進邸内養育院（宮城県）仙台基督教育児院（福島県）財団法人福島育児院、福島訓盲学校、会津孤児院、磐城訓盲院（岩手県）杜陵学園、盛岡孤児院（青森県）東北育児院（山形県）鶴岡育児所、米沢商会（秋田県）財団法人感恩講（石川県）財団法人小野慈善院、加能慈恵保護場（富山県）四方育児院、財団法人富山慈済院（鳥取県）財団法人鳥取育児院、財団法人因伯仏教保護院（島根県）財団法人松江育児院、財団法人山陰慈善家庭学院、石見慈育院（岡山県）財団法人岡山孤児院、岡山博愛会、吉備撫育院、甘露育児院、自助興産館（広島県）広島孤児院、広島育児院、広島修養院、広島保護院（山口県）山口育児院、下関保護院、防長孤児院（和歌山県）田辺仏教慈善会、有田学園（徳島県）財団法人阿波国慈恵院（香川県）財団法人海南慈善会、讃岐学園（愛媛県）松山同情館、愛媛慈恵会（高知県）財団法人高知慈善協会（福岡県）財団法人龍華孤児院、福岡学園（大分県）大分育児院、大分慈善奉公会教養院（佐賀県）佐賀孤児院（熊本県）熊本回春病院（鹿児島県）鹿児島養育院（北海道）財団法人小樽育成園、財団法人小樽慈恵病院、社団法人札幌育児院、財団法人函館慈恵院（関東州）大連慈恵病院

出典：「会報」『社会と救済』 1巻1号、1917年10月

いう分け方であった。また、大会で選出された特別委員会の決議では、救済事業団体に対する内務省の規制監督を求めるもの、資金確保のための法整備を求めるもの、などの他に、今後いかなる社会的施設に最も力を入れるべきか、という議題に関して、「労働者の保護救済に関する施設」が急務であることが決議されている。1920年の第5回大会からは名称が全国社会事業大会と改められた。

　機関誌『慈善』は1917（大正6）年10月から『社会と救済』と改題され、月刊となった。この改称は、同年5月の中央慈善協会会則変更にともなうものであった。それは、1917年度から内務省の補助金が中央慈善協会に交付されるようになったことを受けての会則変更である。これにともない、副会長に内務次官の水野錬太郎が就任することとなった。以降、歴代の副会長には内務次官、社会局が外局となってからは社会局長官、厚生省が設置されてからは厚生次官が就任している。政府の関与が明確になったということである。

　1917（大正6）年5月現在の中央慈善協会の会員137施設・団体は**図表4-2**の通りである。

　仏教社会事業の領域では、比較的早くから社会事業の呼称で組織的な整備が進められていた。1912（明治45）年5月渡辺海旭を中心に仏教徒社会事業研究会が設立され、『佛教徒社会事業大観』（1920年）の刊行や全国仏教徒社会事業大会の開催（第1回1914年6月、第2回1920年4月、第3回1921年4月、第4回1922年6月）などの活動を行っていた。この他に、1917（大正6）年4月宗教大学社会事業研究室の設置（のちに大正大学社会事業研究室）、1918（大正7）年9月大学生を中心とした日蓮宗大学社会問題研究会の発足、1921（大正10）年浄土宗社会課による第1回社会事業研究会の開催、1924（大正13）年5月大谷派社会事業協会設立など、宗派ごとに先駆的な取り組みがなされていた。

　また先駆的な組織化の例として、大阪の救済事業研究会を挙げることができる。1913（大正2）年5月小河滋次郎が大阪府の嘱託として赴任したのを機に大久保府知事の主唱により発足したのがはじまりで、雑誌『救済研究』（1922年から『社会事業研究』）は関西における研究の進展に大きく寄与した。なお、1920年代を代表する雑誌として『社会事業』『社会事業研究』に加えて、東京

府社会事業協会の『社会福利』（1929年～）が挙げられる。これら雑誌を通じて、社会事業に対する理解が広がっていったことは重要である。

　1920年代には講習会や職員養成が活発化する。それら講習会や養成所の研修などを通じて、現任の従事者たちの間に、社会事業という活動領域に従事しているというアイデンティティの共有が広がっていったと思われる。

　1908（明治41）年に始まった感化救済事業講習会は、1914（大正3）年の第7回まで東京で開催され、官公吏、事業経営者、宗教家を中心に1118人の修了者を出した。1915（大正4）年からは第一線職員の参加を促すため、地方開催の形態に変わった。1915（大正4）年は大阪、仙台、1916（大正5）年は福岡、名古屋、札幌、1917（大正6）年は広島、金沢、1918（大正7）年は東京、京都、新潟、1919（大正8）年は熊本、岡山、津、秋田の各都市で開催されている。このうち広島市で開催された講習会の申込者225名の内訳を見ると、救済事業従事者57名（25％）、宗教家55名（24％）、教育家39名（17％）、官公吏38名（17％）、警察官18名（8％）の他、有志家13名、神職5名であった。1920（大正9）年からは社会事業講習会と改称され、1920（大正9）年に宇都宮、静岡、長崎県小浜村、高知、1921（大正10）年に岐阜、和歌山、札幌で開催され、1922（大正11）年に内務省会議室で開かれた第8回社会事業講習会をもって廃止されることとなった。第1回社会事業講習会（1920年）の受講生346名の内訳を見ると、公吏151名（44％）、官吏82名（24％）が大部分を占め、他は教員32名、社会事業関係者29名、篤志家28名、僧侶22名、神官2名であった（菊池正治・阪野貢『日本近代社会事業教育史の研究』相川書房、1980年）。

　このほかに民間団体による講習会や職員養成があった。1918（大正7）年大阪市において石井記念愛染園の事業として女性の社会事業家養成のための3ヶ月の講習会が開催されたが、これは1回で中止されたという。1919（大正8）年に入ると、5月国立感化院の武蔵野学院内に感化救済事業職員養成所（1920年から社会事業職員養成所）、11月財団法人輔成会による保護事業職員養成所、11月大日本仏教慈善財団による社会事業研究所（講習会）などが始まっている。また、東洋大学では専門学部に属する夜学として1921（大正10）年4月社会事業科を新設、定員30名で3ヶ年の過程を開始、日本女子大学校では社会事

第4章　大正期の社会福祉

図表4-3　『日本社会事業名鑑』事業分類

1	社会事業連絡機関
2	社会事業研究機関
3	防貧事業：（1）委員制度（2）社会植民事業ソーシャル・セットルメント・ワーク （3）公設市場（4）公益浴場並理髪所（5）簡易食堂（6）公益質屋（7）住宅 （8）宿泊救護（9）職業紹介（10）授産
4	児童保護事業：（1）保育（2）育児（3）感化教育（4）貧児教育（5）子守教育 （6）徒弟教育（7）浮浪児並被虐待児保護（8）其他
5	特殊教育事業：（1）白痴並低能者教育（2）盲、唖、聾教育（3）吃音矯正等
6	婦人救護事業
7	軍事救護事業
8	施薬救療並妊産婦保護事業：（1）施薬救療並病者慰安（2）妊産婦保護
9	出獄人保護事業
10	窮民救助並罹災救助事業
11	養老事業
12	雑（以上に属しない事業）

出典：中央慈善協会『日本社会事業名鑑』1920年（社会福祉調査研究会編『戦前期社会事業史料集成・第9巻』日本図書センター、1985年）

業の組織経営、指導統括に当たる人材を養成するため1921（大正10）年9月社会事業学部を新設するなど、専門教育も始められた。

　このように、雑誌や講習会を通じて社会事業の領域が拡大していく1920年代を象徴するのが名鑑と年鑑の発行である。名鑑、年鑑は雑誌や専門書以上に社会事業という領域の確立を社会的に印象づけたと思われる。

　『日本社会事業名鑑』は1920年5月に中央慈善協会により刊行された。もともと第3回救済事業大会（1915年）の際に開かれた協会の総会で編纂と刊行が決まっていたが、先延ばしにされていた事業である。1917年度から内務省の補助が始まり、1917年5月会則変更で協会の専任職員として主事を新設、これに杵淵義房が就いたことにより、作業が進み始めた。杵淵が中心となり、各府県庁や関係団体へ依頼して集められた資料が整理され、第5回全国社会事業大会を前に刊行にこぎ着けたものである。

　社会事業名鑑の分類により、当時社会事業として考えられていた活動範囲を知ることができる（図表4-3）。

『日本社会事業年鑑』は1920年5月に大原社会問題研究所から刊行された。大原社会問題研究所は、1919（大正8）年2月、高野岩三郎らを中心に大原孫三郎によって設立された民間の研究所が始まりで、その後の改組を経て、第1部を労働問題、第2部を社会事業の研究部門とする研究所となり、1920年5月に『日本社会事業年鑑』『日本労働年鑑』、6月に『日本社会衛生年鑑』の刊行を始めた。大原社会問題研究所による『日本社会事業年鑑』は1926（大正15）年版まで毎年刊行され、各年の社会事業の動向や統計を全国で共有することができるようになった。

2 社会事業の領域

(1) 経済保護事業

"救済事業が社会事業と呼び方を変え、その対象領域が拡大した"と説明されることが多い。しかし、事の次第を理解するためには、もう少し説明が必要である。その鍵となるのが経済保護事業である。

内務省社会局による『社会事業要覧（大正9年末調）』（1923年）では「経済的保護」として、職業紹介、授産、宿泊救護、住宅供給、公設市場、簡易食堂、公設浴場、公益質屋の8つが挙げられている。社会事業調査会の特別委員会で社会局から報告された「経済的保護施設概況」（1926年）では住宅供給、公益市場、公益浴場、簡易食堂、共同宿泊所、公益質庫の6つが挙げられ、この他に職業紹介、授産事業、小資融通を含めてもよい、とされている。この「経済的保護」とされていた領域をこんにちでは経済保護事業と呼んでいる。

経済保護事業の効果が期待されたのは都市部である。労働者や新中間層をふくめて生活難を実感する人々が増えていたなかで各都市が独自に始めた試行的な施策を内務省が調査し、救済事業調査会などでの検討を経て、要綱や通牒というかたちで全国に発信され、主要都市を中心に実施されていった。背景には各都市における生活水準の格差やそれに起因する生活不安、人口移動や地方都市の形成に起因する住宅不足等の現実的な問題があった。

1920（大正9）年10月、内務省社会局は全国の担当者を集めて3日間にわた

第4章　大正期の社会福祉

図表4-4　1920年10月都市社会事業打合会における打合項目

第一類の一	社会事業委員設置に関する事項
第一類の二	社会事業の統一に関する事項
第一類の三	私営社会事業の助成に関する事項
第一類の四	各種社会事業施設の基礎材料たるべき統計調整に関する事項
第二類の一	失業者保護に関する事項
第二類の二	公益職業紹介所の設置及び相互の連絡に関する事項
第二類の三	労働者の福利増進施設に関する事項
第三類の一	公設市場利用状況及一般市場に及ぼしたる影響に関する事項
第三類の二	公設質屋設置に関する事項
第三類の三	共済的施設及普及奨励に関する事項
第三類の四	「セツトルメントウオーク」に関する事項
第四類	児童保護事業の普及奨励に関する事項
第五類の一	都市青年団体に於ける最も適切なる指導方策に関する事項
第五類の二	社会教化事業に関する事項
第六類の一	低利資金に依る事業の進捗に関する事項
第六類の二	来年度に於ける低利資金の供給を必要とする事業に関する事項
第七類	市営を適当と認むる社会事業に関する事項

出典：『日本社会事業年鑑・大正10年版』大原社会問題研究所、1921年

り都市社会事業に関する打合会を開催している。このときすでに、都市行政を軸にした施策の再編成が意識されていたことがうかがわれる。このなかでは第二類、第三類で経済保護事業が挙げられているが、このほかに第七類では必要に応じて市営が望ましい社会事業として住宅供給、職業紹介など21事業が列挙されている（図表4-4）。

　戦後の社会福祉との比較で見たときには、職業紹介や公設市場が社会事業に含まれていることに違和感が感じられるかもしれない。しかし、大正中期に最も求められていた施策こそがこれら低所得者対策であった。内務省では各都市におけるとりくみを施策化するにあたって、当初はこれを救済事業の拡充として展開し、社会事業の語が用いられるようになってから後は、社会事業という行政領域のなかで整備が進められた、と考えるのが分かりやすい。

　経済保護事業の内容を、施策ごとに簡単に見ていこう。

　職業紹介は1901（明治34）年東京無料宿泊所が「定宿なき日傭人夫」などに

宿所を提供するとともに職業紹介を行ったことから、これがはじめとされている。『感化救済小鑑』（内務省地方局、1910年）によると、本願寺の僧侶が浅草区に設置し、その後本所区に移転、1人1泊が原則だが事情がある場合は連泊を認め、食事はあえて提供せず、職業紹介を行ったという。この他に、1906（明治39）年東京で無料宿泊と職業紹介を始めた救世軍、1907（明治40）年都市に移入する女性の保護と職業紹介を行った大阪婦人ホーム、1909（明治42）年官公吏、会社員、店員等の職業紹介を行った東京基督教青年会人事相談部、など先駆的な取り組みがあった。1911（明治44）年11月に東京市が3ヶ所設置してからは公設による職業紹介所が広がった。1919（大正8）年には全国で40ヶ所が設置されていた。制度化も進められ、1920（大正9）年5月には地方長官通牒により職業紹介所相互の連絡統一を図るよう促し、翌月、協調会を全国の職業紹介事業の中央機関とし、連絡統一の事務に当たらせた。1921（大正10）年4月には職業紹介法が公布された。

　共同宿泊所は、主として独身の労働者に対して無料または低額な料金で宿泊設備を提供する施設である。彼らの多くは木賃宿などに宿泊していたが、風紀、衛生など公益上の観点から共同宿泊所の必要性が高まり、営利を目的とした木賃宿に代えて、公共的な施設として設置されたのが共同宿泊所である。東京、大阪の宿泊所の大正8年度の利用者を調べた結果では、いずれも日雇労働者、不熟練の職工が利用者の大半を占めていた。1921（大正10）年には東京、大阪を中心に36ヶ所設置され、1925（大正14）年6月末現在では90ヶ所（公設35ヶ所、私設55ヶ所）にまで増えていた。当時、共同宿泊所には図書室、娯楽室、簡易食堂、浴場などを付設するところが多く、なかには職業紹介、人事相談、授産事業を行うところもあったという。

　公設市場は食料品や日用品を廉価で供給するため地方公共団体や公益団体が開設する小売市場である。公益市場とも呼ばれた。主な取扱品目は、米、麦、味噌、醤油、鮮魚、塩干し、野菜、果物、精肉、砂糖、菓子、酒、缶詰などの食料品、荒物、瀬戸物、呉服、雑貨、薪炭などの日用品であった。物価が急騰していたなかで、中間層の生活難に対する応急策として効果を発揮した。1918（大正7）年4月に大阪市が市営公設市場4ヶ所を開設したのがはじめとされ

る。同年8月の米騒動を受けて、各都市で大阪市にならい設置が進むようになった。また政府も、救済事業調査会による同年11月の小売市場設置要綱をふまえて、同年12月に公設市場設置奨励の通牒を出し、設置に要する経費に対して低利資金融通などの措置を講じることとなった。これにより1918（大正7）年には11市1町に33ヶ所の設置であったのが、1921（大正10）年10月には1道3府37県271ヶ所にまで広がっていた。

　住宅供給は都市人口の変動に対応するという点で、経済保護事業の中核的な役割をもっていた。1919（大正8）年6月大阪市で2ヶ所の市営住宅を建設し、低所得者に住宅を提供し、また託児所、理髪所、浴場、実費診療所、人事相談所などを付設したのが公設住宅の先駆的な試みであった。1918（大正7）年11月救済事業調査会による小住宅改良要綱をふまえて、1919（大正8）年6月、内務省は住宅改良助成の通牒を出し、低利資金融通など便宜を図った。これにより各都市で公設住宅の設置が進むこととなった。

　公益質屋は、庶民金融機関として一般的に利用されていた質業が利子算定の方法や利率など低所得者の不利益になることも多かったため、公益的な社会施設として求められたものであり、公益質庫とも呼ばれた。1912（大正1）年10月宮崎県の戸数約1000戸の漁村（細田村）で漁民が不漁の際に高利の貸金に苦しむ様子を見かねた村長が村の基本財産を繰り入れて資金として村営の「質庫」を設置したのがはじめとされている。その後1919（大正8）年12月に東京府慈善協会による「武蔵屋質店」の開設があり、しだいに各地に普及することとなった。『公益質庫の現勢』（1926年）によれば、1925年6月現在41ヶ所で、うち県営1、市営11、町村営17、その他（社会事業協会など）12ヶ所という設置状況であった。利率は当然ながら民営よりも低くおさえられ、また利子算定の方法も低所得者の保護に留意されていた。運転資金の財源として最も多いのは市町村その他の経営団体の基本財産または基金からの繰入金であるが、政府融通の低利資金（大蔵省預金部低利資金、逓信省簡易保険積立金）を利用するところもあったという。

　簡易食堂は滋養に富んだ食事を廉価で提供することを目的とした施設である。1918（大正7）年1月東京市で社会政策実行団が平民食堂を開設したのが

はじめとされる。同年6月には大阪自彊館が市内に同様の食堂を開設、7月には名古屋市で社会政策実行団による平民食堂が開設された。8月の米騒動以降は、1918（大正7）年9月大阪市に市営食堂が開設されたのをはじめとして、公設市場とともに各地で公設の簡易食堂の設置が進められた。1924（大正13）年末の公設の簡易食堂は東京市19ヶ所、大阪市7ヶ所、横浜市6ヶ所、神戸市5ヶ所、名古屋市4ヶ所、京都市1ヶ所を含めて全国で72ヶ所であった。簡易食堂は共同宿泊所に併置されることも多かった。

公設浴場は無料または低額で提供される公衆浴場で、公益浴場とも呼ばれた。公設のものとしては1919（大正8）年に大阪市が2ヶ所の市営住宅に付設したのをはじめとして、保健衛生の観点から設置が進められ、1925（大正14）年6月現在では全国に255ヶ所が開設されていた。ただし多くの公設浴場は民間業者（湯屋）に委託されたため、料金以外は銭湯と変わりがなかったという。

低所得者または失業者に仕事を提供する授産事業には、裁縫、ミシン、メリヤス編み、刺繍、機織、印刷、指物、マッチ、藁細工などの仕事を授産場で行ったり、あるいは各自の住居で行うものや、失業者を土木工事などに就かせて行うものなどがあった。1913（大正12）年末の授産事業は28ヶ所で、あまり普及していなかった。

このように、経済保護事業は低所得の中・下層に向けた生活安定の施策という側面をもっていた。そのため、当時から、救済事業から社会事業への変化が救貧から防貧への転換として説明されることも多かった。しかし、防貧は救済事業という行政領域が形づくられた当初からその基調とされていた。社会事業において改めて防貧が強調されたのは、社会状況に対応する側面を人々に訴えようとしたのだといえる。また、経済保護事業は各都市の地域性に応じて独自の取組みがなされていたが、近年の研究では施策を通じた地域秩序の再編にも関心が向けられている。

(2) 地方組織と方面委員

内務省に社会局が設置される前後に、各地方でも社会事業を担当する部署が新設されていた。早いところは、1917年11月東京府で内務部救済課、1918年6

月大阪府で警察部救済課（7月内務部救済課）、1919年7月に兵庫県で内務部救護課が設置されていたが、東京府は1919年11月内務部社会課、大阪府は1920年1月内務部社会課、兵庫県は1920年2月内務部社会課にそれぞれ改組した。このほか、1919年7月に神奈川県と愛知県、1920年には4月茨城県、5月岡山県、6月三重県、8月静岡県、9月宮城県と京都府、10月和歌山、11月長崎県でそれぞれ内務部社会課が設置され、以後、道県での設置が進んだ（寺脇隆夫「「社会事業行政」調査について」『戦前日本社会事業調査資料集成・第10巻』勁草書房、1995年）。

内務省では道府県における社会事業行政にあたる専任理事官を配置するため、1922（大正11）年4月、新たに予算を確保して10道府県に社会事業主任理事官を配置した。このとき配置対象となったのは、北海道、東京、大阪、京都、神奈川、兵庫、愛知、静岡、長野、福岡である。東京府ではこれ以前から専任理事官が配置されていたが、これ以外では兼任であったのを新たに専任理事官にしたものと思われる。

さらに1925（大正14）年12月、社会事業に関する地方職員制が公布され、社会教育主事とともに社会事業主事・主事補の制度がつくられた。これは、それまで単なる府県の嘱託員に過ぎず、待遇規程が設けられていなかったのを、待遇改善と職制統一のために新たに制定したもので、この後、各地に社会事業主事・主事補が置かれることとなった。

これとは別に、各地方ごとに社会事業協会が設置された。そのほとんどは事務局が県庁に置かれ、会長を知事がつとめるという官製団体であった。この時期から、社会事業協会を介して民間社会事業は行政と緊密な連携を保つこととなった。

地域ごとの社会事業の形成を知るうえで重要なのが方面委員制度である。

米騒動に代表される社会不安を背景に、行政当局は低所得世帯の動静をモニタリングする必要性を強く感じていた。その要請に応えたのが、低所得世帯の生活状態の調査や、彼らに対する指導・周旋などを地域内の篤志家に委ねる方面委員制度であった。

1920（大正9）年5月発行の『社会事業年鑑』では、当時すでに設置されて

いた岡山県、東京都、大阪府、埼玉県、兵庫県の各制度を「方面委員制度」の名称で一括して説明しているが、これは大原社会問題研究所が大阪にあったことが影響していたのかもしれない。この時期、こうした委員制度を指す名称は、まだ定まっていなかった。1920（大正9）年10月の都市社会事業打合会では、地域から委員を選んで調査研究や連絡統一などを行わせる事業を「社会事業委員」という言葉で表している。杵淵義房『本邦社会事業』（1921年）では「救貧委員」の名称が「最も適当なりと信ずる」として、全国17ヶ所の委員制度を紹介している。内務省社会局『社会事業ニ関スル委員制度』（1921年）では、31団体の各種委員制度が紹介されているが、ここには方面委員制度とは性格の違う委員も含まれている。内務省社会局『本邦社会事業概要』（1922年）では「委員制」の項で説明されており、本文でも「救済委員、方面委員等と称する委員制」と記されている。

　最初の委員制度は、1917（大正6）年に岡山県で始められた済世顧問制度である。地方長官会議における天皇からの質問をきっかけとして、笠井信一知事が考案したもので、慈善心に富んだ名望家を済世顧問として委嘱して、精神上の感化を中心に貧困者の指導に当たらせるという制度であった。制度の発想として道徳的な傾向が強く、そのため適任者が得られない限り欠員とされるなど、後の方面委員制度との違いがある。ちなみに、済世顧問制度が方面委員制度のはじまりとして強調されるようになったのは1930年代のことで、方面委員制度が天皇からの「御下問」に由来するという自己意識の形成と密接に関連していたことが指摘されている（菅沼隆「方面委員制度の存立根拠」佐口和郎・中川清編『福祉社会の歴史』ミネルヴァ書房、2005年）。

　翌1918（大正7）年6月には東京府慈善協会により救済委員制度が創設された。前年（1917年）10月1日の風水害に際して協会が行った被害状況視察員の経験がもとになっていたという（遠藤興一「救済委員制度」、『東京都福祉事業協会七十五年史』同協会、1996年）。選定した地区に、方面委員、専任委員、名誉委員を必要に応じて配置するもので、受け持ち地区の調査・相談などに当たる専任委員のコーディネートを方面委員が担当し、これを名誉委員がサポートするという仕組みがとられていた。救済委員制度は「是れを応援するに適当なる社会

第 4 章 大正期の社会福祉

資料 4-1：方面カード

出典：『大阪府方面委員事業年報・昭和 4 年度』大阪府社会課、1930 年

施設を背景とするにあらざれば十分なる活動をなすの困難なるはもとより」
（『東京府社会事業協会一覧：創立十年記念』同協会、1927年）とあるとおり、活動環
境の整備が十分にできなかったことなどから、1920年東京市方面委員制度が創
設された後、1922（大正11）年6月に廃止された。

　同じ1918（大正7）年10月に大阪府で方面委員制度が創設された。林市蔵知
事の下で小河滋次郎が考案したこの制度は、「細民」の居住地区を中心に方面
委員を配置し、担当地区の状況を調査させて各世帯の概況を記した方面カード
（資料4-1）を作成させるとともに、低所得世帯に対して指導・援助を行わせ
るというしくみであった。

　同じ時期、他の地方でも委員制度が試みられた。財団法人埼玉共済会は、米
騒動後の対応策として1918（大正7）年8月から県の主導により準備され、
1919（大正8）年4月に設立された連絡団体で、会長は県知事、事務局は県庁
内におかれた。その最初の事業として1919（大正8）年6月に設置が決定され
10月から委嘱が始まったのが福利委員であった。その名称については、「救済
事業の目的は究極社会一般の福利を増進するに在り」という考えで付けられた
という。また、町村長が常務福利委員を兼ねて、活動の中心的な役割を担うこ
ととされていた点も特徴的である（『埼玉共済会二十年史』埼玉共済会、1942年）。

　兵庫県の救護視察員も米騒動後の対応策として1919（大正8）年7月に設置
されたが、有給の吏員として県内務部に所属していた点が他の委員制度との大
きな違いである。受け持ち地区の生活困窮者の調査が主な職務で、各警察署に
駐在し、生活状態の概略を県に報告することが求められていた（兵庫県内務部
社会課『救護視察の実況』1920年）。

　その後、次第に方面委員制度の名称が定着するようになった。各地の先駆的
な取り組みのうちで大阪府の制度が全国に広がっていったことがその大きな理
由であったと考えられる。『社会事業年鑑（大正11年版）』には方面委員の設置
地方として15ヶ所（岡山県「済世顧問」、東京府慈善協会「救済委員」、大阪府「方面
委員」、財団法人埼玉共済会「福利委員」、兵庫県「救護視察員」、横浜市「方面委員」、
長崎市「方面委員」、京都府「公同委員」、青森県共済会「共済委員」、東京市「方面委
員」、広島市「方面委員」、滋賀県自治協会「保導委員」、尾道市「方面委員」、岐阜県

98

第4章　大正期の社会福祉

図表4-5　恤救規則累年比較

	人員		救助金			
	救助人員	年末現在	国庫費	補給	地方費	計
1912（大正1）年	3109	2402	49565	—	—	49565
1913（大正2）年	10297	7629	47120	4303	83670	135093
1914（大正3）年	13730	7982	34497	14217	98232	146946
1915（大正4）年	11849	7247	24041	14046	96496	134583
1916（大正5）年	11015	7229	22915	15718	97285	135891
1917（大正6）年	10949	7355	29365	18300	115855	163520
1918（大正7）年	11852	7556	45058	17823	159194	222075
1919（大正8）年	12212	7880	62667	42740	229155	334562
1920（大正9）年	11741	7565	66696	73271	287140	427053
1921（大正10）年	—	—	—	—	—	—
1922（大正11）年	11773	7908	43822	91958	307615	443395
1923（大正12）年	11565	7574	38985	77634	314874	431493
1924（大正13）年	11779	8111	58570	69697	318496	446763
1925（大正14）年	12057	8577	50739	49806	300500	401045
1926（昭和1）年	13707	9627	57114	42213	361290	460617
1927（昭和2）年	15090	10460	64042	42238	421657	527937
1928（昭和3）年	17443	12332	64890	37367	446743	549000

出典：社会局社会部（1931年）『第九回社会事業統計要覧』190頁表をもとに作成
注：1921年の欄には「資料焼失」と記載されている

「奉仕委員」、茨城県「社会事業委員」）が挙げられているが、東京市、横浜市、長崎市その他の方面委員の職務はほとんど大阪府の規程に類似していたという。

(3)　恤 救 規則

　1909（明治42）年に激減した恤救規則による救済は、大正期に入って増加する。救済人員をみると1913（大正2）年に急増した後はほぼ横ばいで、明治期と比べて老衰の割合が高くなっているのが特徴である。救済金額も1913年に急

99

増するがその後はほぼ横ばいであったのが、1918（大正7）年頃から増加傾向が見られる。

　このように1913（大正2）年に急増したのは、恤救規則の運用が緩和されたからではない。地方費による救済が数値に加えられるようになったからである。1913年を100として見たとき、国庫費による救助金額はむしろ減っている。これに対して地方費による救助金額は増え続けている。「補給」とあるのは国庫による救済の不足分を地方費で補うものであり、救助金割合を見ると恤救規則による救済のおおむね8割は地方費によってまかなわれていたことが分かる。大蔵省主計局が「恤救規則に従って国は府県を援助して居る」と誤って認識していたのは、制度的な曖昧さに加えて、このような実態を反映していたのであろう（大蔵省主計局編『国費と地方費との関係』1927年）。

　恤救規則による救助の状況は地方によって大きく違っていた。1923（大正12）年末で見ると東京、新潟、岡山、広島、兵庫、大阪、北海道、石川などで多く、鹿児島、埼玉、山梨、栃木、宮崎で少なかった。これは大都市を有する地方で多いのと、地方により窮民救助に対する姿勢に違いがあったためである。

　各都市では窮民救助のための規程が独自に設けられていた。たとえば、東京市では方面委員を通じて1人に対して1日30銭以内、12歳未満は20銭以内、大阪市では衣食費として大人1日37銭、子ども1日35銭、療養費として1日23銭の金額が定められていた。また、新潟市では生活不能の窮民に白米が給与され、場合により木賃料も支給していたという。恤救規則を当時の下米相場で換算すると、老衰者、癈疾者（癈疾は現在では使用しない歴史的な表現。廃疾と表記されることが多いが癈と廃は別字）が1日20銭、病者は男12銭、女8銭、幼弱者7銭であったため、地方費による救済額の方が多かったということである。財源としては、慈恵資金、賑恤資金、道府県地方費が積み立てられて窮民救助費として支出されていた。

　地方費による救済の方法としては、貧困者自身が出頭して市区町村役場に申し出る、近所から申し出る、また警察官による発見などがあったが、方面委員制度が普及してからは方面委員による手続きが一般的となった。恤救規則のよ

第 4 章　大正期の社会福祉

うに年齢・生計等の厳格な制限を付さないのが普通で、地域のよっては 1 年や 2 年など居住期間の制限を設けていたところもあった。また、市町村救助費に対する府県による補助の規定を設けているところもあり、一定の条件のもとで市町村または民間団体に対して補助がなされていた。

　地方が独自に救助規程を設けて地方費による救済を行っていたのは、恤救規則が救貧制度としてほとんど機能していなかったからである。内務省社会局によって恤救規則の問題点として挙げられたのは、①救助資格が制限的、②救助の義務者および経費の負担区分が不明、③救助額が非常に少ない、④救助方法が不明、などであった。

　内務省に社会局が設置されるとすぐに恤救規則改正の検討が始められた。これより前、1917（大正 6 ）年11月第 4 回全国救済事業大会協議部会で、前橋育児院から「恤救規則及之ニ関スル法規ノ改正ヲ建議スルコト」との議題が提出され、満場一致で可決され、総会においても可決されている（『社会と救済』1（2）、74）。また、1918（大正 7 ）年 7 月救済事業調査会で決まった調査事項のうち、急施事項として救貧制度が挙げられている。『日本社会事業年鑑・大正 9 年版』（1920年）では「約五十年以前の古き法律であるから、現在の社会状態に適応せざるもの」と指摘されている。恤救規則を改正する必要がある、というのは当時の共通したとらえ方だったと思われる。

　内務省社会局では1921（大正10）年夏頃から恤救規則の改正に向けた作業を始め、1922（大正11）年 6 月発行の『本邦社会事業概要』のなかで恤救規則が「今日に於ては極めて不備」であることを初めて公式に認めた。社会局による調査結果は1922（大正11）年 9 月『救貧法問題資料・第一輯』（小島幸治著、社会局発行）としてまとめられたが、その後、関東大震災の事後対応に追われるなど、改正作業はいったんストップし、恤救規則改正が再び議題にあがるのは1926（大正15）年の社会事業調査会まで待たなければならなかった。

　地方費救助の増大に苦しむ地方でも恤救規則の改正を切望していた。1927（昭和 2 ）年 7 月第 1 回六大都市社会事業協議会での決議のなかに「恤救規則による窮民の取扱範囲の拡張」が見られるほか、同年10月第 1 回方面委員会議でも「恤救規則の範囲を拡張し給与額を増加する」建議が決議されている。

101

身寄りのない貧困者を保護する救貧施設は、1923（大正12）年末において養育院13ヶ所、養老院19ヶ所の計32ヶ所であった。このうち東京市養育院以外は民間団体による設置で、規模の大きな東京市養育院、弘済会養老部（大阪）、大阪養老院、小野慈善院、旭川救護院などの他は20〜30人を収容する小規模のもので、10人以下の施設も4ヶ所あった。

(4)　児童保護

　社会事業のなかで児童保護は特に関心の高かった分野である。救済事業調査会では1919（大正8）年12月に「児童保護ニ関スル件」を答申している。その後、内務省社会局では1920年末から要保護児童対策を網羅した児童保護法案の作成を行い、その実現に向けて働きかけを行ったが、関東大震災によりその動きは頓挫する。1925年に入り貧困児童に対象をしぼった児童扶助法案として再浮上するが、これも実現しなかった。

　『日本社会事業年鑑』では大正12年版から4編構成となるが、その1つに児童保護の編が挙げられている。そこで列挙された児童保護は、母性・幼児保護、託児所、児童保養所、感化事業、特殊教育、貧児教育、児童遊園、少年労働問題などである。社会局による分類もほぼ同様である。

　主な施設の概要を、内務省刊行物からまとめると、次の通りである。

　育児院とは棄児（捨てられた子）、孤児（両親のいない子）、その他貧児（貧困家庭の子）を預かり、養育する施設である。最も施設数の多い分野であるが、東京市養育院以外はすべて民間の活動によって行われていた。現在、児童養護施設として事業を続けている施設も多い。『本邦社会事業概要』（1926年）によれば、1923（大正12）年末現在で児童数の多い施設は東京市養育院巣鴨分院（419人）、横浜孤児院（270人）、大阪の弘済会育児部（263人）、大阪の博愛社（181人）、岡山孤児院（144人）、大阪の愛育社（131人）、東京市養育院安房分院（124人）、東京の福田会（119人）、神戸孤児院（117人）、高知博愛園（117人）などであった。それ以外はほとんどの施設が3、40人から7、80人の規模であったという。入所理由別では、貧児が49％と最も多く、次いで孤児25％、棄児16％、遺児迷児7％、その他5％という割合であった（1923年末）。ちなみに迷児とは

歩行できる年齢の捨て子で、親元が判明しない場合は棄児に準じて扱われた。遺児とは親の犯罪などにより養育するもののいなくなった子どもである。ほとんどの施設で、乳児は里預け（里親委託）に出し、学齢児は施設内で養育し、所在地の小学校に通学させるか、大規模施設では施設内に小学校を付設していた。大人数を1ヶ所に住まわす寄宿制度の弊害がすでに指摘されていたため、たいていは家庭制度を採用し、一家族舎の児童数は10人前後であった。義務教育終了後に父母親族に引き取られない子どもは就業させるか、適当な家庭に養育を託した。

感化院は不良行為をなした者などを入所させるための施設で、感化法により道府県に設置が義務づけられていた。戦後、教護院と名前を変え、現在は児童自立支援施設と呼ばれている。児童数の最も多い施設は大阪府立修徳館で、生徒12名と夫婦職員が住み込むという形態の家庭舎が15棟の180名定員という形態であった。このような家庭制度をとるところが多かったが、規模はもっと小さく、全国的にみれば定員30人以下の施設が過半数であった。ほとんどの施設では対象を男子に限っており、女子も対象とする施設はわずかであった。ただし私立横浜家庭学園は女子のみを対象としていた。

託児所は昼間保育所とも呼ばれ、こんにちの保育所に相当する。貧困者や労働者層の家庭で母親が家計の必要上から就業する際に乳幼児を昼間のみ預かり保育する施設である。1923（大正12）年末で総数117施設のうち公立は約5分の1の24施設で、ほとんどは民間の設置によっていた。また、全体の約3分の2は6大都市とその周辺町村に、その他も主として地方主要都市に設置されていた。さらに規模を見ると、50〜100人が47ヶ所、100〜150人が29ヶ所、150人以上が23ヶ所と大人数のところが多かった。対象は3歳からおおむね7、8歳までのところが多く、2歳未満を保育するところは少なかったようである。託児所の入所は親の申込みを受けて、保母または事務員が家庭を訪問して実地調査を行うのが普通であったという。また、家庭との連絡のため定期的に保護者会を開催するのが一般的で、その際に衛生などに関する講演を行っていたほか、職員が家庭を訪問して家事の相談に対応することもあったようである。

産院と乳児院も中下層の家庭を対象としていた。産院を「産院に関する調

査」（1921年調査）で見ると、中産以下の妊婦、産婦を収容して無料あるいは実費にて分娩させ、また妊娠に起因する疾病を治療し、必要に応じて往診する施設、と説明されている。同書では、大阪市立産院、賛育会（東京帝国大学基督教青年会の附属事業）、愛生産院（東京府）、大阪産婦園（大阪市）、仲田助産所（大阪市）の5施設が紹介されている。また、乳児院を「乳児院に関する調査」（1926年調査）で見ると、中産以下の家庭における乳児（おおむね生後100日から）を昼間あずかって保育する施設と説明されている。この調査では、託児所がおおむね3歳以上を対象としていたことから、3歳未満までを調査対象として、その数を42ヶ所としている。このなかには官費支弁の千住製絨所保育所と東京地方専売局託児所の2ヶ所が含まれている。

　児童健康相談所では、1919（大正8）年7月大阪市の市立児童相談所、1920（大正9）年2月長崎市の淳心園児童相談所、同年8月静岡こども相談所、同年12月九州帝国大学医学部小児科の小児保健相談部などが先駆的な例である。また少年職業相談所として、1920（大正9）年1月大阪市に設置された少年職業相談所がある。これは、20歳未満の男女の就職相談、職業紹介などを行った。また児童一時保護所としては、1913（大正2）年4月東京市小石川職業紹介所に児童保護所を付設し、警察から委託された浮浪少年を一時収容し、親元への引き渡しや奉公先の紹介、育児院や感化院に送致するなどの処置を行ったのがはじめである。同様の施設として1916（大正5）年1月大阪にも大阪職業紹介所と北野職業紹介所に少年ホームが付設された。また、1917（大正6）年8月からは東京の日本基督教婦人矯風会東京婦人ホームが浮浪少女の保護を開始しているほか、東京市の児童保護所では1918（大正7）年から児童保護鑑別委員会を設置し、心身状態の鑑別、教育や職業に関する相談、指導を行った。

　児童保護委員として、1920（大正9）年4月東京府が児童保護員を設置、1925（大正14）年度には男子保護員20名、女子保護員9名が活動していた。この制度では有給の児童保護員を不良浮浪児童係、長期欠席児童係、労働児童係、乳幼児係に区分し、受け持ち地区の調査、児童の保護、調査カードの作成などを行うこととされていた（東京府社会事業協会編『東京府社会事業概観・第3輯』1923年）。児童保護委員については、1919（大正8）年12月救済事業調査会

の答申で市町村に設置することが提案され、1920（大正9）年12月の第44帝国議会に向けて準備されていた児童保護法案にもその提案が反映されていた。しかし制度化には至らず、東京府の先駆的な取組みが際立つ結果となっている。

　もともと児童保護の領域では先駆的な福祉実践が展開されていた。1920年代に入ってからの新しい傾向として、「在来の育児、感化、異常児保護等比較的消極的なる児童保護事業」から「胎児乳児及幼児の保護より始めて就学児童、労働児童等一般児童に及ぼし（中略）遊戯、体育、教化等に至る（中略）徹底的積極的」な児童保護事業への拡大が指摘されていた。従来は世間から顧みられることの少ない子どもや地域・親族による相互扶助から漏れた子どもを対象としていたのが、大正中期からは労働者層を対象とした活動が求められるようになり、その事業内容も広がっていった、ということである。

3　社会事業の諸相

(1)　社会連帯

　社会事業という語が使われ始めるより前に、内務省の官僚が雑誌『社会と救済』に寄せた論稿を通して、1910年代後半の救済事業に対する考え方を探ってみよう。

　内務省地方局長・渡辺勝三郎は「時局と救済事業」（1917年10月）という一文を寄せている。そこでは救済事業が「個人の慈恵的行為」にとどまらず「社会そのものゝ救済改善の事業」でなければならないとしたうえで、「撒水的慈善」から原因の調査にもとづく防貧事業への転換が説かれている。また官民協力して救済事業の発達を図ることは必要であるが、特に富豪が社会公共のために資金を投じる必要性が強調されている。ちなみに富豪の自覚を促すという考えは、同年1月に出版された河上肇『貧乏物語』も同じであった。

　内務次官・水野錬太郎は「救済事業の三大時期」（1917年12月）という一文を寄せている。そこでは「慈善救済事業」の歴史を「第一期　個人的慈善救済」「第二期　社会的慈善救済」「第三期　国家的慈善救済」と整理している。第一期は同情や惻隠の心による個人的な救済、第二期はそれら個人的な救済を社会

的に実施すること、第三期は市町村、府県、国が事業として行うこと、と発展段階が説かれている。ここでは、第二段階の社会的な救済にあってもその動機が同情や惻隠の心から来ていることは第一段階と同様とされ、また、第三段階にいたっても個人的な救済、社会的な救済は役割を失わず、「慈善救済事業は個人、社会、国家の三者が相互に深き関係や接触を保って」実施されなければならないことが強調されている。

渡辺の後任として地方局長に就いた添田敬一郎は「救済要義」（1918年4月）という一文を寄せている。そこでは、救済事業には国、府県、市町村が公費を以てする公的救済と個人や団体が私費を以てする私的救済があること、社会の発達にともなって個人的救済から団体的救済に移りつつあること、また、救済事業には社会一般の理解、援助、同情が必要であることなどが説かれている。

いずれにおいても、個別的な福祉実践に委ねるだけでは不十分であることが説かれたうえで、それら個別的な福祉実践と国などによる制度的な救済のあいだに位置する社会的な取り組みを求めている。渡辺は富豪の醵金に期待し、水野は社会的な救済、添田は団体的救済の役割に触れている。社会事業という語が使われるようになる以前、国家官僚たちが、個別的な福祉実践でもない、制度的な救済でもない、社会的な取り組みの意義を認識していたことがわかる。社会事業は、そのような認識を前提にして現れたのである。

全国救済事業大会が全国社会事業大会と変わった翌年、1921年3月に中央慈善協会は社会事業協会と改称した。翌月には機関誌名も『社会と救済』から『社会事業』へと改題された。このときの「改称改題の辞」には次のようにある。

慈善事業と称し、社会事業と称するは、啻に名称の相違のみでない。貧弱者を救助するのを以て、富強者の篤志に出る慈善的行為に待つと云ふ考は、個人的の問題である。個人対象の個人貧の時代では、夫でも宜いのであらふが、今や時勢は変遷して（中略）社会対象の社会貧なるものを見るに至った。この社会貧に対しては、是非とも世人一般に対し、社会連帯責任の観念を喚起せなければならぬのである。

Horitsubunka-sha Books Catalogue 2017

法律文化社 出版案内 2017年版

■この1冊で世界がわかる！戦争が伝わる！平和が見える！

平和と安全保障を考える事典

広島市立大学 広島平和研究所 編　A5判／712頁／3600円

過去から現在までの〈紛争・平和・安全保障〉だけでなく、〈人権・環境・原子力・平和思想・平和運動〉にいたるまで広範な領域を網羅。200名を超える研究者、専門家らが解説し、平和研究のこれまでの到達点を示す。

法律文化社　〒603-8053 京都市北区上賀茂岩ヶ垣内町71　TEL075(791)7131　FAX075(721)8400
URL:http://www.hou-bun.com/　◎本体価格は定価（税抜）

政治／国際関係・外交／平和（学）／経済

現代日本の政治 ●持続と変化
森本哲郎 編　　　　　2800円

第I部で政治における主要な主体について論じた後、第II部でこれらの主体が活動を行う場の動態を描いた、日本政治の体系的概説書。

原理から考える政治学
出原政雄・長谷川一年・竹島博之 編 2900円

領土紛争、原発、安全法制、ポピュリズム等のめまぐるしく変動する政治現象に通底する「原理」そのものの揺らぎに着目。

逆光の政治哲学
姜 尚中・齋藤純一 編　　　3000円

●不正義から問い返す　近現代の政治思想家たちがなにを「不正義」と捉え、どう対応しようとしたかに光を当てる。

行 政 学
原田 久 著　　　　　2200円

ローカル・ガバナンスとデモクラシー ●地方自治の新たなかたち
石田 徹・伊藤恭彦・上田道明 編 2300円

「再国民化」に揺らぐヨーロッパ
●新たなナショナリズムの隆盛と移民排斥のゆくえ
高橋 進・石田 徹 編　　　3800円

国家と国民の再確定の主張にみられるナショナリズムの隆盛を踏まえ、「再国民化」をめぐる理論的な諸問題を整理。

人の国際移動とEU
岡部みどり 編　　　　　2500円

●地域統合は「国境」をどのように変えるのか？ EUにおける移民・難民問題への対策としての出入国管理・労働力移動・安全保障等について考察。

入門 国際機構　　2700円
横田洋三 監修
滝澤美佐子・富田麻理・望月康恵・吉村祥子 編著

グローバル・ガバナンスと共和主義
●オートポイエーシス理論による国際社会の分析
川村仁子 著　　　　　4900円

新自由主義的グローバル化と東アジア
中谷義和・朱 恩佑・張 振江 編 7000円

●連携と反発の動態分析　東アジアにおける国家と社会の変容を分析。日中韓による国際的かつ学際的な共同研究の成果。

核兵器をめぐる5つの神話
ウォード・ウィルソン 著　　2500円
黒澤 満 日本語版監修／広瀬 訓 監訳

核兵器の有用性を肯定する論理が、〈神話〉にすぎないことを徹底検証。核廃絶のための科学的な論拠と視座を提供する。

なぜ核はなくならないのかII
広島市立大学 広島平和研究所 監修
吉川 元・水本和実 編　　　　　2000円

●「核なき世界」への視座と展望　核廃絶が進展しない複合的な要因について国際安全保障環境を実証的かつ包括的に分析し、「核なき世界」へ向けての法的枠組みや条件を探究するとともに、被爆国・日本の役割を提起する。

第 4 章　大正期の社会福祉

　社会事業の当局者たる者は、須らく社会的安全帯を以て自ら任じ、労働問題を始め、
婦人、小児等の諸問題に至るまで、相互対等の観念を以て、世論の喚起に努めなければ
ならぬ。

　行政領域としての救済事業が社会事業へと移行していくのに併せて、実践を
指して用いられていた慈善、慈善事業という語も社会事業に置き換えられて
いったのであるが、それは単に呼び方を変えるのではなく、考え方の転換が重
要だというのである。温情や厚意による慈善事業ではなく、連帯責任の考えに
立つ社会事業へ、という考え方の転換が、「世人一般」「世論」に求められてい
るのが分かる。その際のキーワードは「社会貧」と「社会連帯」であった。
　社会貧については、生江孝之『社会事業綱要』(1923年) が詳しく説明してい
る。そこでは、天災などによる自然貧、放蕩・浪費などによる自動的個人貧、
疾病・事故などによる他動的個人貧と区別して、「社会的同一境遇に置かれた
る民衆が、社会的同一原因に依て貧困に陥る」事象を指して社会貧と名付けて
いる。このように、問題の社会的な要因に関心を向ける、という点が、社会事
業の時代に共有された考え方の大きな特徴である。
　問題の社会的な要因に関心を向けたうえで、さらにその解決を共同責任とし
て「社会」にゆだねるキーワードが社会連帯であった。原内閣の内務大臣に就
いた床次竹二郎が第5回全国社会事業大会で行った演説が『社会と救済』誌に
掲載されている (「社会事業の根本精神」1920年)。そこでは《社会は人類の有機
的結合体であって全部は一部のためにあり、一部はまた全部のためにある、こ
れは人体における四肢五官がそれぞれ特色をもちながらも有機的に作用し合っ
て身体全体の活動を促すのと同じである、人体に自然の規則があってその健康
を保持するように社会にも社会進化の法則がある、それは「共存共栄の原則」
である、ただし社会は複雑でありこの原則通りには行かない場合がある、そこ
で制度による規制が必要となる》という理路が示されている。さらに《一部の
欠陥は他の一部が連帯すべきはずで、これが社会連帯の観念である、人体にた
とえると左手を蚊が刺した場合に他の部分が連帯してこれを排除する責任があ
る、これまで社会事業を慈善事業や救済事業と呼んできたのはこれを単に人道

107

博愛の事業と考えたからである、社会連帯の観念が自覚されるにいたって数年前までは危ぶまれた社会という文字が使われることを誰も怪しまなくなった》と社会連帯の考え方を説明している。

このような社会連帯の理解は田子一民『社会事業』（1922年）でも示されている。そこで田子が用いた「私共、私達、私等の社会と云ふ自覚」という表現が社会連帯の日本的な受容を象徴している。同書で「社会なる文字は、各個人を団体的に、社会的に結合する上に於て、各個人を社会的に自覚せしめる点に於ては頗る効果の多い文字である」と記しているように、田子にとって社会連帯とは共同責任の自覚を促すための理念であり、「私等の社会と云ふ自覚」を通じた地域秩序の安定と国民統合のために掲げられた理念であった。中・下層に向けた生活安定のための施策を広く展開していくために、そのような理念が求められたのである。

ところで同じ頃、多くの知識人たちの間で「社会」という語がいっせいに使われ始めるという状況があった。こんにちの研究ではそれを「社会の発見」と呼び、国家とは区別される自律的な領域である「社会」を模索する試みとして、当時の思想状況を象徴するできごととされている（飯田泰三『批判精神の航跡』1997年など）。社会事業の領域において社会連帯の理念が広くゆきわたったこともその文脈の中でとらえることができるかもしれない。ただし、素朴な有機体的社会観を前提にして「我等の社会と云ふ自覚」を促そうとした社会連帯の理念が、果たして自律的な領域を模索していたといえるのか、慎重に考える必要がある。

(2) セツルメント

社会事業の理念として掲げられた社会連帯は、問題の社会的な要因に目を向けることはあったが、不公正の構造的な要因へ関心を深めることはほとんどなかった。当時にあって構造的な要因へと目を向ける可能性は、セツルメント活動のなかにあったといえる。

キングスレー館、有隣園など先駆的な取り組みはあったが、大正期に入ると東京三崎会館（1915年）、大阪市の愛染園（1917年）、神戸市のイエス団（1918

年）、マハヤナ学園（1919年）、救世軍の社会殖民部（1919年）、基督教婦人矯風会による興望館（1920年）、大阪市立市民館（1921年）、神奈川県匡済会の横浜社会館（1921年）、大阪市のミード社会館（1922年）、東京府社会事業協会の交隣園（1923年）、帝大セツルメント（1924年）など、それぞれの理念を掲げたセツルメントが多く設立された。

『本邦社会事業概況』（1928年）では「隣保事業」として、「細民地区の中心となり、教養ある人士が近隣居住者と接触して、その精神的並に経済的の指導援助を為すべき綜合的社会施設」と定義されている。1926（大正15）年末には56ヶ所（うち31ヶ所は東京府内）が設置され、主な事業内容として、初等教育・補習教育・労働者教育など教育活動、講演会・講習会・討論会・読書会・研究会など学習活動、音楽会・文芸会・演劇など倶楽部活動、近隣の家庭訪問、託児事業、図書館、人事相談、救療事業などが挙げられている。また、『日本社会事業年鑑・大正11年版』ではセツルメント活動に必要な条件として、実践者がそのコミュニティに定住していること、つねに人格的接触を保つこと、物質的精神的欠乏を救助し、かつ啓蒙・善導していくこと、という3点を挙げている。1920年代に社会事業が体制の一環として整備されていく中で、セツルメント活動が人格の交流を掲げていたことは注目してよい。

当時、人格を掲げた代表的な人物として哲学者の左右田喜一郎を挙げることができる。左右田は1921年に横浜社会館の初代館長に就いたとき、開館式の挨拶で次のように述べている（横浜市社会館編『横浜市社会館事業概要・第一輯』1925年）。

各人皆例外なく其天賦の能力に応じ、各限られたる範囲に於ける文化所産の創造に携はることを通じて其自ら人格の完成に向つて進むに際し各人の努力を阻む所の障害的原因が社会組織の欠陥として存在するといふことが明かにせられ得たならば、其の社会組織欠陥の害を蒙ること少ければ少きものほど此点に関して共存人類に対する義務を感ずること深からざるを得ざるべきである。

資本主義制度を是認する以上は資本主義経済の必然として生じる問題の解決

に当たるのは「社会全体の義務」であり、その解決を要求するのは「社会の権利」である、と述べた後に、社会の各人に与えられた使命は「人格の完成」であるから、それを阻む要因があれば、阻害要因の少ない人がこれを取り除く義務を感じなければならない、というのである。

　また同じ頃、経済学者の福田徳三は人格と社会運動との関わりについて次のように記している（『社会政策と階級闘争』改造社、1922年）。

　社会運動とは、人格を蹂躙せられて居るもの、毀傷せられて居るものが、完全なる人格性を共同生活の中に、其の組織の中に、獲得しようとする運動を云ふのであって、共同生活内に於ける非人格性に対する人格性の闘争の一の形、而も今日までに於ける其最も有力なる現はれである。

　社会運動を、人格を蹂躙された人々が、非人格的なものに対抗し、人格性を獲得するための闘争ととらえたのである。現在に通じる至言といえよう。

　人格の交流を目指したセツルメント活動には、その活動の方向を「人格の完成」「人格性の闘争」へと近づける可能性が備わっていたはずである。

　しかし、セツルメントが「隣保事業」と訳されて紹介されるとき、多くの場合、人格の交流は人格的感化として説明された。当時、セツルメントは「社会教化事業」の中に位置付けられることが多かった。これは社会教育を内務省の行政として位置付けた際の呼び方である。文部省では1921（大正10）年から通俗教育の語に代えて公式に社会教育の語を用いていたが、それを内務省では社会教化事業と呼んで所管に入れていた。これは、井上友一『救済制度要義』に見られた「風化的行政」から続く伝統的な理解として位置付けることもできる。「風化」「感化」「教化」などは、救済事業から社会事業への連続性を考える際のキーワードとして重要であろう。そして、その理解のもとでセツルメント活動が説明されるとき、その目的が人格的な感化だとされたのである。人格の交流と人格の感化・教化のどちらに重きが置かれるかは、セツルメント活動の担い手の社会観、人間観に委ねられていたといえる。

　セツルメント活動ともかかわりが深かった高田慎吾は「民間社会事業団体の

使命」(『社会事業研究』13巻10号、1925年) のなかで、民間社会事業団体は人々の声を代弁することがその任務である、としたうえで、次のように記している。

　社会事業の発達を促進するには、或は社会事業家の努力に俟つよりは、所謂貧民其者より其の要求を叫ばしむる方が捷径であるかも知れない。従て、社会事業家の任務は、貧民の自覚を促し、社会的理想を抱かしむるのがその本領であるとも言ひ得るであらう。

　代弁にとどまらず、本人が声をあげるための支援、つまりエンパワメントの必要性を説いている。さらに、そのために「理想」を抱かせることが社会事業家の本領だというのである。ここが、大正期の社会事業の到達点であったのかもしれない。

【参考文献】
　池本美和子『日本における社会事業の形成——内務行政と連帯思想をめぐって』法律文化社、1999年
　大原社会問題研究所『日本社会事業年鑑』大正9年版〜大正15年版、複製：文生書院、1975年
　小笠原慶彰『林市蔵の研究——方面委員制度との関わりを中心として』関西学院大学出版会、2013年
　社会福祉調査研究会編『戦前期社会事業史料集成・第2巻』日本図書センター、1985年（内務省社会局『本邦社会事業概要（大正11年）』、同『本邦社会事業概要（大正15年）』同『本邦社会事業概況（昭和3年）』収録）
　杉本弘幸『近代日本の都市社会政策とマイノリティ——歴史都市の社会史』思文閣出版、2015年
　高田実・中野智世編著『近代ヨーロッパの探求　15　福祉』ミネルヴァ書房、2012年
　藤野裕子『都市と暴動の民衆史——東京・1905-1923年』有志舎、2015年

| コラム4 | ソーシャルワークの形成と日本への導入 |

■「ソーシャルワーク」の範囲

現在の日本で、「ソーシャルワーク」という語は、さまざまな立場の人たちによってさまざまな意味で用いられている。その立場のなかには、ソーシャルワークを社会福祉の単なる「方法技術」としてではなく、社会事業全体をあらわすものであると考える立場もある。しかし主流であるのは、ソーシャルワークを、相談支援を中心とする社会福祉の「専門技術」をあらわす語であると考え用いる立場・方法であり、その専門技術の中心は「ケースワーク」である。このコラムでは、便宜上ケースワークを中心とする社会福祉の専門技術をソーシャルワークと言い表すこととし、以下、そのソーシャルワーク実践・理論の英米における成立事情を簡潔に確認し、それらの日本への導入と、導入がもたらした問題点について、略述することとする。

■ 戦前の英米におけるソーシャルワークの成立

ソーシャルワークは、その起源を、1869年設立の「慈善救済事業の組織化ならびに乞食抑圧を目的とする協会」をその翌年に改称して設立された「ロンドン慈善組織協会（Charity Organization Society）（以下『COS』）」の活動、特に「友愛訪問」にもとめられることが多い。なるほど、COS の活動は、これに先行する諸慈善行為を踏まえて組織化しようとしたものであったから（岡本民夫『ケースワーク研究』ミネルヴァ書房、1973年）、組織的であるかどうかが、単なる慈善行為とソーシャルワークの相違であるとするならば、まさにソーシャルワークの先駆といえよう。しかし、先駆であるとはいえても、今日のソーシャルワークそのものではない。なぜなら、「COS の目的は対象者の道徳的改良であり、（中略）価値ある貧民と道徳的改善の見込めない価値なき貧民をえり分けること」（岡本・前掲書）だったからである。初期の COS は、貧困の原因を怠惰や道徳的頽廃にもとめたうえで活動したのであって、貧困を社会問題、つまり資本主義社会が生み出す問題として認識することは、基本的にはなかった。

COS の活動は、アメリカへわたった。M. リッチモンド（1861～1928）は、1917年に『社会診断』、1922年には『ソーシャルケースワークとは何か』を著し、ソーシャルワークを体系化したと考えられている。初期のイギリス COS においてケースワークの対象者は怠惰な、道徳的に問題のある貧民とみなされたのであったが、リッチモンドは、ケースワークの対象を「クライエント」、つまり人格を尊重されるべき主体的な個人と位置付けた（大塚達雄・井垣章二・沢田健次郎・山辺朗子

第4章　大正期の社会福祉

『ソーシャル・ケースワーク論』ミネルヴァ書房、1994年）。このことをもってケースワークの成立とみる見方はおそらく正しい。

　ところで、『ソーシャルケースワークとは何か』をリッチモンドが著した頃のアメリカでは、第一次世界大戦後の好景気という社会一般の状況の下で、多くの戦争経験者が主として精神的問題に苦しんでいた。そこで、精神分析・精神医学的方法がケースワークの方法として盛んに用いられるようになった。こうして、アメリカのソーシャルワークは心理学的または精神医学的傾向をもつようになった。

■　ソーシャルワークの日本への導入

　岡本民夫によると、ケースワークの概念が日本に初めて導入されたのは大正時代の中頃から昭和の初期にかけてである。日本のこの時期は、私的な慈善行為が、社会問題の大量発生に対応して、部分的に近代的社会事業へと発展していく時代であった（岡本・前掲書）。しかし岡本の所説を借りるならば、第二次世界大戦終結までの日本のケースワーク論は、甲田良由氏の、ドイツに学ぼうとした社会科学的医療社会事業論などの例外を除けば、そのほとんどがリッチモンド理論の翻訳・紹介であった（岡本・前掲書）。

　戦後日本の、少なくとも早い時期のソーシャルワークは、診断主義的または機能主義的なケースワークを中心とすることとなった。

　孝橋正一によると、上記アメリカの心理学・精神医学的ケースワークは1930年代に頂点に達したという（孝橋正一『社会科学と社会事業』ミネルヴァ書房、1969年）。そして、戦後早い時期の日本に、この「精神分析的・精神医学的傾向をつよくもつところのケースワーク論」（岡本・前掲書）が積極的に導入された。

　しかしアメリカでも、このいわば「個人主義的ケースワーク」に批判がなかったわけではない。1940～50年代のアメリカでは、ソーシャル・アクションを強調する主張や、ソーシャルワークは改良主義的政策を中心とせよとする主張などによる、心理学・精神医学的傾向を強くもつケースワークを批判する動きがあった（孝橋・前掲書）。この時代の日本に導入されたのは、上述の「改良主義的批判」が盛んになる以前のアメリカ・ケースワークであった。「時期のズレ」が確認できる。

　日本に「アメリカ式ソーシャルワーク」が導入されたのは、岡本民夫も指摘するように GHQ の強いイニシアチブによる。したがってそれは避けがたかった。しかし終戦直後の日本のような、生活問題対策のための社会資源が乏しい社会において、「超大国」アメリカのソーシャルワークが適合的であったかどうかには疑問が残る。この点に関して孝橋正一と三浦賜郎は、ドイツがアメリカ式ケースワークを批判的に摂取した経緯に日本は学ぶべきであると主張するため、1954年のド

113

コラム4　ソーシャルワークの形成と日本への導入

イツ労働者福祉団社会事業大会でエルナ・マラウンという人物が講演した記録を訳出している（孝橋正一・三浦賜郎「ドイツ的ケースワーク」『社會問題研究』大阪社会事業短期大学社会問題研究会、6（2）、1956年）。孝橋正一によると、ドイツではケースワークといっても法令的・経済的アプローチの傾向が強く、アメリカ式ケースワークよりもドイツ式ケースワークの方が、社会資源が僅少であった日本社会の状況には適合的であったが（孝橋・前掲書）、その方向性はこの時代の日本では主流とならなかった。

■ バイステックの「7つの原則」

　1960年代以降の日本のソーシャルワークの理論・実践・教育において、最も大きな影響を与えた人物はF. P. バイステック（1912～1994）ではないか、そしてさらに一冊の本に絞るなら、『ケースワークの原則』（"The Casework Relationship"）（1957年）ではないかと思う。バイステックは、「ケースワーク関係」の原則を、「個別化」「意図的な感情の表出」「統制された情緒的関与」「受容」「非審判的態度」「自己決定」「秘密保持」の7つであるとした（F. P. バイステック（尾崎新・福田俊子・原田和幸訳）『ケースワークの原則〔新訳改訂版〕』誠信書房、2006年）。この7原則は、ソーシャルワーク教育に使用されるほとんどのテキストブックにおいて採り上げられ、どうやら「ケースワークの」原則であると理解されているようである。しかしバイステックのいう原則がケースワークの原則として日本に導入されたとするならばそれは問題である。なぜならば、バイステックはケースワーカーとクライエントの「関係」の原則について述べただけであって、ケースワークという実践全体の原則を叙述したわけではないからである。

　堀川幹夫・木原和美は、バイステックの原則が無批判に日本のケースワーク実践に採り入れられることを厳しく批判した。その批判とは、バイステックのものに代表されるアメリカ・ケースワークの原則は、クライエントを治療するための理論でしかないとするものである（堀川幹夫・木原和美『社会事業個別相談』ミネルヴァ書房、1975年）。そしてさらに、日本のケースワークにおいては、「対応の原則」「主体性の原則」「限界の原則」「行動の原則」という4原則が貫かれるべきであると、アメリカのケースワークが批判的に摂取されるべきことを論じている（堀川、木原・前掲書）。

■ 海外の理論を「摂取する」ということ

　戦後の日本においては、アメリカのケースワーク理論が大量に紹介された。また制度としての社会福祉の外形は、「福祉六法」の制定にみられるように大きく発展した。しかし、日本においてケースワークは、岡本の指摘を借りるならば、「現

状の社会福祉の制度や活動のなかに根をおろし、定着しているとは必ずしもいえない」（岡本・前掲書）。この指摘はおよそ40年前のものであって、現在の状況に即座に当てはまるとはいえないかも知れない。しかしいずれの時代においても、再び岡本の言葉を借りるならば、「社会的・経済的・思想的・文化的な基盤相違」を不問とする「直輸入」（岡本・前掲書）は問題である。アメリカで発展したケースワークは、本質的にはやはりアメリカ資本主義の産物である。孝橋はそれを「自由主義、個人主義ならびに民主主義を基調とするブルジョア・デモクラシーの社会にふさわしい、それに馴染む人間づくりのための社会的施策の一形態」（孝橋正一『新・社会事業概論』ミネルヴァ書房、1977年）と表現した。しかしアメリカにおいても、歴史貫通的に自由主義と個人主義のみが大手を振って闊歩したのではなく、資本主義の危機期においては改良主義が台頭し、ソーシャルワークにおいても治療主義的なケースワークだけでなくソーシャル・アクションも発展した。ソーシャルワークは社会・経済的存在なのである。

　どのような社会的実践においても、現社会ではないどこか他の社会の方法・理論を導入するならば、その導入には、方法・理論を消化し、現社会に適合的なものにしようとする努力が伴わねばならない。

【参考文献】

右田紀久恵・高澤武司・古川孝順編『社会福祉の歴史——政策と運動の展開〔新版〕』有斐閣、2001年

小野哲郎『新・ケースワーク要論——構造・主体の理論的統合化』ミネルヴァ書房、2005年

菊池正治・清水教恵編著『基礎からはじめる社会福祉論』ミネルヴァ書房、2007年

小松源助編『ケースワーク論』有斐閣、1975年

（木村　敦）

第5章 戦前・戦中の社会福祉

☑ この章で学ぶこと

　本章では、昭和戦前期から敗戦までの時期の社会福祉の展開をみていく。当時の時代背景を概観したうえで、昭和期に社会事業の法制化、組織化が進められたようす、都市や農村、植民地での社会事業の展開をみていき、さらに戦時中の時局にあわせて制度の整備が進められたようすや、新たに厚生事業という考え方が提唱されたことをみていきたい。

1　昭和恐慌から総力戦体制へ

(1)　社会状況と国民生活

　1920年代になって内務省社会局の主導により組織的な整備が始まった社会事業は、昭和期に入ると本格的に制度化や組織化が進められた。他方で、1930年代からは社会事業も戦争の影響を受けるようになる。

　まず当時の社会状況を見てみよう。1929（昭和4）年10月ニューヨーク株式市場で株価が大暴落し、全世界に経済恐慌が広がった。その影響は金の輸出解禁に踏み切った日本経済にも及んだ。恐慌の打撃は農村において特に深刻で、東北地方を中心に女性の身売りが社会問題となっていた。

　ルポライターの猪俣津南雄は、青森在住者による次のような記録を紹介している（『踏査報告・窮乏の農村』改造社、1934年、引用は岩波書店、1982年より）。

食うだけには事欠かないもののように思われていた農民が、一番食うことに脅かされるということは何という皮肉か、しかも農民は自分自身を食いつくして、すでに次の時代までを食い始めている。凶作の年、十五円の前借で、娘が売りとばされた例は珍しくな

かった。借金の支払、小作料の支払、そして飯米代に娘は売られて行く。

　「次の時代までを食い始めている」、人々が子どもたちの人生を犠牲にすることによってかろうじて暮らしをささえる、という悲惨な状況が描かれている。そのような社会状況を背景として、農本主義者や国家主義者による革新運動が高まりをみせ、やがて1932（昭和7）年の5・15事件を機に既成政党の発言力は低下し、軍部や革新勢力が勢いをもつようになった。そして1936（昭和11）年の2・26事件をきっかけに陸軍の統制強化をめざす勢力の発言力が強まると、政府は軍事予算を増強し中国大陸と南方をブロック化する国策を打ち出した。

　これより前、1931（昭和6）年9月中国東北地方に駐屯していた日本軍（関東軍）は満鉄線路を爆破（柳条湖事件）、それを口実に軍事行動を起こした（満州事変）。関東軍はさらに中国東北地方の占領を進め、1932（昭和7）年3月「満洲国」の建国を宣言した。日本政府は5・15事件を境にしてこのような陸軍の動向を追認するようになっていった。その後も陸軍の侵攻は続き、1937（昭和7）年7月北京近郊で軍事衝突を引き起こした（盧溝橋事件）。この動きに対して中国国民政府は中国共産党と協力して日本軍に抗戦し、日本と中国の全面戦争に発展した（日中戦争）。

　一方、恐慌のために破滅的な経済状況となったドイツでは1930（昭和5）年9月ヒトラーを指導者とするナチ党が大勝、1933（昭和8）年1月ナチス政権が成立した。1939（昭和14）年9月ドイツ軍はポーランド侵攻を行い、これに対しイギリス、フランスがドイツに宣戦、これにより世界的規模の戦争が始まった（第二次世界大戦）。日本は中国軍と戦いながら、1938（昭和13）年7月中国東北地方でソ連軍と衝突（張鼓峰事件）、1939（昭和14）年5月にはノモンハンでソ連軍と交戦、大敗を喫していた。一方で、1940（昭和15）年9月フランス領インドシナ北部に進駐、1941（昭和16）年12月フランス領インドシナ南部に進駐、そして1941（昭和16）年12月イギリス領マレー半島に陸軍を上陸させるとともに、海軍はハワイの真珠湾を攻撃、これによりイギリス、アメリカとの交戦が始まった（太平洋戦争）。

　戦争が進むなかで、国民に対する統制が強化されていった。1937（昭和12）

年に始まった国民精神総動員運動は、消費節約、貯蓄奨励とともに、生活改善、風俗取締を進めていった。また、国民には勤労奉仕が求められ、生活や経済の各領域にわたって統制が強化された。さらに、1940（昭和15）年10月近衛首相を総裁に押し立てて大政翼賛会が発足、のちに産業報国会、大日本婦人会、町内会・部落会などを傘下に収めた。また、1942（昭和17）年12月大日本言論報国会が結成され、言論界への指導、統制が強化されることとなった。

　さて、このようななかで社会事業はどのように位置付けられていたのだろうか。当時の内務省官僚の回想には次のようにある（厚生省社会局編『社会局参拾年』1950年）。

厚生省の行政も如何にして一人でも多く健康な壮丁を職場に送る事が出来るか、如何にして貧弱な資材を有効に使って戦力増強に役立たせるかと云ふ様な事にのみ集中されるやうな傾向となった。（中略）貧困で食へない、又病弱で働けない、或は又老衰の為に食へないといふ様な者は全然行政の考慮の外に置かれた。（川村秀文）

戦争が逐次はげしくなるにつれて、時には社会事業の対象となっている気の毒な人達は、むしろ国家の戦争遂行の上から言えば重荷であるからそんな人は構わないでも良いという考え方をする人も相当にありました。（小林尋次）

　時局に「役立たない」人たちを「重荷」と考える風潮はたしかにあったと思われる。次に見るのは、幼いときに小児マヒにかかり左足が不自由となった女性の回想である（桜田雍子「あの時私たちはどうしてくらしていたのでしょうか」障害者の太平洋戦争を記録する会編『もうひとつの太平洋戦争』立風書房、1981年）。

私達は防空訓練にも出ない。防空訓練に出られないのは非国民だと言われ、配給のお米を渡しすぎたとか言われて、配給のお米の停止。母は「私には何もしてやれずすまない」と、どこからか、大根やうらなり南瓜を買って来て、まい日、まい日、お米の代りに細かく切りに来てくれた。（中略）五円の国債の一枚も買えないとわかった時、何という非国民、ずうずうしい奴と、ののしるように言って帰った人の顔は今でもはっきり

第 5 章　戦前・戦中の社会福祉

図表 5 - 1　第二次世界大戦中の養老院死亡率の推移

	大阪養老院		浴風園		同和園	
	死亡者数（人）	死亡率（%）	死亡者数（人）	死亡率（%）	死亡者数（人）	死亡率（%）
1938年	23	11.5	80	14.8	53	42.1
1939年	48	23.7	96	17.3	56	44.8
1940年	54	24.9	132	23.8	39	30.7
1941年	53	25.9	170	33.0	58	37.9
1942年	69	34.7	186	39.2	73	42.9
1943年	87	41.8	255	48.0	74	42.3
1944年	97	57.1	221	54.2	80	44.2
1945年	71	57.7	229	56.8	84	41.4

出典：小笠原裕次「戦火の拡大と養老事業の衰退」全国社会福祉協議会老人福祉施設協議会編（1984年）『老人福祉施設協議会五十年史』107頁表をもとに作成

$$＊死亡率 = \frac{死亡者数}{前年末在籍者数＋新入園者}$$

図表 5 - 2　松沢病院および岩倉病院における戦時中の死亡者数の変化

年	松沢病院				岩倉病院＊＊	一般死亡率（人口1000あたり）
	年間在籍者数（a）	死亡者数（b）	b/a × 100	うち栄養障害によるもの＊	年間死亡者数	
1936	1322	73	5.5	0	56	17.5
1937	1369	76	5.6	8	68	17.0
1938	1439	122	8.5	19	99	17.7
1939	1557	182	12.5	19	75	17.7
1940	1611	352	21.9	95	98	16.4
1941	1477	260	17.6	71	155	15.7
1942	1322	176	13.3	54	124	15.8
1943	1277	174	13.6	71	144	16.3
1944	1222	418	31.2	211	—	不明
1945	1169	478	40.9	298	—	不明
1946	849	173	21.9	98	—	不明
1948	1207	61	5.3	11		11.9
1956	1352	15	1.1	0		8.0

出典：岡田靖雄「精神障害者処遇の歴史」厚生省公衆衛生局監修（1965年）『わが国における精神障害の現状』12頁表をもとに作成
＊死因が栄養失調、胃腸炎、脚気のもの
＊＊定員469名、年間在籍者数不明

119

おぼえている。

　このように戦時体制のなかで社会事業の対象者に対する配慮は低下していった。表では当時の養老院ならびに精神病院における死亡率の変化を紹介している（**図表 5‐1、図表 5‐2**）。戦争による生活困難は国民すべてに及んでいたのであるが、社会的に立場の弱い人たちには特にしわ寄せが及んでいたことが分かる。

⑵　社会事業の法制化

　1920年頃から組織的な整備がはじまった社会事業は1926年頃になると「体系」を志向するようになる。1926年 6 月社会事業調査会に諮問第 1 号として「社会事業体系に関する件」が諮られ、1929年に社会事業機関ならびに経費、一般救護、経済的保護施設、失業保護施設、医療保護施設、児童保護事業、社会教化事業の各体系が答申された。また、後述する『社会事業講座』（12巻）を再編した『社会事業体系』（ 3 巻）が同じ1929年に中央社会事業協会から刊行されている。領域全体を体系的に把握することに関心が向けられたというのは、社会事業としての新たな段階を象徴していた。

　地方における社会事業行政の整備も進められた。1926年 7 月には全道府県に社会課などの名称で社会事業の担当部署が設置され、また全国都市121市中の71市に社会課が設置されていた。1925年から設置が始まった社会事業主事・主事補は、1936年 2 月現在で社会事業主事61名、主事補253名となり、1937（昭和12）年度からは道府県に 1 名ごとの社会事業主事が設置されることとなった。

　行政職員が増加するのと並行して、専門課程の設置、研究書の刊行が盛んになった。中央社会事業協会は、1925年に社会事業講習会を開始し、翌年から『社会事業講座』全12巻を刊行（1926年～29年）、また、1928年から社会事業従事者の養成事業として大学・専門学校卒業者のうち熱意のある者を社会事業研修生として 1 年間の研修を行ったのち、役所や私設団体に就職を斡旋する取組みを始めた（『昭和十五年度現在社会事業研究所要覧』中央社会事業協会社会事業研究所、1942年）。さらに1934年には中央社会事業協会に社会事業研究所が開設さ

れ、社会事業に関する各種の専門研究が進められた。また、この時期には、海野幸徳『社会事業概論』（1927年）、三好豊太郎『社会事業大綱』（1936年）などの概説書も刊行されている。

社会事業に関する法制度の整備も進んだ。その起点となったのは救護法である。まずはその制定の経緯をさかのぼって見ていきたい。

1920年内務省に社会局が設置されると、要保護児童を対象とした児童保護法案の準備と恤救規則改正の作業が始められた。このうち児童保護法案は、その後、貧困児童に対象をしぼった児童扶助法案として帝国議会への上程が目指されたが、なかなか実現しなかった。もう1つの恤救規則改正は、社会局内での検討を経て、1926年10月社会事業調査会答申「一般救護に関する体系」として改正の方向性が示されていた。

このようななか、1928年2月第1回男子普通選挙の結果、政友会と民政党の議席が伯仲し、両党は政権を獲得するための多数派工作を開始した。政権のキャスティングボートをにぎった実業同志会は両党に政策協定を打診し、結局は政友会とのあいだで政策協定が結ばれた（政実協定）。この協定の一項目に「扶養者なく一定の収入なくして生活し能はざる老年者不具癈疾者病者の救済方法を設くる」ことが掲げられ、「来たる通常議会に法案を提出する」ことが合意されたのである。これを受けて、社会局では急遽、新法の準備が始められ、会期終了間際に法案提出、帝国議会での審議を経て、1929年4月に救護法が公布された。

救護法の対象は、65歳以上の老衰者、13歳以下の幼者、妊産婦、「不具癈疾」、疾病、傷痍その他精神又は身体の障害により労働不能の者と列挙された。この他に、乳児が居宅救護を受けるときに哺育上必要と認めるときはその母に救護が及ぶこととされた。これは社会局が立案していた児童扶助法案の内容を盛り込んだものである。ただし、扶養義務者による扶養が可能な場合、また、救護を受ける者の性行不良やいちじるしく怠惰な場合は救護が行われないこととなっていた。

また、救護は市町村長が行うこととされた。救護法によって貧困者の救護は国の事務となり、その実施が市町村長に委任されたのである。これにより、恤

救規則とはちがい市町村長は法の定めにしたがって義務的に救護を実施することとなった。ただし、これは住民とのあいだの権利と義務の関係が生じたということではない、という、いわゆる反射的利益の法解釈がとられた。

　ところで、救護法には施行期日が定められていなかった。法成立が新聞で報じられると人々は期待を抱いたが、予算の目途が立たず法の施行は延期されたままとなっていた。そのようななか、方面委員による実施促進運動が展開された。しかし、関係省庁や各政党への陳情活動、地方選出議員への要望などの働きかけも功を奏さなかった。そして、1931年2月全国方面委員代表者会議が開かれ、約200名が参加するなか、最終的な手段として天皇への上奏が決議された。決議文には「陛下ノ赤子二十萬ノ今方（まさ）ニ饑死線上ニ彷徨スルヲ見ルニ忍ヒス」とその思いが記されている。これを受けて、政府は3月の閣議で救護法財源の予算化を決定し、1932年1月からの施行が決まった。財源は競馬法改正によって確保されることとなった。

　救護法が施行され、それまでは見過ごされてきた人々に救護が及ぶようになった。制度が作られたことにより、人々の生活困窮が顕在化することとなったのである。そして、そのようにして問題が顕在化してみると、次々に制度の不備が目に見えるかたちで明らかとなっていった。それに対応するため、この後、救護法の条項をそれぞれ起点にして、母子保護法、社会事業法、方面委員令、医療保護法などが成立することとなる。まず、ここでは母子保護法について見ておきたい。

　当時、「母子心中」「親子心中」が社会問題となっていた。中央社会事業協会が新聞記事をもとに調べたところ、「親子心中」の報道は1927年7月～1930年6月の3年間で389件であったところ、1930年7月～1932年6月の2年間で493件と増加しており、その6割以上が母親によるものであった。

　救護法では乳児とその母の救護を定めていたが、母子の貧困問題に対しては不十分であった。そこで、女性団体を主体とするソーシャルアクションが展開される。1931年3月社会民衆党による母子扶助法案などの先駆的な提案もあったが、運動が本格化するのは1934年2月全日本婦選大会で母子扶助法の即時制定の要求が決議され、7月に母子扶助法制定準備委員会が設置されてからであ

る。同年9月には母性保護法制定促進婦人連盟が結成され、母性保護に関する法律の1つとして母子扶助法の制定を提起した。

　こうした経緯の後、1937年3月31日母子保護法が公布される（1938年1月1日施行）。母子保護法では、13歳以下の子をもつ母で、配偶者がなく、貧困のため生活不能または養育不能なものが扶助の対象とされた。母子の扶養義務者が養育できる場合は扶助が行われないこととされていたのは救護法と同じで、扶助の実施方法や費用負担なども救護法に準じる内容とされた。

　母子保護法9条で定められた母子保護施設は1940年4月現在、旭川愛児園母子ホーム、足利市母子寮、足立母子寮、江東橋母子保護所、母を護るの会母子寮（東京）、睦母子寮（横浜）、横須賀市社会事業後援会母子寮、長野市美和荘、松本市母子寮、岡谷市賀茂寮（長野県）、静岡ホーム、名古屋市母子寮、慈友会（名古屋）、神都方面寮（三重県宇治山田市）、本願寺京都母子寮、宇部市母子ホーム、親和寮（下関）、大牟田母子寮の18ヶ所であった。

　また1933年4月児童虐待防止法、1934年5月少年教護法がそれぞれ公布されている。児童虐待防止法は、14歳未満の児童を対象に、「不具畸形」の児童を観覧に供すること、乞食や軽業、曲馬などの業務に従事させることを禁止し、また路上での販売、演芸などや酒席での業務に制限を設け、違反者には罰則を科すことが定められた。法制定前に行われた内務省社会局調査によれば、14歳未満の児童のうち被虐待児は811人（男383人、女428人）、虐待のおそれのある児童は1万1926人（男4158人、女7768人）であった。少年教護法は感化法に代えて制定されたもので、感化院を少年教護院と改めた他に、道府県に少年教護委員を設置、親権者のない場合などの一時保護の規定、警察に留置の場合は他の留置人と分離、少年教護院内に少年鑑別所を設置できる、などの改正が行われた。

(3)　社会事業の組織化

　このように法制度の整備が進められる一方で、民間施設の組織化も行われた。背景には不況による慢性的な経営難があり、それを施設相互の連携によって切り抜けるための組織づくりであった。組織化は初め全国を三分し、北海道、東京、青森、秋田、山形、福島、宮城、新潟、茨城、千葉、栃木、群馬、

長野、山梨、神奈川、静岡、埼玉を区域とする東日本連盟、京都、大阪、福井、石川、愛知、三重、滋賀、奈良、和歌山、兵庫、鳥取、島根、岡山、広島、徳島、香川、愛媛、高知、岐阜、山口北部を区域とする関西連盟、山口南部、九州、台湾を区域とする西日本連盟の三地方連盟が組織され、これら三組織の連合体として1931年7月全日本私設社会事業連盟が結成された。結成大会の宣言文には「祖国と同胞とに対する一切の公僕的武士的奉仕を誓ふ」とある。

　その後、1932年9月罹災救助基金法改正にともなって同基金の利子収入の一部を私設社会事業助成費に充当できる途がひらかれ、施設財政の一助となった。これの実現のために全日本私設社会事業連盟が大きな役割を果たした（『罹災救助基金法改正経過概要』全日本私設社会事業連盟、1932年）。また、全日本私設社会事業連盟結成後も、道府県私設社会事業連盟は東日本、関西、西日本の三地方連盟によって統制され、全日本私設社会事業連盟は地方連盟の連合体をなしていたが、1934年には三地方連盟を解散して、道府県連盟をもって全日本連盟の組織体とする改組がなされた。その後、全日本私設社会事業連盟は1942年に大日本社会事業報国会と改称する。

　1937年12月末現在の内務省社会局保護課の調査によれば、公設社会事業施設655に対して、私設社会事業施設は3266であった。また公設のうち半数以上（344）は医療・助産事業であり、それ以外の領域ではほとんどが私設つまり民間施設であった（私設のうち1913は生活扶助事業、649は児童保護事業）。これら民間施設に対して、救護法や母子保護法で救護施設、母子保護施設とされた場合には委託費の他に、補助金が交付されることもあった。しかし、民間施設の経営難の解消には不十分で、全日本私設社会事業連盟によって民間施設への補助を求める運動が展開された。

　そして1938年3月に社会事業法が公布された。法案説明には「現下時局の推移に伴ひ、（中略）一層積極的に其振興発達を期する為に是が助成及び監督の方法を制度化する」とある。施設側からの要求運動もあったが、当時は民間に対する国家統制を定めた各種「事業法」が制定されていた時期でもあり、時局下の統制を目指した側面もあった。社会事業法では、事業開始3年以上で成績

第 5 章　戦前・戦中の社会福祉

優良の社会事業施設に対して補助金を交付するとともに、設備の改善命令、寄付金募集の監督、監査などが定められた。

　また、方面委員の組織化が行われた。救護法制定促進運動の結束を恒久的な組織として引き継ぐため、1932年 3 月全日本方面委員連盟が結成された。連盟は1936年12月皇太后からの下賜を得て、1937年 3 月財団法人となる。1943年には『方面事業年鑑 (昭和十七年版)』を刊行している。

　組織化とともに、方面委員の法制化が行われた。救護法では市町村長の補助機関として委員の定めがあり、これには方面委員が想定されていたが、方面委員の法的な位置付けはそれしかなかった。そこで、1935年第 6 回全国方面委員大会において制度化の具体案が提案され、第 8 回全国社会事業大会においても協議されたが賛否両論があり、まとまらなかった。しかしその後、1936年11月方面委員令が勅令 (帝国議会の協賛を経ずに天皇の大権により発せられた命令) として公布された。法制化の理由は、地方によって組織や運用がまちまちでは「統制ある活動」の支障となるため、制度の統制強化を図ることにあった。

　方面委員令では、「方面委員ハ隣保相扶ノ醇 風ニ則リ互助共済ノ精神ヲ以テ保護指導ノコトニ従フモノトス」と、精神的な要素を重視して、その「指導精神」(1936年11月18日「方面委員令施行ニ関スル件依命通牒」) が規定された。

　地方の実施主体としてみたとき、民間施設、方面委員とならんで重要なのが、社会事業協会である。その全国組織として中央社会事業協会があったが、地方社会事業協会の統轄組織として位置付けられていたわけではなかった。1932年11月、中央社会事業協会の主催により「社会事業の連絡統制に関する協議会」が開催され、社会事業団体の統制を通じて事業の効率化を図るために各道府県の代表者が話し合う場が設けられた。ここで中央社会事業協会を道府県社会事業協会の連合体とすることが決議されたが、実際に地方社会事業協会を中央社会事業協会の正会員として位置付け直し、あわせて社会事業団体を地方社会事業協会の会員とする改組が実現したのは1941年のことであった。

　このほかにも各種の全国団体の結成、全国会議の開催が相次いだ。主な団体として、1929年10月中央盲人福祉協会、1932年 1 月全国養老事業協会、同年 7 月全国育児事業協会、1934年10月日本精神薄弱児愛護協会などがある。また中

央社会事業協会主催の全国会議として、児童保護事業会議（第1回1926年12月、第2回1930年11月、第3回1934年6月）、全国方面委員会議（第1回1927年10月、第2回1929年11月）、全国救護救療事業会議（1928年12月）、全国方面委員代表者会議（第1回1930年11月、第2回1932年7月は全日本方面委員連盟主催）、全国育児事業協議会（1931年5月）、全国救護事業協議会（第1回1931年7月、第2回1932年7月、第3回1933年12月、第4回1934年11月）、全国隣保事業並保育事業協議会（1932年11月）などがある。

　そのような機運のピークが第8回全国社会事業大会であろう。第7回が1925年5月に開催されて以来、開催が途絶えていたが、第8回大会が1935年10月に開催された。大会後も継続委員会を設置して陳情活動などが行われ、方面委員令、母子保護法、社会事業法、医療保護法などが成立する後押しとなった。

　このような気運の一方で、「社会事業関係の大会若くは会議が著しく研究的色彩が濃厚となり、事務的、技術的なる研究に力が注がれることが多く、相応内容が豊富になった（中略）然し一面社会事業精神の高揚が閑却さるべきでないことが痛感」されている、という指摘もあった（「緒言（昭和八年社会事業概観）」『日本社会事業年鑑・昭和9年版』1934年）。社会事業の組織化が進められる一方で、社会事業の精神性を強調する議論があったことも忘れてはいけない。

2　地方の社会事業

(1)　都市と農村の社会事業

①都市社会事業

　1920年代から社会事業が全国的に整備されたが、特に都市においては公営社会事業の比重が増加した。これら都市における公営社会事業を指して都市社会事業という用語が1920年頃から使われ始めるようになる。一方で、次に述べる農村社会事業という用語が現れると、それと区別して都市における社会事業という意味で都市社会事業という用語が使われるようにもなり、実際には2つの用法があいまいなまま使われていた。

　都市社会事業のうち、東京、大阪、名古屋、京都、神戸、横浜の6市は六大

図表5-3　6大都市を含む府県とその他府県の社会事業施設数累年比較

	実数			比率		
	総数	六大都市を含む府県	その他	総数	六大都市を含む府県	その他
1930年	8433	3271	5162	100.0	38.8	61.2
1931年	9922	3458	6464	100.0	34.9	65.1
1932年	10299	3592	6637	100.0	34.9	65.1
1933年	11832	3905	7927	100.0	33.0	67.0
1934年	11908	3917	7991	100.0	32.9	67.1
1935年	12833	4001	8832	100.0	31.2	68.8
1936年	14251	4446	9805	100.0	31.2	68.8

出典：社会事業研究所（1943年）『都市社会事業に関する研究』151頁表をもとに作成
注：「比率」の数値は再計算して修正した。

都市社会事業と呼ばれ、『六大都市社会事業要覧』（大阪市社会部、1936年）、『六大都市社会事業ニ関スル関係資料』（東京市社会局、1939年）など大都市としての施策のあり方が模索された。

　6大都市においては要救護者の割合が特に高かった。重田信一が独自に算出したところによれば、1940年4月現在の人口に対する要救護者の割合は、6大都市5.19％、20万以上都市1.80％、10万〜20万都市0.80％、5万〜10万都市1.07％、5万未満都市1.47％であったという。重田信一は「都市が或る一定限度を超えて人口を集中すると、その包擁する要扶掖者数は、絶対的にも相対的にもますます増大する」と分析している（『都市社会事業に関する研究』社会事業研究所、1943年）。

　6大都市を含む府県とその他の府県における施設数を比べてみると、1936年で全国1万4251施設のうち6大都市府県が4446施設（31.2％）を占めていた（図表5-3）。施設数だけではなく、施設の種類でも6大都市においては多様な事業が展開していた（同前書）。

　一方で、このような公営社会事業の増加が民間社会事業への圧迫として受けとめられることもあった。東京府社会事業協会が1929年に作成した報告書のなかでは「公営社会事業の増大現象はやがて間接に私営社会事業への圧迫とな

り、社会大衆の私営社会事業への無関心とまでなり遂に今日の私営社会事業の財政難の一因にも成ってゐる」と分析している（『共同募金調査報告書』東京府社会事業協会、1929年）。

②農村社会事業

　早い例では1927年7月に内務省社会局が作成した『農村に於る社会事業の概況』のなかで、社会事業が都市偏重であることが指摘され、農村社会事業の必要性が記されている。そのなかでは、「農村社会事業と云ふのは決して固有の名称ではない」とことわったうえで、「農村では農村の社会事情に適応した施設を興すことが肝要である」ことが指摘されている。

　その後、農村の窮乏が社会問題として注目されるなか1932年に開催された臨時帝国議会は救農議会と呼ばれ、農村救済の応急策が決められた。これが一般に時局匡救事業といわれている。具体的には、負債整理や救農土木事業の実施、農山漁村経済更生運動などが展開された。そのような動向を背景として、当時、社会事業の領域から農村の振興に寄与することを目指して農村社会事業という考え方が注目された。

　1935年第8回全国社会事業大会では内務大臣からの諮問に対して、組合組織による農村社会事業の振興を提案する要綱が答申として決議されている。中央社会事業協会でも1935年に農村社会事業振興計画要綱を作成し、昭和10年度より町村を指定して実施を奨励することとされている。そのなかの「農村社会事業要目」には、1、児童保護施設（1）妊産婦保護施設（妊産婦健康相談所、健康訪問婦、産院、助産組合など）、（2）乳幼児保護施設（乳幼児健康相談所、季節託児所など）、2、医療施設（診療所）、3、教化矯風事業（生活改善、娯楽改善など）、4、救護施設（窮民救助、方面事業、身売防止など）、5、福利施設（共同浴場、共同炊事場、郷倉、共同作業場、授産施設、公益質屋、職業紹介所、出稼者保護組合、女工組合）、6、住宅改善事業、などの事業が挙げられている。

　また、社会事業調査会では1936年に農村社会事業の振興について諮問を受け、「我国固有の美風たる隣保共助の精神を基調とし村民協同の良習を涵養して相互扶助に依る社会施設を振興」することを答申している。具体的には、郷

倉・備荒田・備荒林等の普及、医療利用組合の整備、妊産婦および乳幼児保護のため巡回産婆・健康相談・栄養指導、季節託児所の普及、農村人口の海外移植民の奨励、出稼者の保護指導、出稼者互助団体の設置奨励、などが挙げられている。

実際に、季節託児所（農繁期託児所）や隣保施設の設置が各地で進んだ。後述するように東北では1935年から東北更新会による分会活動が始められたが、これらは農山漁村における隣保施設として、事業種別では次に見る隣保事業施設に数えられている（宮城県内政部兵事厚生課『宮城県社会事業概要』1943年）。

③隣保事業

当時、隣保事業という語はいくつかの意味で使われていた。多くの場合はセツルメントの訳語として隣保事業という語が使われていたが、近隣の相互扶助を意味する隣保という語がセツルメントの本来の考え方を表すのに適当ではないという指摘もあった（小島幸治「隣保事業」『社会事業体系・3』中央社会事業協会、1929年）。また、農村社会事業における隣保施設（農村隣保館）がひろがるなかで、それらと都市部のセツルメント活動を包括して、隣保事業という語が使われることもあった。たとえば1935年に開催された第8回全国社会事業大会で隣保事業に関する事項として提出された議題のなかで農山漁村隣保事業の振興ならびに経営に関する件が挙げられている。また、農山漁村における隣保施設に限り隣保事業と呼び、セツルメントに隣保事業という名称をあてるべきでない、という考えを示す論者もいた（生江孝之「社会教化事業」『日本社会事業年鑑・昭和12年版』1938年）。

セツルメントの意味で用いられる隣保事業の大きなできごととしては、1932年11月中央社会事業協会において開催された全国隣保事業並保育事業協議会がある。英米と比較して日本のセツルメント活動では公営セツルメントが多かった。たとえば、1933年3月末の隣保事業152ヶ所の経営主体をみると、市町村経営37、私営36、その他79という内訳であった。全国協議会では公営セツルメントの弊害などが話し合われ、引き続き隣保事業研究会を設置して検討することが決まった。その後、研究会では、隣保事業の経営は私営を原則とし、公営

の場合には事業の主任者に一切の権限を委ねる必要がある、という考え方の「都市に於ける隣保事業施設標準」を決定している。セツルメントとしての隣保事業は、都市部を中心としてその後も漸増を続けた。また、大林宗嗣『セツルメントの研究』（1926年）や大阪市の北市民館で活動した志賀志那人の遺稿集『社会事業随想』（1940年）などが刊行されている。

　④東北更新会、恩賜財団愛育会
　各都市では乳幼児や妊産婦の健康管理にも関心が向けられていた。内務省では1920年保健衛生調査会決議（児童及妊産婦保健増進に関する件）を機に乳児死亡率の低下に向けて取組みが始められていたが、1925年同調査会により小児保健所指針が作成されると各地に児童健康相談所などの名称で相談窓口の設置が進んだ。また、1925年第1回全国児童保護事業会議で乳幼児愛護デーを全国一斉に行うことが決議され、1927年から実際に行われた。このように都市では妊産婦、乳児保護施設の設置が広がった一方で、農村では公設産婆や巡回産婆が普及するにとどまっていた。そのようななか、1930年代に始まった東北更新会や恩賜財団愛育会による新しい仕組みは、農村に保健衛生事業を展開するのに大きな役割を果たした。
　東北更新会は1934年東北地方凶作に際して設立された東北生活更新会を前身に、1935年財団法人東北更新会として改組された団体である。内閣東北局に本部が、東北6県に支部がおかれ、それぞれの県知事が支部長となった。さらに活動の単位として指定村に分会が組織され、医師、保健婦、産婆などの協力により、妊産婦・乳幼児保健事業を進めるというものであった（松本郁代「東北研究からみえてきたもの」『社会事業史研究』40号、2011年）。
　愛育会は1934年に皇太子の誕生にともなう下賜金を基金に設立され、1936年から愛育村の指定を通じて妊産婦・乳幼児保健事業を行った。愛育村では村内を数地区に分けて愛育班が設置され、訓練を受けた一般女性が近隣への家庭訪問を行うなど、独自の仕組みがとられた。1936年度には愛育村5村に加えて東北地方の5町村が愛育班設置村に指定された。愛育会では慎重に指定村を選定する方針をとっており、その後も1937年度に4町村、1938年度に3町村が愛育

村として指定されたが、1939年度には一挙に30町村に拡大した。これは、人的資源確保のための政策的な要請から厚生省の補助を受けて未設置の26府県すべてに指定することとなったためである。（吉長真子「恩賜財団愛育会による愛育村事業の創設と展開」『研究室紀要』32号、2006年）

(2) 植民地社会事業

　植民地とは本国の政治的・経済的な支配下に置かれた地域のことで、完全に本国の主権下にある領土のほか、租借地（条約によって租借国に貸与される地域）や委任統治領（国際連盟の委任に基づいて統治される地域）なども含まれる。当時の日本の植民地には、台湾、南樺太、関東州・「満洲国」、朝鮮、南洋群島などがあった。

　当時、植民地政策の一環として社会事業が実施された。これが植民地社会事業と呼ばれ、近年、史料の発掘や研究が進められている。戦時中の『日本社会事業年鑑』では「外地に於ける社会事業」として、朝鮮、台湾、関東州および付属地、樺太、南洋群島のそれぞれについて紹介されている。また、昭和12年版からは付録として「満洲国社会事業」が掲載されている。それぞれの地域の歴史や統治形態に応じて植民地社会事業の内容にはちがいがあった。以下、台湾、朝鮮、関東州・「満洲国」の順にその概要を見ていこう。

①台湾

　永岡正己は台湾社会事業史を3期に分けて説明している（永岡正己「日本統治下台湾社会事業史研究の意義と課題」『植民地社会事業関係資料集〔台湾編〕別冊［解説］』近現代資料刊行会、2001年）。第1期は植民地支配の開始から文民政策への転換まで（1895年～1919年）、第2期は社会事業の成立と展開期（1920年～36年）、第3期は軍事援護事業の肥大化や戦時厚生事業政策への展開とその崩壊の時期（1937年～45年）である。

　台湾では当初、恤救規則を準用して救済を行っていたが、1899年台湾窮民救助規則により恤救規則を基本としながらも清朝時代の立法と窮民救済の実情を考慮した救済が制度化された。また、1904年台北仁済院、台南慈恵院及澎湖普

済院規則（1907年に台湾慈恵院規則と改称）では地方行政単位ごとに救済機関・施設を設けて管内の救貧と防貧を実施するシステムがつくられた。これら2つの制度により独自のしくみが形成されていた（大友昌子『帝国日本の植民地社会事業政策研究』ミネルヴァ書房、2007年）。

　その後1922年に台湾総督府内務局市街庄課に社会事業係が設置され、はじめて社会事業費予算が計上された。1924年に社会事業係は市街庄課から文教課に移され、1926年文教課が文教局になったときに社会課が新設された。また、1928年10月第1回全島社会事業大会の決議により台湾社会事業協会が設立され（1930年5月社団法人、1935年4月財団法人に改組）、事務所は台湾総督府内に置かれ、文教局長が代表者に就いた。各州・庁には支部が置かれ、州知事・庁長が代表者となって社会事業行政を補助する役割をになった。また、雑誌『社会事業の友』（のちに『厚生事業の友』と誌名変更）を発行していた。

　方面委員制度はそれぞれの植民地においても実施された。台湾では、1923年3月台南市、高雄市に州により方面委員が設置、4月新竹市、7月台北市、1925年7月台中市など各地に設置された。各州の助成会組織も活発で、州ごとの『方面委員要覧』等の刊行がなされた（永岡正己「旧植民地・占領地における社会事業の展開（1）（2）」『社会事業史研究』24号、25号、1996～97年）。さらに1933年総督府総務長官からの通達により方面制度の設置が各市街庄にうながされ、これ以降、方面委員制度の普及が進んだ。1937年2月には改めて通達を出し、日本の方面委員令（1936年11月施行）との整合化がはかられた。ちなみに、台北における1938年の方面委員の56％が台湾人であった（大友、前掲書）。

　②朝鮮

　大友昌子は社会事業の近代化という指標から植民地社会事業を創設期、拡大期、終焉期の三期に区分し、朝鮮では1910年から総督府内務局に社会課が設置される1918年までを創設期、1919年から1932年までを拡大期、1933年から1945年までを終焉期と区分している（大友、前掲書）。

　朝鮮では1911年6月総督府により臨時恩賜金を財源とする朝鮮総督府済生院が京城につくられた。また、1916年1月には日本の恤救規則にあたる恩賜賑恤

資金窮民救助規程が定められた。行政組織としては総督府内務部地方局地方課が担当していたが、1921年7月内務局社会課と改組された。1932年2月社会課が学務局に移管されると、それ以降は社会教化事業が拡大した。地方においては、1938年7月京畿道に社会課が設置されたのをはじめとして各道の内務部に社会課が設置された（大友、前掲書）。

1921年4月社会事業関係者により朝鮮社会事業研究会が結成された。翌年に第1回社会事業講習会を開催するなど講演会や啓発活動を行い、1923年からは雑誌『朝鮮社会事業』を発行した。1929年1月朝鮮社会事業協会が設立されると、研究会の財産、会員は協会に引き継がれ、機関誌の発行も継続された（のちに『同胞愛』『朝鮮厚生事業』など誌名変更）。それまでは日本赤十字社朝鮮本部に置かれていた事務所も協会設立にともなって総督府社会課に移され、行政を補助する事業内容となった（6月に財団法人認可）。また、1938年に協会とは別に朝鮮私設社会事業連盟が結成された（永岡、前掲論文1996～97年）。

方面委員は1927年12月京城府において東部、北部方面に設置され、これ以降1931年3月に西部、12月に南部、龍山方面、1933年2月釜山府、1935年に仁川、開城、平壌の各府に設置がすすんだ。1938年5月には45方面に設置され、方面委員数は469名を数えた（永岡、前掲論文1996～97年）。1941年京城府方面委員規程の改正が行われ、日本の方面委員令に沿うかたちで改編された。京城府における1939年の方面委員の88％が朝鮮人の方面委員で、日本と同様に中産階級によって構成されていた（大友、前掲書）。

恩賜賑恤資金窮民救助規程に代わって1944年3月朝鮮救護令が制定された。内容は日本の救護法とほぼ同じであった。朝鮮救護令の制定は、朝鮮における徴兵制実施など総動員体制と連動していたと考えられている（愼英弘『近代朝鮮社会事業史研究』緑蔭書房、1984年）。

③関東州・「満洲国」

沈潔によれば関東州の社会事業行政は、関東州民政署による軍政支配期（1905～19年）、関東庁民生部による民政支配期（1919～34年）、「満洲国」関東局による関東局支配期（1934～45年）の3つの時期に分けられるという。軍政支

配期には主に浮浪者の収容や釈放者の更生保護が行われていたのが、民政支配期には事業が広がり、1921年に関東庁民政部が内務局と警務局に分けられてから後は、内務局の地方課が経済保護や労働保護などを管掌した。1932年「満洲国」成立後、1934年に関東庁が関東局に改組されると、関東局のもとに関東州庁が設置され、そこに内務部がおかれた。また、関東州内を5つの行政区に分けて各区に民政署が設置された（沈潔『「満洲国」社会事業史』ミネルヴァ書房、1996年）。

1922年4月満州社会事業研究会が結成され、機関誌として『満洲之社会』（1925年に『社会研究』と誌名変更）を発行するなど、連絡機関としての役割を担った。これとは別に、1931年12月満州社会事業協会が設立された。会長は関東庁内務部長がつき、植民地官僚が組織の中心を占めた。機関誌として『満洲社会事業』を発行（のちに『社会事業と社会教育』と誌名変更）、1937年に財団法人となり、1940年12月満州中央社会事業協会に改組、1941年4月に関東州社会事業協会と改組された。

方面委員については、1930年12月関東庁告示として方面委員規程が公布され、大連市で日本人の居住地域を4つに分けて当初34区域に日本人委員35名、中国人委員9名が任命された。1934年に関東庁が関東局に改組されたときには改めて告示が出されて方面委員規程が継承された。大連市の方面委員制度は、1935年には54区域に日本人委員45名、中国人委員9名、1940年には68区域に日本人委員54名、中国人委員14名が設置された。その後も増加が続いたが、1942年8月現在で委員144名のうち日本人125名と日本人の比重は最後まで高かった。

また、沈潔によれば、「満洲国」の社会事業行政は、創立期（1932年3月〜1937年7月）、整備期（1937年7月〜1939年12月）、厚生期（1940年1月〜1945年8月）の3つの時期に分けられるという（沈、前掲書）。このうち創立期には、民政部地方司に社会課が設置され、地方では各省の民政庁の行政課が所管した。当時の社会事業の役割は、義倉制度の回復・整備、社会事業連合会の組織づくり、隣保委員制度の創設、などであった。

義倉制度と隣保委員については、「満洲国」建国の翌年1933年7月に新京で開催された第1回日満社会事業大会の提案に沿って、都市で隣保委員制度が開

始され、農村で義倉制度が実施された。義倉制度の整備については、1934年8月主要地方の義倉を調査するとともに訓令を発して各県に義倉の整理を命じ、また1935年8月義倉管理規則を制定した。隣保委員制度については、1935年5月新京で隣保委員制度を実施、1938年までには7地区、1939年までには13地区に展開していた。

1940年12月第1回隣保委員全国協議会が開催された。それにあわせて多くの地区で隣保委員が新設され、設置地区は1941年2月に33地区に広がっていた。朝鮮や台湾では日本の呼び名そのままに方面委員制度が移植されたのに対して、「満洲国」では隣保委員という名称で実施されていたが、1941年2月の訓令により隣保委員は福祉委員に改称した。1942年6月には第2回全国福祉委員協議会が開催されている。

連絡組織としては、1933年5月民政部訓令により官民を網羅した地方の社会事業連合会の組織化が指示され、これにより奉天、吉林、黒竜江の3省と新京、哈爾浜（ハルビン）の特別市で社会事業連合会が発足した。1934年6月には満州国中央社会事業連合会が発足し、同会は1940年から『満洲社会事業』を発行した。

1937年日中戦争の勃発後、「満洲国」の行政機構は改組され、民政部に代えて新たに民生部を設置、民生部のなかの社会司が社会事業を所管、地方には民生庁が設置され、社会課が所管した。戦争の拡大にともなって社会事業行政の焦点は人的資源と経済力の保護に移り、さらに1939年12月民生部の社会司が厚生司と改称された後は、勤労奉公や前線への人的あるいは物資面での支援が中心となった。

このほかに、1934年3月恩賜財団普済会が設立され、施薬救療、社会事業の奨励助成、恤兵院（1937年4月設立）の経営を行っていた。普済会は1938年10月日本赤十字社満州部と合体して満州国赤十字社に改組した。また1938年に財団法人満州軍人後援会が設立された。

なお、新京で隣保委員制度が始まった1935年5月には満鉄も方面委員制度に似た福祉委員制度を導入したが、これは満鉄会社関係の職員と家族を対象としていた。1935年末までに59人の福祉委員が置かれた。

④植民地社会事業の諸相

　植民地社会事業には３つの側面があったといえる。１つは治安対策や社会秩序の維持という側面、２つめは民衆統合や皇民化という側面、３つめは人心収攬や宣撫という側面である。社会事業がもともともっていた、支配の安定化のための行政という性格がはっきりと示されたのが植民地社会事業であった。

　また、現地の植民地政策として行われたもののほかに、東京に本部が置かれた半官半民の組織として救療活動などを行った同仁会や善隣協会、また、鎌倉保育園、日本育児院、大阪汎愛扶植会などのように活動の場を植民地に拡げたものなどもあった。

　さらに、国内に住む植民地出身者のことも重要である。1920年代から「内鮮融和」という理念のもとで国内に在住する朝鮮半島出身者の保護と取締がなされていた。1932年末現在で内戦融和を目的とする団体は全国で196団体あった。1935年頃から「内鮮融和」に代わって「協和」という語が使われるようになる。「満州国」成立直後の1932年７月満州国協和会（のちに満州帝国協和会）が発足し、「王道主義」と「民族協和」が指導理念として掲げられた。1936年８月内務省による「協和事業実施要旨の通牒指示」には、その基本理念が「同化を基調とする社会施設の徹底強化を図り、以て国民生活の協調諧和に資し、共存共栄の実を収めんことを期する」とある。1939年には中央協和会が設立されて、各府県の協和会では、①「内鮮」係による管理、②「協和会手帳」の保持、③創氏改名の強制、④「国語」講習会の開催、⑤天皇に尽くす思想の強要、⑥戦争への動因、⑦服装の「内地」化、⑧労働管理、⑨強制連行労働者の訓練などが行われた（小沢有作「「協和」を忘却の淵から掬いだすために」『協和事業年鑑（復刻）』社会評論社、1990年）。

3　厚生省の設置と福祉実践

(1)　厚生省の設置

　現在の厚生労働省は2000年まで厚生省と労働省の２つに分かれていた。このうち厚生省は戦時中につくられ、敗戦後の1947年厚生省から分離して設置され

たのが労働省である。では、なぜ戦時中に厚生省が設置されたのだろうか。

　1936年6月19日閣議において陸軍大臣の寺内寿一が「壮丁体位」（軍役年齢に当たる男性の健康状態）の低下傾向を指摘して、その対策を要望、次いで「保健国策」樹立と「衛生省」設置を訴えるアピールが陸軍から発表された（高岡裕之『総力戦体制と「福祉国家」』岩波書店、2011年）。陸軍による「衛生省」設置要求はその後も繰り返されたが、同じ時期に、1935年3月全日本私設社会事業連盟主催の全国私設社会事業統制協議会における「社会省設置に関する件」など、社会事業の側からは「社会省」の設置が求められていた。

　そして1937年6月近衛内閣の成立に際して「社会保健省」設置の方針が決まり、準備が進められた。その後、枢密院の審議で「社会」という文字を省名に用いることを不適当とする意見などがあり、名称は厚生省となったのである。

　1938年1月に設置された厚生省の初代大臣には文部大臣の木戸幸一が兼任することとなった。体力局、衛生局、予防局、社会局、労働局そして外局として保険院がおかれた。1940年以降、国民体力法（1940年）、国民優生法（1940年）、医療保護法（1941年）、国民徴用扶助規則（1941年）、国民医療法（1942年）、戦時災害保護法（1942年）など、総戦力体制に対応した政策が展開される。

　そうした厚生政策のなかで中心的な位置を占めていたのが、人口政策である。1941年1月「人口政策確立要綱」を閣議決定し、「東亜共栄圏」の建設に向けて「人口の急激にして且つ永続的なる発展増殖と其の資質の飛躍的なる向上とを図る」ことを政策目標として掲げた。その具体的な取り組みとして実施されたものの1つに「優良多子家庭」の表彰がある。父母が同一の6歳以上の嫡出子10人以上を養育した父母（あるいはその一方）を表彰する、というもので、子女はいずれも「心身共に健全なること」が条件とされていた。当時の新聞では「子宝部隊」として報じられている。

　その人口政策の中で、人的資源という言葉が注目されるようになった。人的資源の確保のための施策がこの時期に始められる。たとえば、1942年から国民体力法に基づく体力検査を乳幼児にも実施し、体力手帳を交付して、乳幼児の体力向上をはかった。また、1942年7月妊産婦手帳規程を定め、妊産婦および乳児の保健指導の徹底を図るため、妊産婦に対する手帳の交付を始めた。こん

にちの母子健康手帳のはじまりである。

　保健所の整備も行われた。1937年保健所法が制定され、全国に保健所、同支所が設置されることとなった。それとともに、保健所の職員として保健婦がおかれた。そして、1941年には保健婦規則が制定された。それは保健婦たちにとって念願の身分法であったが、国策遂行のためになるべく多くの保健婦が必要とされたため、附則によって現職者の多くに免許が与えられることとされていた。専門職として認められることとひきかえに、保健衛生行政に組み入れられることとなったのである（大國美智子『保健婦の歴史』医学書院、1973年）。

(2)　法制

　人口政策以外でも、戦時中には各領域で制度の整備がすすんだ。

　すでに軍事救護法があったが、救護法とおなじ「救護」という言葉が使われていることが「名誉ある兵役義務者に対し妥当を欠く」という理由で、1937年軍事扶助法と改称された。このことからも分かるように、軍事援護事業はいちおう社会事業のなかで位置付けられていたが、実態としては社会事業とは別の、独自のしくみがつくられた。

　1934年2月、内務省社会局、陸軍省、海軍省の協力のもとに、帝国軍人後援会、愛国婦人会、大日本国防婦人会、帝国在郷軍人会、日本赤十字社、恩賜財団済生会などの間で軍事扶助事業統制に関する協定書が締結され、翌月に軍事扶助中央委員会が設置、各道府県には地方委員会が設置されている。ここが軍事扶助事業に関する統制を行った。さらに、1938年11月恩賜財団軍人援護会が組織され、この頃から、それまで軍事扶助事業と呼ばれていたのが、軍人援護事業あるいは軍事援護事業とよばれるようになる。

　また、癈兵院（廃兵院と表記されることが多いが、正しくは癈兵院（「官報」1906年4月7日））は1934年法改正により傷兵院と改称され、1936年12月には大日本傷痍軍人会が発足している。同会は1938年に財団法人となり、1939年には「傷痍軍人五訓」を発表した。また、1941年6月軍事保護院援護局長通知により傷痍軍人の結婚斡旋が始まり、大日本婦人会支部や大日本傷痍軍人会支部に傷痍軍人健康相談所が設置されることとなった。

救護法については、救護人員の累年的な増加と財政の不足が指摘されていた。1932年度前半には要救護者数調査（1931年）に基づく見込人員の6割程度の救護人員でしかなかったが、1932年度末には見込人員にほぼ近い状況となり、その後も増加を続けた（寺脇隆夫『救護法の成立と施行状況の研究』ドメス出版、2007年）。1934年度後半からはついに救護抑制策がとられ、さらに1934年度と1935年度の国庫補助率が50％を下回るという事態が起きた。救護法の規定では国庫補助率が「二分ノ一以内」となっていたため、これを「二分ノ一」とするよう法改正に向けた準備が始められ、1937年3月に改正が実現した。救護人員の増加にもかかわらず、1935年5月の調査では要救護者の約3分の1しか救護されていない状況が明らかとなっていた。

図表5-4　救護法による救護件数・被救護者種類別（1937年度）

被救護者	件数	割合
65歳以上の老衰者	54073	22.9％
13歳以下の幼者	100080	42.3％
妊産婦	1700	0.7％
不具癈疾者	11378	4.8％
疾病傷病者	57404	24.3％
精神耗弱又は身体虚弱者	10724	4.5％
幼者保育の母	1206	0.5％
計	236565	100.0％

出典：『日本社会事業年鑑　昭和14・15年版』83-84頁

図表5-5　救護法による救護件数・救護種類別（1937年度）

救護種類	件数	割合
生活扶助	199155	84.2％
医療	35705	15.1％
助産	1261	0.5％
生業扶助	444	0.2％
小計	236565	100.0％
埋葬	10316	
合計	246881	

出典：『日本社会事業年鑑　昭和14・15年版』84-85頁

1937（昭和12）年度の救護法による救護状況を見てみると、被救護者別で多いのは13歳以下の幼者（42％）、疾病傷病（24％）、65歳以上の老衰者（23％）であった（図表5-4）。居宅救護と収容救護を比べると99％が居宅救護であったが、疾病傷病、精神耗弱又は身体虚弱については3分の1が救護施設で救護を受けていた。救護種類別では生活扶助が約8割を占め、続いて医療が15％で助産と生業扶助はわずかであった（図表5-5）。

救療に関しては救護法のほかに1932年から始まった時局匡救医療救護があった。下賜金を得て開始されたことから恩賜医療救護とも呼ばれた。これは、要救療者に救療券を交付して開業医に診療を委託する委託診療、無医町村に医師を派遣する出張診療や巡回診療などである。1932年（昭和7年度）の後半から開始された時局匡救医療救護は他の時局匡救事業とともに1934年（昭和9年度）限りで打ち切りのはずであったが、その後も継続された。多数の要救療者がいたためである。

　もともと救護法施行当時から、要救療者をすべて救護法によってカバーすることはできないため済生会などの救療機関が従来通り継続して活動することが期待されており、その後も済生会などの救療を見込んだ上で救護法の予算が立てられていたという。また、救護法による医療救護は府県と市町村がそれぞれ4分の1を負担せねばならず、その意味で地方当局者には依然として済生会による救療が歓迎されていたという。昭和12年度以降、時局匡救医療救護はすべて済生会に委託して実施されることとなった。こうして、救護法による医療救護は社会局が所管、済生会による救療は衛生局が所管（地方では衛生課もしくは社会課）、という状況となっていた。

　一方で1935年3月末現在の要救療者数は人口比で約6％に達していた。割合の高い道府県は北海道、和歌山、山形、福岡、東京、新潟、秋田、青森、宮城、福島などであった。応急的な対応ではこれら要救療者に十分な医療を提供することに限界があった。

　こうして、救療制度の統合と国家的統制の下で合理化、拡充をはかることを目的にして1941年3月医療保護法が制定された。制定の理由は「兵力の増強と生産力拡充の基礎を為す一般庶民階層の生活を確保する」ために「医療保護を徹底して貧困の最大原因とも云ふべき疾病を治療又は予防して救貧及防貧の実を挙げ、進んで人的資源の増強に資する」というものであった（厚生省社会局保護課『医療保護法に就て』1941年）。対象は救護法の「生活不能」よりも緩やかな条件の「生活困難」な貧困者とされ、医療券が交付された。

　このほかに、1942（昭和17）年2月公布の戦時災害保護法がある。これは戦災により危害を受けた者とその家族・遺族に応急救助、生活扶助、一時金支給

第5章　戦前・戦中の社会福祉

などをおこなうものであった。最初の年である1942年度の実人員または件数は1469であったが1945年度には約2500倍の1597万7704と急増し、金額も1942年度の26万3255円から1945年には7億8559万8775円と約3000倍にふくれあがっている。実人員または件数のなかで割合が高かったのは食品、被服、生活必需品などの救助であったが、金額で見るとその割合は小さく、全体のなかで大きな割合を占めていたのは遺族給与、住宅給与、家財給与など給与金の支出であった（赤澤史朗「戦時災害保護法小論」『立命館法学』225・226号、1993年）。

(3)　「厚生事業」の提唱

1937年8月「国民精神総動員実施要綱」が閣議決定され、戦争協力へ向けた「挙国一致堅忍不抜ノ精神」が鼓舞された。これ以降、社会事業の領域でも戦時体制を翼賛する意見が現れるようになる。

1937年10月に日本社会事業研究会が発足する。国策の一翼として「革新的なる企画を以て新しき段階に飛躍すべき」にもかかわらず、「洪水の如き貧困者群に圧倒せられ徒らに退嬰現状維持に終始」する傾向を不満とする、というのがその考え方であった。研究会は1940年8月「日本社会事業ノ再編成要綱」を発表し、さらに同年10月これを改訂した「日本社会事業新体制要綱」を発表している。その中では、時局にそって社会事業を改編し、その名称を「国民厚生事業」に改めることを提唱し、社会事業が「成員中の部分的欠格者のみを対象と」していたのに対し「国民厚生事業は積極的に国民生活を指導せむとするもの」と述べられている。

社会事業を厚生事業と呼び変えることを提唱する研究者は次第に増えていった。かつて「相互連帯」の理念から社会事業を論じていた山口正は著書『社会事業研究』（1934年）で方向転換し、やがて国家目的にそった厚生事業を提唱した。『日本基督教社会事業史』（1940年）などの著書もあった竹中勝男は、「国民共同体の確立を目指す一国全体的的立場」から国民厚生事業を提唱した。

また、東京府社会事業協会の雑誌『社会福利』は1940年10月から『厚生事業』に、中央社会事業協会の雑誌『社会事業』は1942年1月から『厚生問題』に、大阪府社会事業協会の雑誌『社会事業研究』は1943年1月から『厚生事業

141

研究』にそれぞれ改称された。このように、社会事業を過去のものとして新たに厚生事業を提唱する動きは1940年代初めにほぼ定着したといえる。ただし、厚生事業への改称が一致して進められたわけではなかった。1940年10月日本社会事業研究会が「新体制要綱」を発表したのに合わせて、中央社会事業協会の社会事業研究所は「現下我国社会事業の帰趨」を発表している。そこには「厚生事業」という言葉は使われていなかった。

　ところで、「新体制要綱」は1940年10月に開催された紀元2600年記念全国社会事業大会にあわせて発表された冊子だった。これは、当時用いられていた神武天皇即位の年を元年とする紀元（皇紀）で2600年になることを記念した大会である。この年、各界で紀元2600年の記念イベントが企画されたが、社会事業の領域でも全国社会事業大会を記念大会として開催したのである。大会では「皇国ノ社会事業ノ要諦ハ一君万民ノ精神ヲ基調トシ」、対象者の「自力翼賛」を支えることにより「万民翼賛体制ノ根蔕（土台の意味）」とすることをめざすことが宣言された（『紀元二千六百年記念全国社会事業大会報告書』同大会事務局、1941年）。

　社会事業の業界として時代の波に乗り遅れないための努力は、厚生事業運動としても現れた。1942年9月大政翼賛会実践局厚生部に厚生事業研究委員会を設けて戦時下の厚生事業について研究、同委員会の提案に基づいて戦時厚生施設整備拡充要綱が立案されている。さらに、1943年3月戦時厚生事業緊急協議会を、中央社会事業協会・全日本方面委員連盟・大日本社会事業報国会の共催、厚生省の後援、大政翼賛会・大日本産業報国会の協賛で開催し、「生産力増強に関する厚生事業当面の実践方策」を協議した。これを受けて厚生省は同月「戦時社会事業ノ強化拡充ニ関スル件」を通知している（戦時厚生事業実験施設指導研究委員会編『戦時厚生事業運動の経過と概要』1944年）。

　もともと社会事業という枠組みは改良主義的な行政としての側面と福祉実践としての側面が合流し、大正中期に中・下層世帯対策として拡充されたものであった。戦時中に人的資源論の観点からその役割を変化させようとするのは、国の政策変更にそったものであり、行政的な観点からすれば自然な成り行きであったといえる。しかし、社会事業の担い手たちは、単に時代の波に流される

142

だけではなかった。

　当時、人的資源論の立場からは、次のような主張も堂々と述べられていた。「病人や癈疾者や白痴や精神病者などですでに肉体的に国防力または労働力として活動し得るだけの能力を備へてゐない者は勿論其の国社会の人的資源と見做すことは出来ない」（美濃口時次郎『人的資源論』時潮社、1939年）。これに対し「新体制要綱」では、「不具癈疾等は（中略）何等かの方法に依り保護せらるべきは云ふ迄もない。但し其の成立は必ずしも国家の人的資源として充分なる活動を期待出来ぬが、而かも尚、当人、其の家族、其の近隣、其の国家社会の福祉安寧の為めに保護救護が必要なのである」と述べられている。時代の波に棹さしつつも、福祉的な価値を保とうとした姿勢がうかがえる。

　このように政策として期待される役割が急速に変化するなかで、福祉的な価値を保ってきたのは、その背後で社会事業のもう１つの側面である福祉実践が黙々と続けられていたからである。

　知的障害児のための施設である滝乃川学園の職員が戦中に記していた日記の一部（1945年４月４日）には次のようにある（「滝乃川日誌（戦時中）」吉田久一・一番ヶ瀬康子編『昭和社会事業史への証言』ドメス出版、1982年）。

〇時半頃より空襲、このごろ夜中は児童を外の壕に出さず、お蒲団を厚くかぶせて寝かせて置く。自分も共に死ねば親御さんもゆるして下さると思ひ、一緒に蒲団をかぶって寝てゐる事にしたら気が楽になった。敵はラジオに依ると二千機、立川、日野方面は火災が起り、学園も照明弾を落され、庭は真昼の様な明るさで、松の葉一葉が見える様だ。硝子戸の破れる音と破裂音で生きた心地はない程なのに、児等は何事もなく静まっているのでありがたい。

　また、当時全国に１校だけあった肢体不自由児のための学校である東京光明国民学校では、子どもたちの疎開先を探したが受け入れ先が見つからず、1944年７月やむをえず「現地疎開」と称して、校庭に防空壕を掘り、全校児童が学校で暮らすこととなった。当時の校長が、その頃のできごととして次のように振り返っている（松本保平「太平洋戦争と光明学校」前掲『もうひとつの太平洋戦

争』1981年)。

国民学校の先生方が二十数名、見学にきた。例によって校内を一巡しながら、教育の方法や児童の生活等を説明し、終って玄関で帰りを見送った時、代表らしい一人が「質問があります」と、切口上で問いかけた。「お見かけしたところ、先生は五体満足に揃って立派な身体をしておられる。それなのに先生はこの子供らの相手をして、毎日腹一ぱい食べて日光浴を楽しんでいる」といわれた。「いま日本は非常時です。我々の同胞は厳寒の満州で寒さをこらえ、飢えに堪えて戦っているのです。先生はこの勇士に対して申訳ないと思いませんか。良心に対し恥かしくありませんか」この時、並んでいる列から「その通り」「そうだ、そうだ」の声。「すぐにこの子供らを親元へ返し、この立派な施設を、お国の役に立てたらどうです」。

　施設の転用をもちかけられる事例は実際にあったようである。東京育成園園長の松島正儀は1943年の文章のなかで「帝都に於ける或る収容保護育児施設に於ける最近の事件」として次の事例を紹介し、「類似の事件が全国にある育児施設の中に起って居る」「養老施設に於ても帝都に於てこれと殆んど同様の事件が起きつつある」と警鐘を鳴らしている（松島正儀「決戦下収容保護施設への検討」『厚生事業』27巻11号、1943年）。

産業人「時折お話を伺って居りましたが大変なお仕事で敬意を表します、ところで早速
　　　ですが私の方の工具の修養道場、又一部は宿舎に貴施設の設備、規模、環境等が
　　　理想的に拝見されますので一つお考へを願ひたいのですが、いかがでせう」
施設人「お考へとはどんな意味でせう、具体的にお聞かせ下さい」
産業人「つまり生拡のために貴施設を是非欲しいのでおゆづり願ひたい、値段は相談し
　　　て事情の許す限り上値に御相談申上げたいと思ひますが、貴園の財産評価は現在
　　　いくら〔で〕せうか」
施設人「先日も○○さんから伺っては居りましたが、当施設も御承知の通り及ばずなが
　　　ら国家の要請に応へて経営致して居ります、おゆづりすることは絶対に出来ませ
　　　ぬ」

産業人「ごもっともです、今そう簡単には御意志の決定を願はれませんでせうが一つ御
　　　尽力をお願ひします、それに承れば毎年経費の赤字もございますそうで仲々お骨
　　　折のことですね、ところで財産評価だけを参考に聞かせていただきたい」
施設人「勿論赤字覚悟の奮闘です、評価の点は私よりは申上げられない」
産業人「実ははっきり調べた訳ではありませんが、非常に低い御評価で十五万円位の御
　　　様子ですが、そんな程度でせうか」
　　　（どこかで下調べがされてあるらしい）
施設人「若しその程度だとすると、どういふことになりますか」
　　　（産業界の様子を知るために質問）
産業人「私の方では五十万円位です、これは普通の評価ですから御相談はもっと上値で
　　　差支へないと思ひます、今度はいつ頃御相談に伺ったらよろしいでせうか」
施設人「先にも申上げました通り御相談には応ずる意志がこざいませぬ」

　水木しげるは、戦闘を生きぬいたことのなかに「抵抗」を見出した。「将
校、下士官、馬、兵隊といわれる順位の軍隊で兵隊というのは"人間"ではな
く馬以下の生物と思われていたから、ぼくは、玉砕で生き残るというのは卑怯
ではなく"人間"として最後の抵抗ではなかったかと思う」（水木しげる「あと
がき」『総員玉砕せよ！』講談社、1995年）。同様に、社会的に立場の弱い人たちに
対する配慮が低下するなかで、その人たちの傍らで黙々と続けられた福祉実践
も、人間としての抵抗であったといえる。
　戦時中の社会福祉を振り返ってみると、政策の変化を唯々諾々と受け止める
のではなく、福祉実践として受け継がれてきた価値に照らして政策を検証する
という視点が必要であることがわかる。社会事業が社会的行政と福祉実践から
なる重層的な概念であり、それが現在の社会福祉に引き継がれていることの積
極的な意義をそこに見いだすことができるかもしれない。

【参考文献】
　遠藤興一『15年戦争と社会福祉——その両義性の世界をたどる』学文社、2012年
　小倉襄二『右翼と福祉——異形の"底辺にむかう志"と福祉現況へのメッセージ』法律文

化社、2007年

近現代資料刊行会編『植民地社会事業関係資料集』1朝鮮編、2台湾編、3「満洲・満洲国」編、近現代資料刊行会、1999〜2005年

杉山博昭『「地方」の実践からみた日本キリスト教社会福祉──近代から戦後まで』ミネルヴァ書房、2015年

高岡裕之『総力戦体制と「福祉国家」──戦前期日本の「社会改革」構想』岩波書店、2011年

中央社会事業協会『日本社会事業年鑑』昭和8年版〜昭和18年版、複製：文生書院、1974年

冨江直子『救貧のなかの日本近代──生存の義務』ミネルヴァ書房、2007年

コラム5　戦前国家主義者の福祉論

■ 国家主義における「福祉」とは？

「国家主義者」と「福祉」——この両者を並べることに違和感をもつ人は、おそらく少なくないだろう。手近にある辞典の「国家主義」の項目を見てみよう。「国家を最も尊重する主義。国家による命令や国家秩序、あるいは国家の軍事的栄光を維持することを至上のものとし、他のすべての価値をそれに従属するものと考える」（阿部齊他編『現代政治学小辞典〔新版〕』有斐閣、1999年）。ここからは、「国家」を至上とし、国民に対する福祉を無視するというイメージが浮かび上がってくる。

しかし、厚生省の設立が日中全面戦争突入の翌年（1938年）であったという事実を見れば、国家の「軍事的栄光」を実現する上で、国民に対する福祉は不可欠なものとされたことがわかる。国家主義と福祉は無縁ではないのである。もっともこれは裏を返せば、この時期に至るまで福祉が公的に重視されてこなかったことを意味する。近代日本は、軍事化・資本主義化をおしすすめることによって「一等国」へと成長したが、その中で切り捨てられる人々も少なくなかった。これに対し、民間の国家主義者たちは、はたしてどのような議論を展開したのであろうか。

■ 玄洋社・黒龍会の論理

近代日本の国家主義運動の源流と位置付けられる玄洋社は、自由民権運動に共鳴していた福岡の士族出身者、箱田六輔（はこだ・ろくすけ：1850〜1888）・平岡浩太郎（ひらおか・こうたろう：1851〜1906）・頭山満（とうやま・みつる：1855〜1944）らによって組織された。1881年2月に制定された玄洋社の憲則は、「皇室を敬戴すべし」「本国を愛重すべし」「人民の権利を固守すべし」という3ヶ条から成っていた。また、平岡の甥である内田良平（うちだ・りょうへい：1879〜1937）を中心に玄洋社から分派する形で1901年1月に結成されたのが黒龍会である。玄洋社・黒龍会は、「アジア主義」に基づく国権論の主張を展開していく過程で藩閥政府とも連携することもあったが、しかし政府が軽視した社会問題についても決して無関心ではなかった。だが、玄洋社憲則の冒頭が「皇室を敬戴すべし」であったことに示されているように、彼らは天皇の絶対性を前提としたうえで社会問題に接するという特徴があった。

それはたとえば1901年における田中正造（たなか・しょうぞう：1841〜1913）の直訴事件に対する内田の反応に現れている。内田は足尾銅山鉱毒事件の解決を訴えた田中の奮闘に対して、「彼の熱心にして真摯らしい所は天下一般誰も認めて

コラム5　戦前国家主義者の福祉論

居る」と評価しつつ、直訴という行動に対してはその不敬を恥じて切腹すべきと糾弾し、「切腹せぬ時は彼が今日迄の鉱毒運動は実に偽善の極、単に自己の名誉を買はんが為めに悪意を以て特更ら世の治安を乱した者だ」とまで断じた（内田良平「田中正造と切腹」『黒龍』12号、1902年）。あくまで彼は「尊皇」を絶対的な基準としており、貧民の救済もその道徳を前提として打ち出されるべきものだったのである。

■ 北一輝『国家改造案原理大綱』

　日露戦争後になると、現実の日本国家の問題点を鋭く攻撃し、新たな「理想国家」の建設を目指す「革新右翼」と呼ばれる人々が現れる。彼らは頭山や内田ら従来の国家主義者と同じく「アジア主義」の論理に基づく日本の対外的使命感を強調したが、しかし日本国内のさまざまな矛盾を無視することもできなかった。「国内改造なくして真のアジア経綸はありえない」（橋川文三・松本三之介編『近代日本政治思想史Ⅱ』有斐閣、1970年）というのが彼らのスタンスであり、それゆえに国民の福祉にも積極的に目を向けていったのである。

　「革新右翼」の代表的な存在として知られるのが北一輝（きた・いっき：1883～1937）である。彼の主著『国家改造案原理大綱』（1919年、のちに『日本改造法案大綱』として公刊）が、天皇を擁した軍事クーデターによる「国家改造」の実現と、「アジア」解放のための西洋列強との軍事的対決を説き、同時代の右翼思想家や軍隊内の青年将校に多大な影響を与え、結果的に1936年の2・26事件へとつながったとされていることはよく知られている。しかし、青年将校らは同書に示された「国家の根柱」「国民の総代表」という天皇の位置付け、あるいは日本の対外的使命感の強調という面にのみ魅力を感じたわけではない。北の「改造」プランが経済的不平等を解決する具体性を有していたからこそ、現実の国家に不満をもつ人々が彼の著書にひきつけられたのである。

　以下、その内容を見てみよう。まず、私有財産の限度を300万円（のち100万円に変更）、土地所有の限度を時価3万円（のち10万円に変更）、私人生産業の限度を1000万円とし、それを超えるものはすべて国家に納付させることを定めている。これらの金額は当時においてかなり高額ではあるものの、北が大資本家や大地主に批判的であったことは間違いない。そして、「労働者の権利」「国民生活の権利」という項目を設け、前者では労働時間の制限、労働者の経営参加、幼年労働の禁止、労働における男女平等の規定を列挙し、後者では15歳未満の孤児、障害者や60歳以上の高齢者に対する国家の扶養義務などが示されている。福祉が天皇の「恩恵」とみなされる傾向がいまだ強かった大正期において、これを国民の「権利」、ないし国家の「義務」とした点に、北の福祉に対する先進性があったといえるだ

ろう。

■ 農本主義の論理

　戦前の国家主義運動において、まがりなりにも具体的な改革プランを提示した北の『国家改造案原理大綱』は、しかし一方で、農村の疲弊という問題にはほとんど言及していなかった。その点に目配りしたのが、いわゆる「農本主義者」の権藤成卿（ごんどう・せいきょう：1868〜1937）、および橘孝三郎（たちばな・こうざぶろう：1893〜1974）である。

　権藤はその主著『自治民範』（1927年）において、次のように彼の理想とする社会像を描き出している。

　　「天下の民衆均しく天地の福祉を享受して老人は心安く終らしめ、壮者はそれぞれの才能に依りて用ゐ、幼者はのび〳〵とした養育を施して生長せしめ、矜寡孤独廃疾等の不幸者は、情を尽して之を養ひ……斉一平和の理想界に進むことを目的とする」。

　　「『活きる』といふことを根底に置いて、其れに立脚して益々利用厚生の道に進むのが、人類自然の性能なのである。僅かに『活き得る』に満足はしない、『一層幸福に』出来得べくんば『最も幸福に』活きんことを欲求して已まぬのが、人類自然の性能なのである」。

　そして民衆が均しく「天地の福祉を享受」し、「最も幸福に」生きるためには、土地に根ざした共同体＝「社稷」の自治こそ重要と述べる。彼は一方で天皇を中心とする日本においては歴史的に「社稷」が重視されてきたと述べつつ、「明治の基督教国に模擬せし制度に至りては、遺憾乍ら我国民の社稷的道統を、惜気もなく破却した」（権藤成卿『自治民政理』1936年）と近代日本の実情を批判し、農本主義に基づく現状変革を説いたのである。

　同様の論理は橘孝三郎にも見られる。橘は一高に入学しながら中途で退学し、地元の茨城県で兄弟とともに農場を経営するなど、実践的な活動をおこなっていた。そして1930年代には、より急進的な右翼運動へと傾斜していく。その背景に、満州事変などの軍事行動に対する、デスパレートともいえる農村の支持があった。橘は満州事変直後、たまたま乗り合わせた列車の中で、「純朴そのものな村の年寄りの一団」が景気回復のための日米戦争を望みつつ、「負けたってアメリカならそんなにひどいこともやるまい。かえってアメリカの属国になりゃ楽になるかもしれんぞ」と語る言葉を耳にする。そして「上のような恐るべき言を農村の老人の口からまで聞かねばならん事実を決して根拠なしと申すことができないのです」と述べ、農村の救済を訴えた（橘孝三郎『日本愛国革新本義』1932年）。両者は農村を苦境に追い込んだ近代日本の歩みを否定的にとらえ、「共済組織」の確立など、

149

コラム5　戦前国家主義者の福祉論

共助の精神に基づく共同体の再構築を目指し、その過程で急進的な直接行動へと傾斜していったのである。

　国家主義者として否定的にとらえられることの多い北一輝、あるいは権藤や橘の主張の根底にあった貧窮する弱者への共感は、より狂信的な国家主義を説いた政治結社においても、程度の差はあれ共有されていた。社会福祉学者の小倉襄二は、彼らが「養老年金制度の実施」「国営社会保険の全国民的規模に於ける実施」などの社会政策、「最低賃金の保証」「団結権、罷業権の確立」「労働組合法の確立」などの労働政策をその綱領に盛り込んでいることを分析し、彼らが「福祉的なるもの」に無関心ではなかったと論じている。むろんこれらの主張がそれぞれの団体でどれほど中心的な課題であったかは別の問題であるが、少なくとも「福祉的なるもの」を無視して国家主義を唱えることはできなかったといえよう。

　ただし、このような「福祉」へのまなざしには、一定の限界があることも事実である。たとえば、北は『国家改造案原理大綱』で明記した孤児の国家扶養義務に関して、「国民は其の子女の国家的保障のため戦場に於ても平和の其れに於ても何等後顧の憂なし」（北一輝『国家改造案原理大綱』）という考えを示している。いわば「後顧の憂」なく「国民」を戦争に動員する手段として「福祉」が導かれたということは、注意しておくべきであろう。

■ 現代日本と戦前国家主義者の福祉論

　最後に、現代日本との連関性を念頭に置きつつ、まとめにかえたい。

　近年の「格差社会」を批判した論壇誌『ロスジェネ』の創刊号において、北の『国家改造案原理大綱』における私有財産制限の主張が、次のように取り上げられている。

　　「あれは今で言えば、年収1000万円を超える分は全部没収して国庫にいれろと、それを弱者救済に使えという話なんです……でも実際に没収される層は人口の数％なんですよ。ほとんどの人は関係ない。福祉が充実するだけ。いま選挙でそういうことを政策として明確に押し出せば、少なくとも経済的なレベルでは多数の支持がとれる」。（赤木智弘・浅尾大輔他「対談ぼくらの希望は『戦争』か『連帯』か」『ロスジェネ』創刊号、かもがわ出版、2008年）。

　ここでは北の最大の目的が西洋列強との軍事的対決にあったことは捨象されている。対外戦争と結びついた国内格差の是正という主張は、本来であれば現代において受け入れられるものではない。しかし、このような形で戦前の国家主義者の言説が好意的に紹介されたことは、裏を返せば現代の社会問題に対する十分な処方箋が存在していないという警鐘でもあると考えられる。「自己責任」の名のもとに弱者を容赦なく切り捨てる社会が続くのであれば、追いつめられた人々がデ

150

スパレートな心情のもとに現状の変革を求める可能性もあるだろう。戦前の歴史はそれを物語っている。その教訓を、我々は真剣に受け止めるべきではなかろうか。

【参考文献】

小倉襄二『右翼と福祉――異形の"底辺にむかう志"と福祉現況へのメッセージ』（法律文化社、2007年）

北一輝『国家改造案原理大綱』（1919年）、『北一輝著作集〔第2巻〕』（みすず書房、1959年）

権藤成卿（I）『自治民範』（1927年）、『権藤成卿著作集〔第1巻〕』（黒色戦線社、1972年）

権藤成卿（II）『自治民政理』（1936年）、『権藤成卿著作集〔第4巻〕』（黒色戦線社、1977年）

滝沢誠『権藤成卿　その人と思想――昭和維新運動の思想的源流』（ぺりかん社、1996年）

橘孝三郎『日本愛国革新本義』（1932年）、橋川文三編『現代日本思想大系31 超国家主義』（筑摩書房、1964年）

萩原稔「北一輝――『右翼』思想家と社会福祉」、室田保夫編著『人物でよむ社会福祉の思想と理論』（ミネルヴァ書房、2010年）

初瀬龍平『伝統的右翼　内田良平の研究』（九州大学出版会、1980年）

松沢哲成『橘孝三郎――日本ファシズム原始回帰論派』（三一書房、1972年）

（萩原　稔）

第6章 戦後改革・高度成長期の社会福祉

☑ この章で学ぶこと

　本章は、戦後改革から高度成長期までを取り上げる。まずは戦後改革のなかで戦前からの救護の法制度は福祉三法体制となり、社会保険の問題は社会保障制度として構想されることを取り上げる。次いで、経済の高度成長による人々の暮らしの変化のなかで福祉六法体制の成立と社会保険の拡充、さらには社会手当の成立を取り上げる。最後に福祉元年を迎えながら石油危機に端を発する経済の低成長に伴う福祉政策の変化について取り上げる。

1　戦後改革と社会福祉

(1)　占領下と福祉改革

　日本の占領政策は、D. マッカーサー元帥を最高司令官とする連合国軍最高司令官総司令部（GHQ）の指令と勧告に基づく日本政府が政治を行う間接統治として実施され、その内容は非軍事化と民主化政策であった。

　1945年8月14日の昭和天皇による戦争終結の詔書は翌日に放送されて区切りをむかえた。詔書には、戦争による殉死や遺家族ならびに戦傷者、家業を失った人々に対して「厚生ニ至リテハ朕ノ深ク軫念スル所ナリ」（『官報』号外1945年8月14日）と述べられ、さらに翌年1月1日の天皇の人間宣言に「国民ガ人類ノ福祉ト向上トノ為、絶大ナル貢献ヲ為ス所以ナルヲ疑ワザルナリ」とあるのは、古くから続く新しい時代の天皇の象徴的言葉であった。それは戦前から用いられてきた厚生なり福利、また福祉が戦後改革を通して内実ともに社会福祉として成熟しなければならない社会的努力を意味した。

　日本政府の戦後対応は、当時の人口7200万人に対して1324万人と推計される

152

第 6 章　戦後改革・高度成長期の社会福祉

復員および失業者と国内の要援護者800万人に対する生活問題が緊急課題で
あった。敗戦直後の東久邇内閣は、1945年 8 月22日に終戦処理会議を設けて31
日には「外地及び外国在留邦人引揚者応急援護措置要項」を次官会議で決定
し、戦後処理に乗り出したが「一億総懺悔」や「国体護持」を唱えた内閣は
GHQ の政策に対応できずに10月 5 日に総辞職した。その後の幣原内閣は、
GHQ の要請する圧政的司法制度の撤廃（治安維持法廃止1945年10月）、婦人解放
（婦人参政権―1945年12月選挙法改正）、労働組合の奨励（労働組合法公布1945年12
月）、学校教育の民主化（教育基本法公布1947年 3 月）、経済の民主化（独占禁止法
公布1947年 3 月）の 5 大改革を推し進めた。

　引揚者に対し政府の協力要請に基づいて GHQ は後に「引揚ゲニ関スル基本
指令」（1946年 3 月）を出した。厚生省外局として社会局引揚援護課の廃止に伴
い引揚援護院が設置され、後に復員局を併合し引揚援護庁（1948年 5 月）とな
り集団引揚げは1958年まで継続した。引揚者の生活援護は、1945（昭和20）年
度は恩賜財団同胞援護会が担い翌年度からは国による応急援護金の支給が開始
された。

　GHQ は1945年 9 月22日「公衆衛生対策に関する件」（SCAPIN48）を発令し、
厚生省が疾病状況や医療関係者および施設数を調査するとともに伝染病に対す
る処置や上下水道の復旧が命じられ、11月24日の「恩給および年金に関する
件」（SCAPIN338）では軍人恩給の禁止を命じた。そして GHQ より12月 8 日に
示された「救済ならびに福祉計画に関する件」（SCAPIN404：Relief and Welfare
Plans）は、日本政府が年内に失業者とその他の貧困者に対する包括的計画を
GHQ に提出することを求めた。その後12月15日に「生活困窮者緊急生活援護
要綱」が閣議決定されて、失業者ならびに戦災者、海外引揚者、在外者留守家
族、傷痍軍人およびその家族ならびに軍人の遺族を援護対象にした緊急生活援
護が実施する運びとなり国民生活に国家が大きく関与することになった。

　さらに12月31日、日本政府は GHQ に回答した「救済福祉に関する件」で戦
前の救護法・母子保護法・医療保護法・戦時災害保護法等の法律を整理統合し
て生活が困難な国民すべてを対象として最低生活を保障するとした。それに対
して GHQ は「社会救済」（SCAPIN775：Public Assistance）を1946年 2 月27日に

153

示し、戦後社会の国家による生活保障に対する基本原則である無差別平等・国家責任・公私分離・必要十分という公的扶助四原則を打ち出したことは戦後の社会福祉ならびに社会保障の基本的考え方を特徴付けた。

　日本国憲法の誕生に際して憲法改正は1945年10月頃から議論されはじめ、翌年2月には外相吉田茂、国務相松本丞治、終戦連絡事務局次長白洲次郎らの試案が拒否されてGHQによる憲法草案が示された。しかしそれまでに各政党は、国民に主権があることや生存権があることを盛り込んだ憲法案が議論されていたし、戦前には福田徳三の生存権議論等がみられたことは重要である。

　近代日本から今日まで成文憲法としては、明治憲法と呼ばれる1889年の大日本国憲法とその73条の定める手続によって誕生した日本国憲法であり、明治憲法および日本国憲法も一度も改正されたことはない。前者が天皇主権であるのに対し、後者の日本国憲法（1946年11月3日公布、1947年5月3日施行）は、吉田内閣のなかで基本的人権・主権在民・戦争放棄を明文化し新たな国家の目指すべき方向を示した。憲法前文の「わが国全土にわたって自由のもたらす恵沢を確保」は自由をあらためて重視する姿勢であり、さらには「全世界の国民が、ひとしく恐怖と欠乏から免かれ、平和のうちに生存する権利を有することを確認する」と明文化されたことは、自由に基づく個の独立とすべての人々の生存を理念的にも現実的にも追求しようとする日本社会の意志を意味する。それらは、公共の福祉のために利用する責任が明記された自由と権利の問題（12条）とさらには個人が尊重されることを明記した自由及び幸福追求権（13条）に加えて「健康で文化的な最低限度の生活を営む権利」とそれを国が「社会福祉、社会保障及び公衆衛生の向上及び増進に努めなければならない」（25条）とした生存権規定は、戦前の国家が十分に保障し得なかった自由権に対する社会権の追加と社会的努力を意味しており、日本における社会福祉において基本的な考え方である。

　そして憲法とともに地方自治法（1947年4月公布、翌月施行）が成立し都道府県知事および市町村長の公選、自治体警察が確立していったことは、中央政府に対する地方自治の問題を地域社会で議論する素地が整備されつつあることを意味した。

第6章　戦後改革・高度成長期の社会福祉

(2)　福祉三法体制と社会保険（労働・医療）

　国家による生活保護の問題と、児童と障害者にかかわる福祉法の成立に加え、戦前からの社会保険の改革を取り上げる。

　1946年の生活状況は、春には「飢餓の行進」と予想されたがGHQの放出食料によって餓死は免れ、またガリオア・エロア資金やユニセフ等からの国際的援助により回避された。春から9月にかけて20歳以下の家出人は、945件に上り家出人全体2015件の6割を占めた。復員・引揚者は10月末には450万人、戦災者は700万人におよびその内約62万人が仮小屋で雨露をしのぎ、戦災孤児は5672人、浮浪児は5075人という惨状であった。同年末までに発生が予想される失業者総数416万人に対して、1946年5月22日にGHQが日本政府に対して公共事業費60億円を計上し失業解決策のための指示を出した。

　経済状況として『経済実相報告書』（1947年）では、1937年の戦前物価との比較で60倍ないし70倍程度と推定され、他方の賃金は倍率の良い坑内夫の場合でも37倍（日給で2円48銭から81円56銭へ）、製造工業男子労務者は23倍（日給で2円48銭から57円80銭へ）であることが報告され、賃金の上がり方の立ち遅れが指摘された。その後の『経済現況の分析』（1949年）でも、ヨーロッパ諸国の大多数の国が戦前の生産水準を突破しているのに対して、日本経済は「経済安定のきざしを見せ始めているが、（中略）基盤に極めて不健全な要素を多分に含んでいる」とも指摘され、生活水準は「国民生活は耐乏を余儀なくされている」状況にあった。そしてアメリカ政府によるGHQを通じた「経済安定九原則」は、新たな問題として失業問題が醸成されることを指摘した。1949年を「終戦後の日本経済にとってまさに質的転換の年であった」と指摘する『経済現況報告』（1950年）によれば、勤労者収入の水準は戦前の約7割程度にとどまり消費水準も同様で厳しい状況には変わりなかった。

　1947年4月にはGHQは「保健所拡充強化に関する件」を示したことで、1937年の保健所法は9月に新保健所法（1994年に地域保健法と改称）として公布され、法の2条6項に「公共医療事業」として「医療社会事業」が登場した。

　その後GHQと厚生省の協議では、1949年11月に「六項目提案」がまとめられて福祉行政地区の設置や自治体の福祉行政の再編、厚生省による措置および

155

図表6-1　種類別社会福祉施設状況
（1947年3月31日現在）

種類別	公私別計	施設数	収容定員	現在数
養老	公	24	2167	2271
	私	83	4174	2734
	計	107	6341	4805
育児	公	14	1165	644
	私	121	6347	2734
	計	135	7512	4805
児童保護	公	335	32143	24836
	私	1058	102700	92579
	計	1393	134843	114415
母子保護	公	62	5447	3113
	私	92	6290	4423
	計	154	11737	7536
盲聾唖保護	公	18	2248	1518
	私	20	863	490
	計	38	3111	1927
少年教護	公	48	3281	2600
	私	62	2260	1311
	計	110	5541	3911
医療保護	公	214	23881	11168
	私	279	20014	11479
	計	493	43895	22647
助産	公	11	543	126
	私	18	581	305
	計	29	1124	431
特殊児童保護	公	60	7194	2558
	私	90	5590	5037
	計	150	12784	7595
宿泊	公	72	10361	5604
	私	88	15356	13411
	計	160	26717	19015
引揚者戦災者収容	公	284	50590	36175
	私	278	65182	54543
	計	562	115672	90718
司法保護	公	6	374	316
	私	93	3042	1622
	計	99	3416	1938
公益質屋	公	18	—	—
	私	1	—	—
	計	19	—	—
一般救護	公	24	2631	1824
	私	16	1379	1174
	計	40	4010	2998
隣保事業	公	22	5037	2739
	私	78	4273	2863
	計	100	9310	5602
その他	公	14	360	20
	私	53	1341	783
	計	67	1701	803
総計	公	1805(36%)	183264(39%)	118029(34%)
	私	3070(64%)	282664(61%)	225315(66%)
	計	4875	465928	343344

出典：朝日新聞社「社会事業施設調」『朝日年鑑　昭和23年版』1948年、273頁

注：児童保護施設は主として保育所と託児所、特殊児童保護施設は戦災孤児・引揚孤児・浮浪児・知的障害児保護のための施設

事務指導体制、民間団体に対する公私分離の徹底、社会福祉協議会や現任訓練制度の設置がまとめられた。

戦後の種類別施設状況（図表6-1）は、戦後の状況下で戦災孤児や引揚孤児に関する施設が含まれているとはいえ施設総数でみると4875施設が設置されており、その多くが私立4070ヶ所（64％）で公立の1805ヶ所（36％）をはるかに上回る状況にあり、すでに戦前から多くの施設が設置され運営されていた状況をうかがわせる。なかには1926年に解散した岡山孤児院であったが、1945年10月から児童収容事業を再開し後に石井記念友愛社となり今日に続く施設もみられた。また種類別では、戦災者引揚者収容や公益質屋、一般救護を除いた施設はその多くが私立に頼らざるをえない状況にあった。

①福祉三法体制

生存権保障のひとつとして新旧の生活保護法の成立がある。まず1946年9月の旧生活保護法の成立に関して「本法は第90帝国議会に提出され成立をみたもので従来救護法・母子保護法・軍事扶助法・戦時災害保護法・医療保護法の5法律によつて扶助してきた生活困窮者をひとまとめにして保護するものである」（後醍院良正『朝日年鑑　昭和22年版』朝日新聞社、1947年）と紹介され戦前の救護五法

図表6-2　戦時下の保護状況の推移

年度	罹災救助基金法	行旅病人・死亡人取扱法	母子保護法	医療保護法	戦時災害保護法	軍事扶助法	救護法	累　計
1942年度	360	2	106	450	1	不詳	108	1029
	〔1316〕	〔164〕	〔6431〕	〔3866〕	〔263〕	不詳	〔6143〕	〔18186〕
1943年度	586	2	110	207	2	1977	128	3013
	〔1540〕	〔146〕	〔4963〕	〔2856〕	199	〔100837〕	〔5893〕	〔116437〕
1944年度	820	2	110	217	1163	2480	143	4939
	〔2820〕	〔168〕	〔4947〕	〔1152〕	〔15532〕	〔155578〕	〔6649〕	〔186848〕
1945年度	1060	7	不明	193	5977	2979	93	10312
	〔1699〕	〔352〕	不明	〔1933〕	〔785598〕	〔227709〕	〔5556〕	〔1022850〕

出典：毎日新聞社「公費による年度別保護状況調（厚生省社会局調）」『毎日年鑑 昭和24年版』
　　　1948年、496頁
注：なお数値は、千人千円単位を示し、〔　　〕は保護費を示す

を基礎に戦後対策の一環として取りまとめられたものである。その基本的考え方は、最低生活保障と無差別平等の原則を掲げて登場したが、戦前の方面委員が民生委員（1946年民生委員令公布―1948年民生委員法公布・施行）として補助機関となり法には欠格条項規定が盛り込まれ、さらに保護請求権は認められずにその内容は生活・医療・助産・生業・葬祭扶助であった。具体的金額は、これまで1人1日50銭程度であったものを6大都市においては3円、5人家族で250円程度に引き上げ公民権を認めるものであったが、最低生活を保障するという考え方には及ばなかった。

　しかし同年11月に日本国憲法25条で生存権規定が明記されたことで、1950年5月に現行の生活保護法（新法）が成立した。その内容は、要件を満たす限りにおいて保護を無差別平等に受けることができ（2条）、法律で保障される「最低限度の生活は、健康で文化的な生活水準を維持することができるもの」（3条）と定められ、生活困窮の場合には利用し得る資産や能力等を「最低限度の生活の維持のために活用することを要件」とした保護の補足性の原理（4条）

図表6-3　生活保護法（新旧）における保護率および保護費の推移

	保護率	保護費
1946年度	35.1	—
1950年度	24.4	—
1951年度	24.2	23054
1955年度	21.6	43201
1960年度	17.4	61212
1965年度	16.3	136046
1970年度	13.0	273565
1975年度	12.1	685141
1980年度	12.2	1171002
1985年度	11.8	1523281
1990年度	8.2	1318052
1995年度	7.0	1515669
2000年度	8.4	1973420

出典：総務省統計局監修、日本統計協会編
　　　『新版 日本長期統計総覧　第5巻』
　　　2006年、134-137頁
注：保護率は人口千人に対する割合。保護
　　費の単位は百万円

が定められた。なお、保護請求権が認められて教育扶助と住宅扶助が追加されて、補助機関は社会福祉主事が担い民生委員は協力機関に位置付けられた。

　戦時下から戦後の保護状況についての推移（図表6-2）を確認すると戦時下から1945（昭和20）年度の保護の変化がうかがえ、特に戦時災害保護法や軍事扶助法、罹災救助基金法の役割が大きいことが確認できる。また戦前の救護体制に変わる生活保護法（新旧）による保護率と保護費の推移（図表6-3）からは、保護率の低下と保護費の増加傾向を確認できる。

　次いで児童福祉法（1947年12月制定、翌年施行）は、戦前の少年教護法（1933年）および児童虐待防止法（1933年）、母子保護法（1937年）の一部が吸収統合されて、戦前の児童保護の考え方から18歳以下のすべての児童への育成責任を国およ

び自治体と保護者がもつことが明記されて戦前には保護の対象外であった障害児を含めた児童一般の福祉が成立した。なお現在の児童福祉週間は1947年から実施されている。

　身体障害者福祉法（1949年12月公布、翌年4月施行）は、傷痍軍人中心の施策をGHQが否定していたことが大きく、さらには生活保護法で対応していた多数の傷痍軍人の問題の限界もあり、ヘレン・ケラーの再来日と障害者施策の必要性の高まりが18歳以上の身体障害者への更生援護を基本する法律として成立した。

　なお精神に疾病を有する人々には、すでに戦前に成立していた精神病者監護

第6章　戦後改革・高度成長期の社会福祉

法（1900年）および精神病院法（1919年）があったが、戦後に精神衛生法（1950年公布、1987年に精神保健法）として精神障害者の早期発見と早期治療のために制定されて戦前の法律は廃止された。なお1965年改正では保健所が地域精神衛生の第一線機関と位置付けられ、1995年には精神保健及び精神障害者福祉に関する法律と改称された。

　②労働に関する社会保険

　1946年4月の人口調査では、完全失業者が159万人とされ潜在的失業者を含めると失業者は600万人から800万人という状況のもとで、労働者災害補償保険制度と失業保険制度が成立したが、その背景には労働者の基本的人権の確立を目指す労働基準法（1947年）の成立が大きい。

　労働災害は戦前に工場法（1911年公布～1916年施行）と鉱業法（1905～50年現行法公布・翌年施行）で業務上の災害に対する補償責任は規定されていたが、1946年に厚生省に設置された社会保険制度調査会による「現行保険制度の整備方策」（1946年12月）で示された業務上の災害に対する保険制度採用は、労働基準法（1947年）の使用者の災害補償責任に基づいて医療年金保険制度から吸収されて労働者災害補償保障保険法（1947年）とあわせて公布された。

　失業対策は1921年の職業紹介法のなかで部分的には進められ、また翌年には失業保険法案が議会提出されたが成立することはなかった。戦後の大規模な失業者に対して社会保険制度調査会による「社会保障制度要綱」（1947年10月9日）の答申により1947年12月に失業保険法および受給資格のない者への経過措置の失業手当として失業手当法が成立した。

　失業保険法は、5人以上の常用労働者を雇用する事業所に強制適用され、1年間に6ヶ月以上の保険料納付者に対して賃金の6割と180日を上限に支給され、保険料は労使折半で国庫補助が3分の1となった。後に失業保険法は廃止されて、失業予防を含めた雇用保険法が1974年公布され、1994年には育児休業給付が新設された。

　③医療にかかわる社会保険

　日本の医療保険制度は1922年に常用労働者に対する健康保険法が成立したが、事前準備や関東大震災のために1927年からの実施であった。そして戦時下

159

の雇用者ではないものを対象とする国民健康保険法（1938年）がすでに成立しており「戦後もこの二本立ての医療保険制度が引き継がれた」（田多英範『日本社会保障制度成立史論』光生館、2009年）と指摘されている。

健康保険の問題は、戦後の混乱において崩壊状態にあったが1948年改正で市町村公営化原則が図られ任意設立強制加入とされ、1951年には地方税法のなかに国民健康保険税が創設されることで立て直しを図ったが再建は進展せず、1953年に助成交付金名目で国庫負担の導入が図られた。

日雇労働者に対する保険制度は、1949年に失業保険が実施されるのみであったが、疾病は貧困原因であり不安定な就労状況にある労働者こそが健康保険を必要としており、ようやく1953年8月に健康保険法を改正して対象を拡大し日雇労働者健康保険法が成立した。

(3) 社会保障の制度設計

世界的潮流のなかで戦前からすでに社会保障は注目され、それは戦争国家に対する福祉国家として戦後の青写真を描くことを意味していたが、戦後社会において本格的に社会保障が権利や体制の問題として議論されるようになる。

1919年のベルサイユ条約に基づき設置された国際労働機関（ILO）は、第二次世界大戦後に国際連合の専門機関となるが、その1942年のILO総会では「社会保障への途」が議論されその実現として社会扶助と社会保険がうたわれた。

1929年から33年までの世界恐慌は、アメリカでニューディール政策や社会保障法（1935年）が成立し、またブロック経済政策を展開したイギリスでは1942年に「社会保険と関連サービス」と題する「ベヴァリッジ報告」（イギリス社会保障に関する勧告）が報告され、国民保険と国民扶助、国民保健サービスが今後完備されなければならないことが示された。

なお世界人権宣言が第二次世界大戦後に起草されて1948年12月に国際連合の第3回総会で採択されたことは、国家規模を超えた人権意識の成熟化を意味した。基本的人権が国内憲法だけでなく、国際社会においても議論されたことの意義は現代社会において重要である。その宣言前文では、「一層大きな自由のうちで社会的進歩と生活水準の向上とを促進することを決意した」とは、自由

権に対する社会権の追加の問題に他ならない。そして自由と平等の権利（1条）がうたわれ、社会保障を受ける権利（22条）ならびに労働者の保護の権利（23条）、「自己および家族の健康及び福祉のために十分な生活水準を保持する権利」（25条）が明記されており、戦後の国際社会にとって非常に大きな転機であった。

戦前には厚生国家の議論が見られたが、戦後日本の福祉国家の議論は「福祉国家への途」をサブタイトルにもつ『厚生白書昭和35年度版』においてである。

日本国内の社会福祉ならびに社会保障に関する方向性は、社会保障制度審議会による答申が非常に大きいが、それ以前には社会保障・社会保険を専攻する学者の末高信、園乾治、近藤文二、平田冨太郎、大河内一男らが1946年2月に社会保障研究会を逸早く結成して同年7月31日には「社会保障案」を作成し、最低生活の保障を意味する生存権の確認と社会保険制度の確立、関連政策と施設の拡充による国民生活の保障の確立を取り上げた。

その間1946年3月に社会保険制度調査会が厚生省に設置されるが、その第一小委員会には平田冨太郎を除いて社会保障研究会のメンバーが構成員となっていた。翌年には同調査会によって「社会保障制度要綱」が10月22日に答申されてそこでは最低生活の保障のためには当時の社会保険制度や生活保護では不十分で新しい社会保障制度が提起されたが、社会福祉への言及はなされていなかった。

W. H. ワンデル博士を団長とするアメリカ社会保障制度調査団は1947年8月にGHQによって招聘されて、社会保障全般に対する調査研究を行うが、後に「社会保障制度調査団報告書」（ワンデル報告書）をまとめてそれに基づいて社会保障制度審議会は1949年に設置された。

社会保障制度審議会は、旧生活保護法の改正に至った「生活保護制度の改善強化に関する件」（1949年9月）、さらには社会保障制度が民主主義の理想を実現するものとして提起された「社会保障制度に関する覚え書」（1949年11月）、そして翌年6月に社会保険・国家扶助・公衆衛生・社会福祉を網羅した「社会保障制度研究試案要綱」を発表し、ケースワークの技術化と専門化、そして社会福祉主事による従事があわせて指摘されている。その後に公聴会が開かれ

て、1950年10月には「社会保障制度に関する勧告」（1950年勧告）が出された。

　その「1950年勧告」では、旧憲法に比べて国家責任が著しく重くなったことを指摘し、社会保障制度は「疾病、負傷、分娩、廃疾、死亡、老齢、失業、多子その他困窮の原因に対し、保険的方法又は直接公の負担において経済保障の途を講じ、生活困窮に陥った者に対しては、国家扶助によって最低限度の生活を保障するとともに、公衆衛生及び社会福祉の向上を図り、もってすべての国民が文化的社会の成員たるに値する生活を営むことができるようにすることをいうのである」との見解を示した。また「生活保障の責任は国家にある」と明確に指摘しながらも「一方国家がこういう責任をとる以上は、他方国民もまたこれに応じ、社会連帯の精神に立って、それぞれの能力に応じてこの制度の維持と運用に必要な社会的義務を果たさなければならない」と指摘されている。それは大正期を通して議論されてきた社会連帯の問題が再び戦後社会において議論されるなかで、国家による国民生活への関与と個人における権利と義務の関係を民主主義的に調整することを意味した。

　なお、この勧告で指摘されている社会福祉とは「国家扶助の適用をうけている者、身体障害者、児童、その他援護育成を要する者が、自立してその能力を発揮できるよう、必要な生活指導、更生補導、その他の援護育成を行うことをいうのである」と定義された。勧告は社会保障制度に関する国家責任と国民全体の主体的参加による社会保障の編成を意味し、その社会保障制度は戦前からの社会保険制度を中心に国家扶助、公衆衛生と社会福祉から構想されていた。

　法制度として社会福祉に関する基本法として戦前の社会事業法（1938年）に代わって「体系整備のための6原則」（1949年11月29日）に基づいて1951年3月に制定されたのが社会福祉事業法（2000年に社会福祉法と改称）である。法は、社会福祉事業が援護・更生・育成することを定めて、都道府県と市に福祉事務所（有給専門吏員の配置）を義務設置することを定め、第1種（国／自治体／社会福祉法人）と第2種の社会福祉事業に区分した。なお憲法89条では公金や公の財産が「公の支配に属しない慈善、教育若しくは博愛の事業に対し、これを支出し、又はその利用に供してはならない」と定めているが、同法に基づく公の事業として補助金ではなく措置制度による民間委託という方式を採用した。

162

第 6 章　戦後改革・高度成長期の社会福祉

　社会福祉関係団体の組織化については1948年 8 月29日に盲・聾・唖者への福
祉向上のためにヘレン・ケラーが再来日したが、それと機を同じくして 8 月18
日に日本盲人会連合が結成されて1966年に社会福祉法人化され『点字日本』が
発刊された。

　専門職団体の組織化では、1953年11月には全国から200人を集めて日本医療
社会事業家協会が発足し、1957年に「家」協会から「事業」協会へと改称さ
れ、また全国社会福祉協議会に設置された医療社会事業研究会では「医療ケー
スワーカーについての研究（案)」がまとめられた。

2　高度成長と福祉国家形成

(1)　高度成長と生活意識

　高度成長は、働くことと家族に大きな変化をもたらし、それと同時に生活意
識についても中流意識が芽生えて総飢餓状態からの離陸をもたらした。

　経済的動向として1955年から1973年は日本経済が平均10％という経済成長を
遂げた高度成長期となり1968年には国民総生産（GNP）がアメリカに次いで第
2 位となる時期でもある。特に、1955年は1993年まで続く与野党体制が転換し
ない体制であり政治的安定の時期に入るが「55年体制の成立は、同時に、国際
情勢の相対的安定と、日本経済の復興による一億総飢餓状態からの脱却」（菅
孝行『高度成長の社会史』農村漁村文化協会、1987年）と指摘されている。また「も
はや『戦後』ではない」を著した中野好夫は、戦後を卒業するために小国の新
しい意味を認め人間の新しい幸福の方向を論じた（中野好夫「もはや『戦後』で
はない」『文藝春秋』34（ 2 ）1956年）。

　1950年の金へん景気・糸へん景気に端を発し石炭産業恐慌（1953〜54年）後
の高度成長期には神武景気（1955〜57年）、1956年には水俣での公害が公式報告
され、1957年にストレスが流行語になった。その後、なべ底不況（1957〜58年）
や三井争議（1959〜60年）、岩戸景気（1958〜61年）を経験しながら、国民所得倍
増計画（1960年）や全国総合開発計画（1962年）が打ち出され、1966年には戦後
初の赤字国債発行がなされており、この時期の日本社会は光と影、功罪の両面

163

にわたる構造を内包し人々の暮らしに影響を与えた。

　それは国家的目標という意図をもって政策的に推進された高度成長が政治的プログラムとして打ち出されて、1973年に変動相場制への移行と第1次石油ショックを契機とする高度成長の一応の終焉という日本経済にとって2つの大きな転換点がみられた時期であった（佐伯啓思『現代社会論』講談社、1995年）。

　産業構造の変化をみれば、産業3部門における就業人口に大きな構造的変化がみられた。1920年から1950年まで第1次産業は5割前後を占めていたが、1955年には41％となり1980年には10％程度となった。第2次産業は1920年および1930年には20％であったが、戦時下の1940年には26％へ上昇し、戦後の一時期に低下するものの1960年には再び29％台となりその後は30％となった。第3次産業は1930年および1940年にはすでに29％台をしめるものの1955年には35％台となり1975年には51％台を占める状況となった。また雇用者割合は、1940年には41％台となっており戦後には一時期、低下するものの1955年には45％台に回復し、そして1975年には69％台と雇用者割合は戦前と戦後では大きく変化したが、それは雇用労働者にとって社会保険の整備を必要としたといえる。

　世帯構造についてみれば、1955年に単独世帯が10％台であったものが1975年には18％台となった。核家族世帯は1975年に58.7％となり、3世代世帯は1955年の43.9％から1975年の16.9％へ激減した。それは高度成長政策によって農業人口が急速に都市へ集中して3世代同居の大家族は分散化し夫婦に子どもという核家族、さらには単独家族を生み出した。高度成長は、核家族の激増よりも拡大家族の激減と単独世帯の増加をもたらし前世代との別居を意味した。高度成長それは、社会の在り様を変化させ同時に家族の在り様を規定した（森岡清美『現代家族変動論』ミネルヴァ書房、1993年）。また1960年代は「マイホーム主義といった、家族に関心の集中化された私生活」（天野正子『「生活者」とはだれか』中央公論社、1996年）とも指摘された。

　人々の生活意識では「中」と答える人は1958年ですでに72％に達していたが、1973年には90％となった（『国民生活白書昭和52年版』）。他方で『厚生白書昭和55年版』では「1億総中流時代」と表現されながらも「暮らしの状況が『大変苦しい』とする」状況があわせて指摘されたことは、中流意識の向上は必ず

第6章　戦後改革・高度成長期の社会福祉

しも暮らしむきの向上を意味したものではなかったといえよう。そのことは、社会福祉ならびに社会保障の制度拡充の必要性を意味するものである。

1960年代を経過し高度成長の経験は、産業構造と就業構造に変化をもたらし、結果的に人々の暮らしに中流意識を与えたが、この中流意識の高まりはもはや社会福祉にとってはその内容が「救貧」ではすまされない状況を意味した。

それらの状況を『国民生活白書昭和54年版』は「現在では、情報化、核家族化、共働き世帯の増加、家族構成員の行動範囲の拡大等により、個人の関心は細分化されつつある。（中略）家庭機能の縮小は、関心を細分化させた家族構成員が家庭内のみで欲求を充足させることを不可能とし、ひいては家庭に対する帰属意識を弱めた」と報告した。

高度成長の経験が1人ひとりの個の確立と自律性を高めつつ、他方で家庭機能が低下したとの認識はもはや救貧ではない社会サービスの必要性を求めることを意味した。戦後の1億総飢餓状態から1960年代を超えて高度成長の経験が生活全般を底上げし中流意識が高まり、それは全ての家庭とその個人の生活に対して法制度と社会サービスによる生活支援の必要性をもたらした。

総じて高度成長期は、敗戦直後の状況からすれば社会構造は大きく様変わりしたが経済成長に連動してすべての人々の暮らしが豊かになったかについては、時間的なズレがあり生活基盤が常に危機的でありおびやかされていた。そのことは稼働能力を欠く高齢者や障害者、母子世帯の所得問題にあらわれた。経済成長は公害や農村の過疎化問題に示されるように生活関連施策の立ち遅れが露呈することとなり、国民総生産の増大は実質的豊かさの生活レベルでは十分に還元されていなかったといえよう。しかし、そのことが社会福祉ならびに社会保障を拡充する契機になった。

⑵　福祉六法体制と社会保険の拡充

人々の暮らしの変化は、さらに福祉の個別法を追加して福祉六法体制と皆保険・皆年金体制が整備されるようになる。

55年体制の翌1956年の『経済白書昭和31年度』が「復興が終わった」という見解に対して『厚生白書昭和31年度版』では「果たして『戦後』は終わった

165

か」といった相反する行政見解が示された。その背後には、貧困問題が取り上げられ特に高齢者や母子の生活が社会問題とされ、下位所得階層が復興の背後に取り残されていることが指摘された。さらに翌年の『厚生白書昭和32年度版』では「貧困と疾病の追放」と題して、社会保障が救貧と防貧の役割をもち、救貧には公的扶助が対応し、防貧には公衆衛生および社会福祉、社会保険によって対応すると記された。

当時の内閣総理大臣岸信介は社会保障制度審議会に対し諮問し、同審議会は日本経済の未曽有の成長と国民所得の格差拡大の認識から新たな社会問題に対して「社会保障制度の総合調整に関する基本方針についての答申および社会保障制度の推進に関する勧告」（1962年）を示して高度成長期の社会福祉ならびに社会保障に対する枠組みを勧告した。

それは憲法25条を根拠に社会保障の目的を国民の最低生活保障であることをあらためて強調したが、社会保障が救貧から防貧へと展開するなかで多様な貧困原因に対して社会保険の限界を認識する内容であり、予防としての社会福祉が防貧面を担当するという考え方であった。そして集団主義的で画一的な制度的対応である社会保険ではなく、個別支援が可能であるパーソナルソーシャルサービスとしての社会福祉（狭義）の必要性のあらわれであった。その意味でも戦後の生活保護を中心とした法制度体系からの修正を意味し、所得の階層間格差の拡大に対する社会保障制度の見直しを提起した。具体的には一般所得階層には社会保険、低所得階層には社会福祉、貧困世帯には生活保護での対応を構想した。それは社会福祉の充実を強調する内容であり、社会保障費についても先進諸国を下回らない、引き上げを求める内容であった。

社会福祉の法体制は三法体制から六法体制に拡充されたが、それは生活保護中心の体制から対象者別に固有の分野における支援体制への拡充を意味した。

①知的障害者福祉法

知的障害児を育てる3人の母親の集まりは、1952年に精神薄弱児育成会（別名・手をつなぐ親の会、1959年（福）全日本精神薄弱者育成会に改組）として結成され自立・保護・保障・早期発見治療を訴えた。その間1958年に国立初の重度精神薄弱児施設として秩父学園（1963年に国立秩父学園と改称）が設立されたこと

第6章　戦後改革・高度成長期の社会福祉

図表6-4　知的障害者援護施設設置状況

	施　設　数			定　員		
	総　　数	公　　立	法人立	総数（人）	公立（人）	法人立（人）
1960年	8	6	―	520	420	〔100〕
1961年	18	12	6	1042	840	202
1962年	31	19	12	1830	1330	500
1963年	40	27	13	2493	1900	593
1964年	67	33	34	4829	2700	2129

出典：厚生省社会局「精神薄弱者施設設置状況」『厚生白書昭和39年度版』232頁

は、知的障害に対する国としての取組みのあらわれである。

　まず知的障害者を対象とした精神薄弱者福祉法（1960年3月公布、翌月施行）は、18歳以上の知的障害者の更生、援護を定める法として成立し、本法の成立は生活保護法に基づく救護施設の混合収容からの分離を意味した。1967年には、精神薄弱者援護施設の種類を更生施設と授産施設に分ける法改正がなされ1998年には知的障害者福祉法と改題された。

　施設の増加状況は以下の図表6-4のとおりであるが、施設数は法人立の増加と同様に公立も増加しているが、その増加の内容を押さえておくことが重要である。

　『厚生白書昭和39年度版』によれば、「39年度において、生活保護法による救護施設のうち、主として精神薄弱者が収容保護されている施設11ヶ所（定員1052人）を精神薄弱者援護施設として移管し、重度の精神薄弱者の援護の充実が図られた」と説明されているが、つまりそれは施設の根拠法を移管することによる施策の拡充を意味した。

　②老人福祉法

　高齢者の生活に関する法律として老人福祉法の成立以前には、高齢者の福祉は厚生年金保険法や国民年金保険法による老齢年金給付、生活保護法による養老施設への収容保護であった。老人福祉法（1963年）の成立は、高齢者が社会に寄与した敬愛すべき対象として、生きがいと健全な生活保障を基本理念とし

た。それはこれまで生活保護法に基づく養老施設への収容保護からの分離を意味し、高齢者固有の身体的かつ精神的な側面に対する援助を社会的に行う国と自治体の責任を明記するものであった。1972年改正では老人医療費支給制度が創設され、翌年より70歳以上の医療が無料化となった。しかしながら、その後の経済の低成長下のなかで世代間連帯を意味する老人保健法（1982年）にとってかわり、さらには世代内連帯を意味する現在の「高齢者の医療の確保に関する法律」（2006年改題）に引き継がれた。

なお現在の老人週間（内閣府）は、1947年の兵庫県・野間谷村の敬老行事に端を発し1950年に「としよりの日」とする県民運動が、1966年に「敬老の日」（祝日）となり、老人福祉法改正（2001年）により「老人の日」と「老人週間」が定められ、今日の「敬老の日」（9月第3月曜日）となった。

③母子及び父子並びに寡婦福祉法

母子を対象とする法律として母子福祉法の成立以前には、国民年金法によって死別した母子世帯への母子年金、母子福祉年金が支給され、生別母子世帯には児童扶養手当制度（1961年）の制度があったが、母子福祉法（1964年）は母子福祉資金の貸付等に関する法律を継承して総合的母子支援策の一環として成立し、後に母子及び寡婦福祉法（1981年）と改題されて寡婦に対しても母子家庭と同様の措置をとることとなり、現在の「母子及び父子並びに寡婦福祉法」（2014年改題）につながる。

戦後改革のなかで成立した福祉三法に加えて、さらにこの時期に知的障害者、高齢者、母子を対象とする個別法が成立したことで福祉六法体制となった。

④その他福祉法

高度成長期には身体障害をもつ人々の雇用が問題となり、身体障害者雇用促進法（1960年）によって最低雇用率の義務付けがなされた。1976年改正では企業等への雇用率が規定され、未達成の場合には雇用納付金を徴収することとなり、1987年には障害者の雇用の促進等に関する法律と改称されて知的障害者と精神障害者にも対象拡大された。

また1970年の心身障害者対策基本法（1993年改題—障害者基本法）は、国および地方自治体の責任の明確化と心身障害対策の基本事項が盛り込まれ、1975

第6章　戦後改革・高度成長期の社会福祉

年12月9日に国連総会で「障害者の権利宣言」が採択され、1993年に日本国内でも「障害者の日」と定められ、2004年の障害者基本法改正で「障害者週間」が整備された。

⑤手当制度

福祉国家の構成要素のひとつでもある公的扶助は拠出要件を伴わない制度であるが、それが高度成長期を通じて児童の領域で整備され拡充された。児童扶養手当法（1961年）は、父親と生計を異にする児童についてその生活の安定と児童の福祉の増進を目的に整備され、1963年改正では支給対象が拡大され障害をもつ児童については20歳まで支給されることとなった。

さらに20歳未満の重度知的障害をもつ児童と同居して養育にあたる父母、養育者、本人に対して重度精神薄弱児扶養手当法（1964年）が成立した。1966年に特別児童扶養手当法に改称されて支給対象を重度の身体障害児に拡充され、1972年に合併障害をもつ児童に拡がり、1974年に「特別児童扶養手当の支給に関する法律」と改称された。

なお1972年には障害福祉年金と児童扶養手当の併給にかかわる注目すべき堀木訴訟があった。その訴訟は2人の子どもをもつ全盲の母による児童扶養手当支給の認定請求の裁判であった。障害福祉年金を受給しているとの理由で併給が認められず兵庫県知事に訴訟を起こし、児童扶養手当と障害福祉年金の併給を禁じた児童扶養手当法4条を違憲とする判決が出されて翌年の児童扶養手当法改正で障害福祉年金や老齢福祉年金と併給が可能となった。

1975年には児童扶養手当法および特別児童扶養手当法の支給に関する法律改正が行われて、支給対象児童の国籍要件が撤廃され特別福祉手当を廃止し福祉手当が新設された。さらに翌年には児童扶養手当法改正により支給対象児童を3年計画で段階的に18歳未満に拡大し1978年から完全実施された。

⑥皆年金・皆保険

高度成長期には、すべての人の健康と所得の保障にかかわる保険制度として年金保険と健康保険が確立した。

社会保障制度審議会は「年金制度の整備改革に関する件」（1953年）を勧告し、資格年数の通算と給付内容に対する費用負担についての構想を示し、1954

169

図表6-5 社会保障（広義）と社会福祉（狭義）の支出額推移

年度	総額	広義の社会保障	狭義の社会保障	公的扶助	社会福祉	社会保険	公衆衛生医療	老人保健	恩給	戦争犠牲者援護等	社会保障関連制度	住宅等	雇用（失業）対策
1950	173999	165741	149537	20819	4297	113584	10437	—	13852	2352	8258	—	8258
	100.0%	95.3%	85.9%	12.0%	2.5%	65.5%	6.0%	—	8.0%	1.4%	4.7%	—	4.7%
1955	540228	508252	395141	47055	10425	315269	22392	—	40303	72808	31976	5272	26704
	100.0%	94.1%	73.1%	8.7%	1.9%	58.4%	4.1%	—	7.5%	13.5%	5.9%	1.0%	4.9%
1960	785460	723216	553315	63602	16819	436631	36213	—	143244	26557	62244	11461	50783
	100.0%	92.1%	70.4%	8.1%	2.1%	55.6%	4.6%	—	18.2%	3.4%	7.9%	1.5%	6.5%
1965	1949142	1851280	1625552	137667	65081	1228431	194373	—	189946	35782	97862	34655	63207
	100.0%	95.0%	83.4%	7.1%	3.3%	63.0%	10.0%	—	9.7%	1.8%	5.0%	1.8%	3.2%
1970	4184372	4022496	3635686	276910	167390	2848427	342959	—	323505	63305	161876	88065	73811
	100.0%	96.1%	86.9%	6.6%	4.0%	68.1%	8.2%	—	7.7%	1.5%	3.9%	2.1%	1.8%
1971	4757165	4578099	4154525	313660	202086	3236869	401910	—	360286	63288	179066	100145	78921
	100.0%	96.2%	87.3%	6.6%	4.2%	68.0%	8.4%	—	7.6%	1.3%	3.8%	2.1%	1.7%
1972	5819063	5641085	5176119	391982	316587	3982151	485399	—	396804	68162	177978	108336	69642
	100.0%	96.9%	89.0%	6.7%	5.4%	68.4%	8.3%	—	6.8%	1.2%	3.1%	1.9%	1.2%
1973	7369634	7165962	6592872	450792	592064	4874906	675110	—	495234	77856	203672	123595	80077
	100.0%	97.2%	89.5%	6.1%	8.0%	66.1%	9.2%	—	6.7%	1.1%	2.8%	1.7%	1.1%
1974	10481037	10189229	9461596	579687	823830	7280403	777676	—	612851	114782	291808	198071	93737
	100.0%	97.2%	90.3%	5.5%	7.9%	69.5%	7.4%	—	5.8%	1.1%	2.8%	1.9%	0.9%
1975	13531245	13197528	12270119	690046	1121927	9534661	924385	—	793839	133570	333717	225307	108410
	100.0%	97.5%	90.7%	5.1%	8.3%	70.5%	6.8%	—	5.9%	1.0%	2.5%	1.7%	0.8%
1980	28742192	28279327	26288286	1178994	2111350	20727911	2270031	—	1721362	269679	462865	318418	144447
	100.0%	98.4%	91.5%	4.1%	7.3%	72.1%	7.9%	—	6.0%	0.9%	1.6%	1.1%	0.5%
1985	40554756	40129117	37876322	1537642	1996228	30520860	2369213	4136126	1934111	318684	425639	313945	111694
	100.0%	99.0%	93.4%	3.8%	4.9%	75.3%	5.8%	10.2%	4.8%	0.8%	1.0%	0.8%	0.3%

出典：総務省統計局監修、日本統計協会編「社会保障関係総経費―実支出」『新版 日本長期統計総覧 第5巻』2006年、18-19頁

注：社会保障関係総経費用の実支出で単位は100万円

第 6 章　戦後改革・高度成長期の社会福祉

年 5 月に全面改正された厚生年金保険法が施行された。その内容は、老齢給付を中心に定額制と報酬比例の 2 本立てとした。

　また1955年11月には「民生の安定と福祉国家」（自民党綱領）を謳い結成された自由民主党が、「福祉社会の建設」のなかで年金制度の刷新を取り上げており、1957年には厚生省内に国民年金委員会が設けられた。そして、1958年の総選挙では自民党と社会党の公約に国民年金制度が盛り込まれて一般的に理解が広まることとなった（社会保障研究所編『戦後の社会保障』至誠堂、1968年）。そして、1958年に社会保障制度審議会が「国民年金制度に関する基本方策について」で無拠出制年金（福祉年金）を答申し、1959年 4 月に国民年金保険法が成立し実施されたことで自営業や農業従事者、家族従事者、零細事業に対する皆年金体制が整備され、さらに拠出制国民年金が1961年 4 月から実施されて「国民皆年金」が実現した。

　医療保険制度は社会保障制度審議会による「医療保障制度に関する勧告」（1956年）において国民皆保険の確立を求めた。その内容は、職域の健康保険と地域の国民健康保険の 2 本立てとし、前者は従業員 5 人未満の零細企業に対する適応が盛り込まれていた。

　新たな国民健康保険法（1958年12月）は、国民皆保険の推進と被保険者の 5 割給付となり1961年には「国民皆保険」が実現した。

　戦後改革からの社会保障制度にかかわる実支出額の推移を確認しておく（図表 6 - 5 ）。後述する福祉元年（1973年）とその後の福祉見直し政策は、実支出額の推移においても1974年には10兆円台となり支出額の落ち込みはみられない。社会保障全体の割合に着目すると公的扶助の低下は戦後一貫して1950年12.0％から1973年6.1％に半減し、社会福祉（狭義）は1950年2.5％から8.0％となり、公的扶助ではない社会福祉（狭義）の役割が拡充するといえる。しかし支出額は増加傾向にあるものの他方で公的扶助に社会福祉（狭義）を加えた合計割合は、1950年の14.5％から1973年14.1％へ、経済低成長下を迎えた1980年には11.4％、1985年には8.7％と落ち込んでいる点は注目する必要がある。それは制度としての保険料を伴う社会保険の高まりを意味しながら、他方で社会保険料の拠出を伴わない公的扶助と社会福祉（狭義）への制度的役割が相対的に決

171

して大きくはないと指摘できる。

(3) 地域の戦後社会福祉

石川県では、戦時下の1934年9月に設立した第一善隣館から19の善隣館が誕生し、戦後にも材木善隣館（1955年10月）や中村町善隣館（1960年4月）と展開し、社会福祉法に基づく事業施設としての隣保事業は12ヶ所に及んでいる。石川県の善隣館は、1934年に方面委員の安藤謙治によって第一善隣館が設立したのを嚆矢として金沢市を中心としながらも石川県下に拡がりをみせ、戦後の1952年5月には、ほとんどの善隣館が社会福祉法人としての認可を受けた。善隣館は戦前から方面委員による活動の場でもあったが、その活動は多種多様である点において地域性や独自性を内包している。現在でも老人デイサービスセンターの機能をもつ善隣館や保育所機能をもつ善隣館、その他の社会福祉関連施設としての機能をもっている。たとえば荒崎良道が開設した第三善隣館（1936年）は、戦前に社会教育や社会福祉の機能のほかに保健医療事業を実施したが、さらに戦前の軍事扶助の一環として開設された軍人の遺児のための施設の七生寮だった建物に、戦後リハビリの設備を整えて肢体不自由児へのリハビリ訓練や本館保育園での子どもらとの保育に取り組み、後に整肢学園設立のきっかけとなっていく。なお1956年7月には、金沢市で第1回隣保教化事業関係者会議が開催されたことも石川県における善隣館活動の活発さを物語る。

(4) 社会福祉の理論状況

戦前から用いられてきた「社会事業」はこの高度成長期に「社会福祉」という用語にとって変わるが（吉田久一『現代社会事業史研究〔改訂増補版〕』川島書店、1990年）、他方で制度的理解や政策的理解、方法・技術としての社会福祉など多様な議論が生れ学問状況も活発となった。

そのひとつが1950年にパリで開催された第5回国際社会事業会議（1967年に国際社会福祉協議会）にGHQの計らいで代表者が出席し、提出目的で社会事業研究所による定義がなされた。そこでは「社会事業とは、正常な一般生活の水準より脱落・背離し、又はそのおそれある不特定の個人又は家族に対し、その

第6章　戦後改革・高度成長期の社会福祉

回復・保全を目的とし、国家、地方公共団体、あるいは私人が、社会保険、公衆衛生、教育などの社会福祉増進のための一般対策とならんで、又はこれを補い、あるいはこれに代わって個別的、集団的に保護・助長あるいは処置を行う社会的な組織的活動である」との定義は国際社会に対する日本の社会福祉の認識の表明である。

　戦後いち早く社会福祉を論じた竹中勝男は、戦前から国家が生活保障を制度的に整えることを社会国家として論じて国家目的に収れんされる「厚生国家」を論じたが、戦後になると「福祉国家」を取り上げるようになり1948年に「福祉の社会化」の問題を社会福祉事業の基本的課題と位置付けた。

　その後の竹中は『社会福祉研究』（1950年）を著し、孝橋正一が『社会事業の基礎理論』（1950年）を著した。孝橋正一は政策論を代表する論者の１人であり、『全訂・社会事業の基本問題』（1962年）を著して社会事業という鍵概念を用いて社会政策に対する社会事業を補充性で説明し資本主義社会の構造矛盾がもたらす社会的諸問題を緩和する施策が社会事業であることを論じた。

　また技術論を代表する岡村重夫は『社会福祉学（総論）』（1968年）を著して社会福祉を機能論的に把握することに努めて、個人と社会の諸関係を調整する社会福祉固有の視点を論じた。

　なお1946年11月に近江学園を創設した糸賀一雄は『この子らを世の光に』（1965年）や『福祉の思想』（1968年）を著して、発達保障の観点から個人の尊厳に立脚した福祉と地域福祉の意義を説いた。

　その糸賀は「社会福祉ということばは、英語のソーシャル・ウェルフェア（Social welfare)」のことであるが、それはあくまでも「社会」という集団のなかにおけるひとりひとりの「幸福な人生」（福祉）を指すものである。社会福祉といっても、社会という集団が全体として「福祉的」でありさえすればよいというのではない。つまり社会が豊かであり、富んでいさえすれば、そのなかに生きている個人のひとりひとりは貧しくて苦しんでいるものがいてもかまわないというのではない。社会福祉というのは、社会の福祉の単なる総量をいうのではなくて、そのなかでの個人の福祉が保障される姿を指すのである」と定義した（糸賀一雄『福祉の思想』日本放送出版協会、1968年）。

173

1950年代に入ると社会福祉の学問論争も活性化し始めた。1954年には、196名で発足した日本社会福祉学会が創設され、2010月には一般社団法人化され会員数も5293人（同年9月24日現在）になり組織も会員数も大きくなった。また各論争を俯瞰すれば、社会福祉本質論争（1952～53年）は大阪社会福祉協議会機関紙『大阪社会福祉研究』創刊号を皮切りに社会福祉とは何かが問われた。その後、公的扶助の場を借りた「社会福祉の民主化」を問う論争と指摘される公的扶助サービス論争（1953～54年）がおこなわれ、そして「公的扶助のあり方」と「政策と技術」を問う仲村・岸論争（1956～63年）へと展開し、さらには医療社会事業論争（1965年）へと発展した。その他に社会福祉の本質と機能を追究した孝橋・嶋田論争や政策論者と運動論者の立場で議論された新政策論争が起こり学問状況も進展した。

　1960年には日本社会福祉学会が機関紙『社会福祉学』を創刊し、日本キリスト教社会福祉学会や日本ソーシャルワーカー協会が設立され、1966年には日本仏教社会福祉学会が発足した。そして戦前からの機関誌『社会事業』（1921–60年）は1961年に改題されて『月刊福祉』（全国社会福祉協議会）となり今日に至っている。

3　福祉国家から福祉の見直しへ

(1)　福祉元年

　1970年3月に開かれた大阪・千里におけるアジア初の万国博覧会の終わりを待たずに57ヶ月に及ぶ「いざなぎ景気」が終焉したが、それはながらく続いた高度成長のかげりの一側面でもあった。

　経済審議会（内閣総理大臣諮問機関）・社会保障小委員会は、経済計画に対する福祉計画としての「社会保障の充実と体系的整備」（1970年1月）の提起を行った。それは、経済の側からの社会福祉の必要性を示したことを意味し「事前に対処する立場からの計画的な政策展開」の必要性が強調された。そして、経済審議会はそれに続く1975年度を完成年度とする「新経済社会発展計画」（1970年4月）を提示した。ここでは経済成長と「人間福祉」が論じられ、経済

第6章　戦後改革・高度成長期の社会福祉

から取り残された高齢者や障害をもつ人への「格段の配慮」が必要であるとの見解が示されている。そして「新経済社会発展計画に関する件」が1970年5月1日に閣議決定された。

　社会福祉の側からは、世に出た初の厚生行政のビジョンと評価される厚生大臣官房企画室による「厚生行政の長期構想――生きがいのある社会をめざして」(1970年9月)の提起があげられる。その内容は、社会保障の水準の前進や生活変化に伴う社会保障の改革、社会変動の予測のもとでの対応策、本土復帰が予定されている沖縄の福祉水準の引き上げの4つの柱があげられた。それは、1975年度までを目標年次とし、公的扶助は経常的所得の不足を補う制度とされ、社会福祉施設については3500億円規模の施設整備計画が策定されて、福祉サービスでは対象となる人々として低所得階層、心身障害者(児)、保育に欠ける児童、高齢者、母子世帯と対象者別に取り上げた。特筆すべき点は「サービス」といった考え方が具体化した点であり1970年代以降の社会福祉を特徴付ける結果となった。しかも、それに付随して1975年度を完成年度とする「社会福祉施設緊急整備」(1970年10月)が中央福祉審議会(厚生省)によって示され、日本が「豊かな社会」へ歩みつつあることを踏まえつつ、他方で「社会的ひずみ」についても言及され社会福祉施設の立ち遅れが指摘された。そして、1970年代が「人間尊重」の時代であることの要求を背景に社会福祉施設の整備とその職員確保が取り上げられて、1975年度を目標年度として定員の数値目標を掲げた。特に、高齢者や重症心身障害児(者)の施設の緊急整備および職員の給与等の処遇と勤務体制を問題とした。施設の設備や運営については、国民生活様式の変化を勘案すべき点が指摘され、「福祉に欠ける」認識と機能分化の推進がその内容に盛り込まれた。

　この時期の社会福祉施設の推移(図表6-6)として総施設数をみれば1965年1万6453施設、1970年2万3917施設、1975年3万3096施設と10年間で2倍の施設増加であった。具体的には10年間に老人福祉施設は1360施設、身体障害者更生援護施設215施設、児童福祉施設1万2526施設、知的障害者援護施設360施設、母子福祉施設60施設の増加であった。

　施設数は社会保障実支出額推移とも連動して、保護施設の減少は他方でその

175

図表6-6　社会福祉施設数の推移

年	総数	保護施設	老人福祉施設 1)	身体障害者更生援護施設 2)	婦人保護施設	児童福祉施設	知的障害者援護施設 3)	母子福祉施設	精神障害者社会復帰施設	その他 4)
1951	7686	907	—	75	—	6035	—	—	—	669
1955	15951	1284	—	186	—	10373	—	—	—	4108
1960	13707	1208	—	139	65	11916	—	—	—	379
1965	16453	504	795	169	67	14020	70	—	—	828
1970	23917	400	1194	263	61	20484	204	52	—	1259
1975	33096	349	2155	384	60	26546	430	60	—	3112
1980	41931	347	3354	530	58	31980	723	75	—	4864
1985	47943	353	4610	848	56	33309	1244	88	—	7435
1990	51006	351	6506	1033	53	33176	1732	92	90	7973
1995	58786	340	12904	1321	52	33231	2332	92	233	8281
2000	75875	296	28643	1766	50	33089	3002	90	521	8418

出典：総務省統計局監修、日本統計協会編「社会福祉施設施設数」『新版　日本長期統計総
　　覧　第5巻』2006年、102-103頁
注：各年10月1日現在数値
　　1）1990年以降は「老人日帰り介護施設」含む
　　2）1985年以降は「身体障害者福祉センター（A型・B型）」を含む
　　3）1985年以降は「知的障害者通勤寮」「知的障害者福祉ホーム」を含む。1990年以降は
　　　「知的障害者福祉工場」を含む
　　4）1985年以降は「身体障害者福祉センター（A型B型）」、「知的障害者通勤寮」「知的
　　　障害者福祉ホーム」を除く。1990年以降は「老人日帰り介護施設」「知的障害者福祉
　　　工場」を除く

他の個別の福祉施設の増加となったが、それはこれまでの救貧的対象から社会
的不利益層へ政策対象を変化させた結果である。一連の「構想」や「答申」に
おける数値目標は、戦後社会において初めて計画的な社会福祉サービスの展開
を目指すものであり福祉の計画化という現代国家の役割の一側面である。
　したがって『厚生白書昭和45年版』では母子および児童、心身障害者、高齢
者が繁栄のなかに取り残され、また貧困の質的変化が進行し保護層の変化を指
摘し「老人、身体障害者などの本来的に稼働能力が少ない、社会的に障害を有
する階層が増大し、それが被保護階層の主体となっている。（中略）かつての

失業による貧困はかげをひそめ、心身両面のハンディキャップ階層を対象とした生活保護行政へと変貌しつつある」と報告した。つまり貧困の質的変化から社会福祉行政の方向性に修正が求められることを意味した。また経済給付に社会的援護が必要であることが追加して指摘されたが、このことは「1950年勧告」以来の所得保障と個別支援の両立を意味するものであり、言い換えれば社会福祉の実現のためには社会保障制度の完備とソーシャルワークの必要性を再度求めたといえよう。

厚生大臣は1960年代後半に「社会福祉向上の総合政策」(1969年11月18日) を諮問し、その回答として中央社会福祉審議会が「コミュニティ形成と社会福祉」(1971年) を報告した。そこでは、経済の量的拡大が国民1人ひとりの生活福祉へ繋がることへの否定と、社会的サービス必要性の増大が強調され、コミュニティ・ミニマムとコミュニティ・オプティマム・スタンダードの設定が必要であり、いわば福祉の実現を地域社会で実施することへの再認識の現れであった。その意味では、国家の役割としての国民生活への関与とそれとは異なる地域自治体における責任といった社会福祉の二重構造の提起を意味した。

このことは、1968年の英国シーボーム報告(「地方自治体と対人福祉サービス」報告) と同質の方向性を示している。つまり、シーボーム報告では「救貧法の遺産とそこから生じた差別的態度や習慣からの呪縛からの解放」を論じており、日本においても社会福祉が救貧とは異なる性格をもつ段階に議論が到達し始めたとみることができる。

①児童手当制度

経済の側からの社会福祉の推進、加えて福祉の側からの社会福祉の計画化が推し進められようとしたその矢先にこれまでの議論とは逆行する財政制度審議会による「児童手当制度は慎重に検討する旨の中間報告」(1970年12月) が示された。

しかし個別事情や環境により支給される手当てとは異なり、すべての児童を対象とする児童手当制度は、児童家庭局に児童手当準備室が設置 (1969年) されて児童手当法 (1971年公布、72年施行) が成立し、18歳未満の児童3人以上のときに義務教育終了前の第3子児童に対して月額3000円を支給する制度であった。

177

法成立年の『厚生白書昭和46年版』は児童の養育責任は「両親が第一義的に
は責任を有するが、社会が、必要に応じこれを分担して受け持たなければなら
ない」と論じた。このことは社会的育児を意味し、後の社会的養護や介護、社
会的支援の必要性とその社会的認識につながる。それは単なる福祉ではなく、
社会的に編成され提供されるサービスの意味において「社会」が追加された
「社会福祉」行政が必要である認識のあらわれである。同白書では児童手当制
度の意義を「児童の養育に着目して給付を行なう」ものであり「児童福祉施策
の一環として、家庭における児童の育成について、国や社会も、積極的に支援
し、その責務を分かち合うことをねらいとしている」とし「所得保障と児童福
祉」である点を強調した。また翌年の『厚生白書昭和47年版』では、児童手当
制度を「社会保障的な見地」としながら「年金や医療保険の社会保険料と共通
の性質を有しているが、児童の養育という保険事故になじみにくい給付と拠出
の関連がないこと等において、従来の社会保険の事業主負担と異なる面を有し
ている新しい性格の拠出金である」と紹介しており、それは明らかに生活保護
とは異なる公的扶助の拡充を意味した。

　②医療・年金保険制度改革

　独自に医療費無料化の政策を展開した岩手県沢内村（現・西和賀町）は1960
年から65歳より外来診療を無料化し、翌年から60歳以上に対象を拡げて乳幼児
医療費無料化も実施した。1969年に東京都と秋田県が、1972年に大阪府で老人
医療費無料化が実施されて国が追従する政策となった。1972年6月には厚生省
社会局に老人保健課が設置され、老人福祉法の改正によって老人医療費支給制
度が創設されて70歳以上の無料化が翌年1月より実施し、同年10月には65歳以
上の寝たきり高齢者に対する制度として実施した。

　1970年代前半は沖縄の本土復帰が1972年になされ、その前年には児童手当が
成立した。そして1973年には厚生年金保険法と国民年金法が改正され5万円年
金の実現と給付額の物価スライド制が導入され、同年の健康保険法等改正は家
族給付率が7割に引上げられて高額療養費制度が創設され、老人福祉法の措置
による老人医療費無料化が整えられ福祉元年と呼ばれた。それは「1950年勧
告」以来の社会保障制度構想として社会保険（皆保険・皆年金）とならんで児童

第6章　戦後改革・高度成長期の社会福祉

を中心とした手当制度の整備は日本においても福祉国家を形成させた。

(2)　福祉見直し

1970年代は2度の石油危機が訪れるが1973年10月の第4次中東戦争は、石油価格が4倍に引き上げられて日本国内でも物価高騰を招き経済低成長期に入ることとなった。

消費者物価の高騰とインフレ対策を契機として社会保障制度審議会会長は「当面する社会保障の危機回避のための建議」（1973年11月）において、生活保護の引き下げ、生活水準確保の措置、職員給与の勤務条件の見直しを1974年度予算案に盛り込むように政府に要望した。

『厚生白書昭和48年版』（1974年1月）は早くも「転機に立つ社会保障」と題して公刊され、社会保障制度審議会は「当面の社会保障施策について」（1974年10月）を意見し、インフレーションが「社会保障にとっての最大の敵」と表現し施策の推進にあたり「保健・医療等の関連施策との有機的連携」や「福祉サービスの対象者が低所得層から国民一般へと拡大していることにかんがみ、受益者に受益と能力に応じて適正な費用負担をするという考え方を確立する」点が指摘された。それは石油危機に端を発した経済の低成長による「福祉見直し」政策としての社会福祉行政の方針転換の始まりであり、日本型福祉社会への道筋と捉えることができる。

たとえば「社会福祉施設の緊急整備について」（1970年）の5ヶ年計画が見直され、新計画では地域レベルのニード把握と在宅福祉対策重視する「社会福祉施設整備計画の改定について」（1974年2月）が社会保障長期計画懇談会（厚相私的諮問機関で1973年5月発足）によって示された。

1970年代前半の状況として社会福祉の量的計画化は、石油危機を契機として社会福祉行政の質的方向転換をもたらしたといえよう。それは経済の高成長から安定成長を見込む「今後の社会保障のあり方について」（1975年8月）を社会保障長期計画懇談会が提起し、施設保護中心の施策から在宅福祉サービスと地域福祉の提起による見直し策であった。

しかし、1973年は石油危機による不況とインフレによる経済の低成長によ

179

り、1980年代を通じて英国では福祉国家批判や新自由主義の台頭により政権による自由競争社会の再強化が図られて社会保障関係の費用削減化傾向となった。同様に日本では、行政改革や財政支出の削減、受益者負担の導入、供給システムの多元化が模索された。

　この福祉見直しが議論される時期、1970年には一番ヶ瀬康子による「社会福祉学とは何か」が雑誌『思想』（岩波書店）に掲載され、1972年には雑誌『世界』（岩波書店）に「『福祉指向』の現実」が特集されたが、それらは社会福祉が特定の人々を対象とした関心事ではなく広く一般の人々に対する政策や分野であるとの証であった。また1971年には中央社会福祉審議会が「社会福祉士法案」を策定したことも社会による福祉専門職への関心の高さがうかがえるが、それは1987年の社会福祉士および介護福祉士法の成立までまたなければならない。

　そして1973年には社会事業史研究会（現、社会事業史学会）が設立され『社会事業史研究』が創刊され、また同年日本生命済生会は『地域福祉研究』を創刊し、また岡村重夫によって『地域福祉論』（1974年）が著されたが、それらの状況は地域社会における福祉事情に対して歴史分析と現状分析としても注目され始めることを意味した。

【参考文献】

　阿部志郎編『小地域福祉活動の原点――金沢―善隣館活動の過去・現在・未来』全国社会福祉協議会、1993年

　荒崎良徳『荒崎良道』大空社、2001年

　池田敬正・土井洋一編『日本社会福祉綜合年表』法律文化社、2000年

　厚生労働省『厚生白書』（各年版）

　50周年記念誌編集委員会編『日本の医療ソーシャルワーク史――日本医療社会事業協会の50年』日本医療社会事業協会、2003年

　社会保障研究所編『戦後の社会保障　本論・資料』至誠堂、1968年

　社会保障研究所編『日本社会保障資料Ⅰ・Ⅱ・Ⅲ上・Ⅲ下』至誠堂、1981年～1988年

　多田英範『日本社会保障制度成立史論』光生館、2009年

　東京大学社会科学研究所編「福祉国家」研究科編『福祉国家　6　日本の社会と福祉』東京大学出版会、1985年

　半藤一利『昭和史　戦後編　1945-1989』平凡社、2009年

コラム6　ニューディーラーと戦後福祉改革──D. ウィルソンを中心にして

▌戦後福祉改革とGHQ公衆衛生福祉局福祉課

　1945年から1952年にかけて、わが国の社会福祉はアメリカ占領軍が中心となって大きく改革された。占領軍による指令SCAPIN775に示されたその後の福祉理念の確立、生活保護法、児童福祉法、身体障害者福祉法の福祉三法の制定、そして戦前には十分ではなかった社会福祉教育の整備などである。これら戦後福祉改革を推し進めたのは日本の福祉関係者とアメリカ占領軍のメンバーであり、特に後者のGHQ公衆衛生福祉局福祉課の人々が果たした役割は計り知れない。なぜ彼らは日本という異国での福祉改革に情熱を燃やすことができたのであろうか。それを解くカギは来日前の彼らのアメリカでの経験にある。時計の針をアメリカの1930年代まで巻き戻してみよう。

▌1930年代アメリカ・ニューディールと戦後福祉改革の担い手たち

　「家を失った浮浪者たちがいる。彼らは家の軒先や公園のベンチで眠り、レストランの周囲をうろついて、残飯の中から囓りかけのビスケットやパイ皮はもちろん、その他生命をつなげるものなら何でも漁っていた」。

　これは1930年代のアメリカ社会を描いたF. アレン（1890～1954）のルポルタージュ『シンス・イエスタディ』からの一節である。1929年世界大恐慌によってアメリカの労働者の約4分の1が職を失ったとされ、ここで描かれたような光景がいたるところでみられた。こうした惨状の中で国民の大きな期待を背負って現れたのがF. ルーズベルト（1882～1945）大統領であった。1933年に大統領に就任したルーズベルトは根底から崩壊しかけていた経済体制を立て直すため、雇用や生活にかかわる政策を矢継ぎ早に実施していった。これら一連の政策を総称してニューディール（New Deal ＝新しい対策）という。そして社会保障の分野においては医療保険を欠くなど十分ではなかったにせよ、1935年に失業保険と老齢年金等からなる社会保障法が制定された。それまで自立自助の精神が染み渡っていたアメリカ社会が、ようやく政府が中心となって国民生活を保障する体制へと移行した時であった。

　1930年代のアメリカ社会が控えめながらも社会保障を重視する国家へと変化をとげる過程を積極的に支えたのが、実は戦後日本の福祉改革に携わったGHQ公衆衛生福祉局福祉課のメンバー達であった。初代福祉課長A. バウタース（1906～不明）は1937年にシカゴ大学社会行政学大学院を修了し、シカゴ少年裁判所保護司やヴァージニア州公的福祉局調査統計部長の経歴をもつソーシャルワーカーで

コラム6　ニューディーラーと戦後福祉改革──D. ウィルソンを中心にして

あった。そして当時ルーズベルトの進めるニューディール救済政策を支持すると
ともに、その積極的拡充を推し進めていたアメリカ公的福祉協会（APWA）の会
員でもあった。APWA とはもともと20世紀初頭からの社会改良運動の担い手で
あった G. アボット（1878～1939）らの呼びかけによって1930年に結成された全米
公的福祉従事者協会（AAPWO）が母体であり、社会改良への志向を強くもつ組
織であった。他の課員の L. ホッシュ（生没年不明）もシカゴ大学社会行政学大学
院出身であり、バウタースとともに APWA の会員であった。同じく福祉課の G.
ワイマン（1913～不明）も福祉事務所の部長経験を有する APWA のメンバーで
あり、彼らとは遅れて福祉課に配属された D. ウィルソン（不明～2003）もそうで
あった。彼らはいずれも公的福祉の拡充に熱心に取り組み、ルーズベルトの進め
るニューディールを積極的に支持したという点で明らかにニューディーラーで
あった。

▌ D. ウィルソンとニューディール

　これらニューディーラーの中で約3年にわたって戦後日本の福祉改革を指導し
たのがウィルソンである。彼が歩んできた道をたどることを通して、わが国の戦
後福祉改革を推し進めたニューディーラーの思想的背景を探ってみよう。

　来日前のウィルソンは、1934年にウェスタンリザーブ大学を卒業した後、1936
年にシカゴ大学社会行政学大学院を修了した。大学院修了後は1942年までルイジ
アナ州立大学社会事業大学院で教鞭を執り、その後日本の占領要員になるための
訓練を受けて1945年に来日した。GHQ での任務終了後はアメリカに帰国し、国際
肢体不自由児協会などで仕事を行い、2003年に逝去した。享年93才であった。

　彼はホッシュやバウタースと同じくシカゴ大学社会行政学大学院の修了者で
あった。同大学院はセツルメント運動に端を発し、1920年に E. アボット（1876～
1957）や S. ブレッキンリッジ（1866～1948）といった社会改良運動のリーダー達
によって創設された大学院であった。その教育理念は「専門的『技術』以上のも
のを備えた」専門家を養成することであり、端的にいえば社会改良を推進してゆ
くソーシャルワーカーの養成を目指していた。ましてやウィルソンが学んだのは
ニューディールの真っただ中である。アボットが「社会政策立案のための資格を
与えられたソーシャルワーカー」の必要性を訴え、社会改良の担い手を養成する
気運は最高潮に達していた。

　こうした雰囲気はウィルソンに強い影響を与えた。彼は当時を振り返って、「院
長さんがエディス・アボットという方で、それからグレース・アボット、同じ行
政分野で見ますと、ブレッケンリッジ」から「大変強い影響を受けた」と述べて
いる。それを具体的に示したのが彼の修士論文である。彼は『オハイオ州に対す

182

第6章　戦後改革・高度成長期の社会福祉

る連邦補助』というタイトルでニューディール下の社会保障法等の政策分析を行い、学位を取得した。失業と貧困が日に日に増大する中で、社会改良に情熱を燃やす若き日のウィルソンの姿が目に浮かぶようである。

　彼の社会改良に対する飽くなき情熱は大学院修了後も続いた。彼は来日直前の1943年に一冊の本を出版している。『ルイジアナにおける公的社会サービス』と名付けられたこの著書の中で彼は、ニューディールの象徴的出来事の１つともいえる「1935年社会保障法の制定は現在の人々によって画期的な出来事として歓迎された」と称えている。その上でそれが「私たち人間がつくった社会において完全に取り除くことが出来ない不幸」への恒久的な政策であったとふり返っている。ウィルソンも含めて、1929年からの大恐慌下を生き抜いてきた多くのアメリカ国民の実感であろう。社会には自立自助の精神だけでは克服できないことが多く存在すると、広く人々に理解されたのである。しかし、あるいはだからこそというべきか、ウィルソンは社会保障法だけでは満足しなかった。ちょうどこの本が出版される前年の1942年、大西洋を隔てたイギリスではベヴァリッジ報告が公表されていた。ウィルソンはいう。

　「社会保障プログラムの拡大を提唱するベヴァリッジ・レポートが公表された。ところが合衆国議会と州議会には、この国の社会福祉プログラムを改良する為に何らかの積極的な行動をとろうとする明白な形跡がない」。

　彼にとって社会立法は「静的なものではなく」、常に社会状態の変化に即して改革されるべきものであったため、1935年社会保障法の制定だけでは満足できなかったのであろう。一方で彼の目には、当時としては総合的な生活保障を目指していたベヴァリッジ報告はアメリカの一歩先を行く先進的な報告と映っていた。

■ ウィルソンと戦後日本の福祉改革

　日本に来る直前まで社会改良への情熱をみなぎらせていた彼は、最初に栃木県軍政部の福祉担当官として来日し、その後は別の部署で公的福祉課長を務めた。1947年５月から1948年８月に帰国するまでは公衆衛生福祉局福祉課で社会福祉教育の整備を担当し、日本社会事業学校（現日本社会事業大学）の創設を指導するなど精力的に働いた。ウィルソンは後に日本での経験をこうふり返っている。

　「全国的、国家的なレベルでその社会の問題を正しく把握し、認識をして、そのための解決策をどういうふうにして打ち出していったらいいのかということを非常に広い視野で見届けて、それを推進していく。そういうリーダーシップをとる専門家としての、ソーシャルワーカーの教育」を考えていたと。

　社会保障法だけでは満足できず、イギリスのベヴァリッジ報告を羨望の眼差しで見つめながら社会改良へと情熱を傾けてきた彼らしい回想である。

183

コラム 6　ニューディーラーと戦後福祉改革——D. ウィルソンを中心にして

　歴史に「もし」は禁物であるが、あえてそれを使うことが許されるならば、も
しウィルソンも含めて戦後福祉改革を推進したニューディーラーたちが、失業者
や貧困者が増加し続けている今日の日本社会を目の当たりにしたとき、一体何を
思うであろうか。

【参考文献】
菅沼隆『被占領期社会福祉分析』ミネルヴァ書房、2005年
Toshio Tahara（菅沼隆・古川孝順訳）『占領期の福祉改革——福祉行政の再編成と福祉専
　　門職の誕生』筒井書房、1997年
吉田久一・仲村優一「占領政策としての社会事業——ドナルド・V・ウィルソン氏に聞く」
　　吉田久一・一番ヶ瀬康子編『昭和社会事業史への証言』ドメス出版、1982年

（小池　桂）

第7章 グローバル時代の社会福祉

☑ この章で学ぶこと

　1970年代、日本の高度成長期は終わり低成長の時代を迎えた。経済の停滞は政府の責任で福祉を拡充する福祉国家に対する批判を高めた。企業や家族、地域を担い手とする日本型福祉社会が主張され、福祉財政の中での国の出費が押さえられた。しかし少子化高齢化の進行は福祉の必要性を高めた。高齢者の認知症などへの介護制度、女性の社会的進出をサポートするための差別的待遇の廃止と保育の支援、障害者のインクルージョンなど福祉の質的向上が課題となっている。

1　オイルショックと社会福祉（1970〜80年代）

(1)　高度成長の終結と福祉

　1970年代に第二次世界大戦後、世界を支配したアメリカ・西欧の指導力に対抗する勢力の台頭が明白となった。1973年、世界のエネルギーと原材料の根幹である石油の安定供給を不安に陥れるオイル・ショック（石油危機）の発生である。石油を多く産出する中東アラブ諸国が、パレスチナ問題と結びつけて、イスラエル支援国に対する石油供給の停止と原油価格の値上げを要求したのであった。先進国では、安い石油消費で成り立っていた高度成長が終結を迎えた。日本では、オイルショックに起因する物価騰貴が拡大するとともに、翌年にはマイナス成長を記録して低成長の時代に入った。アラブ諸国は、地域の宗教であるイスラム教と結合して発言力を高めた。1979年のイランでは専制的国王と結びついたアメリカ合衆国を排斥するイスラム革命が発生し、2度目のオイルショックを発生させた。

　先進諸国では高度成長に支えられた福祉国家の岐路が議論され出した。特に

185

英米では、福祉などの分野で政府に介入を縮小する新自由主義的政策が実行される。アメリカは1960年代、対外的にはベトナム戦争への本格的軍事介入にもかかわらず敗北をきたした。また国内では黒人差別の解消を含む公民権運動、「貧困との闘い」によって貧困者・高齢者への医療保護（メディケイド・メディケア）を開始した。軍事・福祉の拡大による財政不安を抱えていた。イギリスは戦後のベヴァリッジ体制の行き詰まりが深刻化していた。1979年イギリスでは、保守党のサッチャー政権が成立し、ベヴァリッジ体制からの訣別を明確化した。政府支出・公務員の削減、福祉抑制・民営化がすすめられた。1981年アメリカ合衆国の大統領に就任したレーガン大統領は、ソ連との対決色を強めるため国防を強化する一方で、高所得者減税、福祉削減を実行し、母子家庭支援については就労重視のワークフェーアを打ち出した。イギリスでは1982年バークレー報告でソーシャルワーカーの役割強化が求められ、1988年グリフィス報告で地方自治体を地域福祉の担い手とする新たな方向が模索された。アメリカでも1990年、障害をもつアメリカ人法（ADA）が制定され、障害者に対する差別を禁止し、障害者の自立生活を支援する途を開くなど、福祉削減が一方向だけに進んだわけではない。

　日本は、1973年を福祉元年として、軽視されていた福祉をようやく拡充させようとする。この年、田中（角栄）内閣は、70歳以上の高齢者医療費の無償化、年金のスライド制の導入などで福祉元年を掲げた。

　田中内閣が作成した「経済社会基本計画」は「活力ある福祉社会のために」の副題が付けられた。国民福祉の一層の拡充を政府の指導で実行しようとする姿勢が前提にされていた。財界・労使協調主義の労働団体・学者の協力機関である社会経済国民会議は1978年、日本型福祉社会を提言した。1979年大平正芳内閣作成の「新経済社会七ヶ年計画」では、安定した成長軌道への移行の中で、国民生活の質的充実がうたわれ、自助と地域の相互扶助を前提にした日本型福祉社会が構築された。大平内閣では財界人、学者・知識人を集めた政策研究会が組織された。医療・福祉・教育などの面で政府の活動を補完する人間の相互協力を実現する田園都市構想、家庭基盤充実が追求された。また、財政再建のための消費税導入についても必要性が説かれたが、実現は10年後となる。

第7章　グローバル時代の社会福祉

(2)　戦後福祉の総決算

　1982年、前内閣の行政管理庁長官を務めた中曽根康弘が首相に就任した。米英での新自由主義を掲げる政権発足を受けて、中曽根内閣は「戦後政治の総決算」をキャッチフレーズに、戦後日本の政治・社会の基本的枠組みの変更に取り組む。日本全体の方向を定めた憲法についても全面的な改正を唱える。一方では大きな政府からの変換である。財政的にも赤字の原因になっていた国鉄などの民営化が実行された（JR、JT、NTT）。福祉の面では、憲法25条に基づく福祉国家の方向を大幅に変えようとした。1982年、中曽根内閣成立前に、福祉元年の象徴であった高齢者医療無償化の廃止を含んだ老人保健法が制定されていた。1986年の改正では、契約による中間施設・老人保健施設が導入され、保健・医療・福祉の連携を強めさせた。高齢者の応分の負担の道が開かれると同時に、他の健康保険制度が高齢者の医療を支える道が模索されていく。介護が必要な高齢者については、1971年介護人派遣事業が開始され、1978年、短期保護事業（ショートステイ）、1979年通所サービス事業（ディサービス）が始められ、1980年代を通して在宅サービスを国庫補助金が支えていった。

　利用者の負担増の点では、健康保険の被保険者本人負担（治療費、薬代など）が1984年の改正で1割負担として導入された。これは1997年に2割負担、2003年に3割負担と着実に増加した。

　国庫負担については削減の方向を打ち出す。1985年の国庫補助の一括削減法で、生活保護についての8割負担を7割に減らした。1986年の国の補助金などの臨時特例に関する法律では、福祉施設措置費についての国庫負担8割を5割に削減している。国庫負担が段階的に削減された生活保護については、高度成長期に、朝日裁判などの影響もあり、給付水準の上昇がみられた。1980年のマスコミで暴力団などへの生活保護の不正給付のキャンペーンが拡がった（生活保護を受けながら高級車を乗り回す）。1981年、厚生省は123号通知「生活保護適正実施の推進について」を出して、保護開始の入り口での絞り込みを強化した。1983年まで続くこの政策は「第三次適正化」と呼ばれる。1980年代の被保護人員の数は1984年の147万人をピークは1991年には100万を割り込むまでに低下する（保護率12.3‰〜7.6‰）。なお、生活保護に対する国庫負担が1989年に7

187

割5分に増加させることで地方の負担を軽減している。

　制度的な合理化も推進している。1961年に始まった国民皆年金は、被用者の厚生年金、公務員の共済年金、農業者などの国民年金など多様な制度が並立し、給付の格差も大きかった。1986年には、共通部分の基礎年金制度を導入し、最低限の年金保障の道を開こうとした。同時に、被用者の専業主婦の独立した年金権が後述の女子差別撤廃条約批准にともない導入された。また障害者基礎年金制度が創設されることとなった。

(3)　マイノリティへの福祉施策

　福祉的なニーズが縮小しているわけではない。国内の社会・経済情勢だけではなく、国内の当事者運動の高まり、国際的にも福祉ニーズの充実を求める世論が拡がっていった。グローバル化はヒト・カネ・情報だけではなく、福祉の面でも影響を与える。国際的な NGO や国連、ILO などの国際機関の役割が大きい。1981年を国際障害年にすることを1976年の国連総会が決定し、1983年からの10年を障害者の10年とした。1982年、政府は厚生省内部に障害者福祉推進本部を設置し障害者対策長期計画を策定しノーマライゼーションの理念を踏まえた「完全参加と平等」を唱えた。身体障害者福祉審議会もリハビリの理念で障害者の自立促進を提言した。

　政府は延期していた障害児の養護学校への就学義務化を1979年から実施した。1976年には、身体障害者雇用促進法の改正を行い、雇用率を向上させるとともに、未達成企業から雇用納付金を徴収する制度を導入した。1987年には、障害者全体を対象とする障害者雇用促進法に改称して制度を拡げた。自立支援の在宅サービスが高齢者に続き、障害者についても認められた。

　精神障害者福祉法は未成立の状態のままであり、1970年代に、入院治療から地域でのケアへ移行する動きが見られた。民間の無認可の共同作業所が設置され始めた。1984年、宇都宮病院で看護職員の暴行によって入院中の精神障害者2名が死亡するという事件が発生した。厚生省は精神病院への指導監督を強化し、措置入院の適正化を求めた。1987年には精神衛生法を改正し精神保健法とし、入院者の人権と社会復帰への配慮、精神保健医の研修などを規定した。こ

第7章　グローバル時代の社会福祉

れによって、精神障害者の社会復帰施設、援護寮、福祉工場が開設された。グ
ループホームは1992年から開始される。

　社会の変化は家族を変化させ、家族・社会の中での女性の位置を変化させ
た。女性の社会的進出が盛んとなった。女性の発言力は強まったとはいえ、男
女が対等に教育、家庭、職場で権限、役割を認められているかの議論がされ
た。子育て期に女性が職場から離れ育児終了後に非正規労働に復帰するM字型
就労も、家庭と職場で性的分業のため女性が男性と同等に働くことが不可能な
ことを意味していた。1976年からの10年が国連女性の10年とされた。その中間
年に当る1980年にコペンハーゲンの女性会議で、前年に国連で採択された女子
差別撤廃条約に日本が署名し、1985年に批准、発効した。これにともなう国内
の法整備が日本に課せられた。勤労婦人福祉法を改正して1985年、女性の雇用
の面での差別を禁止する男女雇用機会均等法が制定された。採用・配置・昇進
などについて男女の機会均等を拡大していく。男女平等に関連する法改正とし
ては、1976年離婚後の旧姓使用が承認され、1980年、配偶者への法定相続分引
き上げなどの民法改正、1984年、国籍についての父系主義を改めて父母両系主
義の採用、1985年の先述の女性の年金権の確立などがある。

　グローバル化の進展は、人の移動の拡大でもあった。日本への人口流入が活
発化してくる。在日外国人の福祉に取り組む必要がはっきりしだした。戦前の
植民地支配の歴史に由来する在日朝鮮人・韓国人の福祉の向上とともに新しい
「在日」がクローズアップされる。1979年、日本の国際人権規約の批准・発効
を受けて、建設省と大蔵省が公営住宅を在日外国人に開放する通達を出す。
1981年の難民条約発効により、1982年、出入国管理令を全面改正し、出入国管
理及び難民認定法と改称した。内容としては、旧植民地出身者とその子に特例
永住権を認め、難民認定、永住許可や在留許可の規定を含んでいる。同時に、
国民年金加入・児童手当給付の国籍条項が撤廃されたが、年金では経過措置が
なかったため、高齢外国人には必要年数不足などで無年金者となったものが出
るなど不十分な面があった。

　この時期は、旧植民地出身者の特例永住権の承認に見られるように、戦時期
からの残された問題についても解決が図られたことは無視できない。中国との

189

国交回復、日中平和友好条約締結を受けて1981年、中国残留日本人孤児が訪日し、肉親調査が行われ身元が判明したものの中に、日本への帰国を果たす人たちも出始める。また1980年、日韓の与党同士の合意により、戦後２万人以上が帰国したといわれる在韓被爆者10名が広島原爆病院で治療を受けるため来日した。1985年までに351人に及んだ。1987年、台湾出身で戦死・重傷を負った旧日本軍兵士に対する弔慰金を支払う法律が制定された。

　少数者・マイノリティの人権・福祉に関する領域として北海道のアイヌの人々は、戦前の1930年、北海道アイヌ協会を組織して、アイヌの地位向上と同化を強制する北海道旧土人保護法の改正を求めた。1961年、国庫補助を受けたウタリ福祉政策が不良環境地区改善対策に一環として開始された。同年に北海道アイヌ協会は北海道ウタリ協会と改称している。1974年から７年ごとの福祉対策が北海道庁により開始され、生活環境、就業、文化保存の施策が行われた。被差別部落に対する差別についても戦前から当事者、政府、宗教者等により解決が模索された。高度成長期の1969年に、国民的課題として解決に取り組む同和対策事業特別措置法が公布され、同和地区の生活環境の改善、就業支援、国民の啓発が実施された。1982年、地域改善対策として継続される（～2002年に一般施策に吸収）。

　1972年、沖縄は戦争終結期の沖縄戦以来のアメリカによる統治が終わり、沖縄県として本土復帰した。しかし、日本全土の１％に満たない沖縄に在日米軍基地の70％以上が集中していた。同時に、経済、教育、福祉などで本土との格差がある。本土復帰直後、沖縄海洋博などを開催して経済、観光での刺激を与えた。10年１期で沖縄振興開発計画を継続していくが、21世紀になっても、基地の存在により観光産業の振興も不十分で、１人当りの県民所得は本土の７割台にとどまっている。

(4)　福祉専門職の育成と社会福祉学

　低成長期に入った1970～80年代、貧困対策ではなく国民と住民の最低限度の生活を保障するための福祉は拡大した。高度成長の始めの1955年に６％前後だった国民所得に対する社会保障給付費の割合は、1976年、10％超えて14兆円

となり、1986年には38兆円（14.2％）となっている。その中では医療・年金が85％程度を占める。福祉施設で働く人材の育成についても取り組まれている。医師、看護師は古くから専門化・資格化され、1965年、障害者のリハビリを支援する専門職である理学療法士 PT および作業療法士 OT が制度化された。1987年には社会福祉士及び介護福祉士法が制定されたが、こちらは名称独占に留まり、資格がなくても業務を遂行できる。専門職を養成する教育機関、大学、専門学校がこの時期に多く設立された。1955年、14校の参加で始まった日本社会事業学校連盟の加盟校は1988年に62校、1997年には104校が参加している（大学68、短大など36）。

　専門職の広がりとともに、ソーシャルワーカー・学者の組織が活動を始めた。1958年の国際社会福祉会議の東京での開催を契機に1960年に創設された日本ソーシャルワーカー協会は1970年代を通して活動が停滞していたが、1986年に国際社会福祉会議、国際ソーシャルワーカー連盟の会議開催の準備などが再建のきっかけとなった。社会福祉士・介護福祉士法制定にも積極的に関与した。福祉士試験の開始で資格保有者が誕生すると協会内部に社会福祉士部会を設けた。これが基礎となって1993年、日本社会福祉士会が創設された。介護士は1989年頃から各府県で介護福祉士会が創設され1994年、日本介護福祉士会が誕生した。

　社会福祉学の研究は、既に社会福祉学会が設立され、その中で理論、ソーシャルワークの方法論、歴史の研究が進展した。歴史研究では、関東の一番ケ瀬康子、吉田久一などを中心に社会事業史研究会が活動を始めた（1973年）。77年京都では小倉襄二を中心に関西社会事業思想史研究会が誕生した。欧米・日本を含んだ通史として右田紀久恵ほか編『社会福祉の歴史』（有斐閣、1977年）、日本の古代からの現代までを見通した池田敬正『日本社会福祉史』（法律文化社、1986年）が刊行された。『留岡幸助著作集』（同志社大学人文科学研究所）、『留岡幸助日記』（矯正協会）などの実践家の資料集も刊行され（1979年）、歴史研究の基盤と研究者の幅を広げた。

2 ポスト冷戦の新自由主義改革と社会福祉（1990年前後〜2000年）

(1) 冷戦の終結と「失われた20年」

1980年代後半の世界は、第二次世界大戦後の基本的構造が大きく揺らいだ。米ソの対立＝冷戦は両大国が相対的に力を失う中で変質していた。ソ連は1970年代末のアフガン侵略の失敗で共産党の支配権を揺るがせていた。1985年、ペレストロイカ（改革）を唱えるゴルバチョフ書記長の登場で共産主義体制の改革を図ろうとするが、周辺諸国の民主化の動きを刺激して1989年、ベルリンの壁が崩壊、統一ドイツが誕生した。1991年にはソ連が崩壊し、ロシアなどの15の共和国に分解した。冷戦は終結したが、1970年代以降に現れていたイスラムの発言力の強大化、東南アジア・東アジアの新興経済地域、自由化路線を本格化させた中国の台頭など、世界のリーダーシップの交代が明確となった。

日本では円高を背景に好景気・土地バブルが拡がり、ジャパン・アズ・ナンバー・ワンという評価も与えられた（E. ボーゲル）。しかし、1990年代入るとバブルがはじけ、不況の10年、失われた10年が語られることになる。1989年1月、昭和天皇が死去し、平成時代となった。1950年代以降、政権を担った自由民主党の統治能力の限界も露呈しだした。1992年 PKO（国連平和維持活動）協力法が制定されたが、自民党内部からの分裂もあり、1993年、自民党政権が崩壊し、細川護熙を首相とする非自民連立政権が成立した。

翌1994年には、国民福祉税を提案する細川首相への批判で非自民政権は分裂し、自民党が社会党と連立して政権に復帰する（首相は社会党の村山富市）。自民党連立政権は冷戦後の国際状況に適合する新自由主義的色彩を強めていく。同時期のアメリカ合衆国でも民主党政権であるクリントン大統領が合衆国を浮上させる改革を行った。1960年代の貧困との闘いの民主党路線を変更してレーガン・ブッシュ（父）共和党政権の新自由主義的改革を推進した。1993年、大統領に就任したクリントンは、出産・育児休暇を認める家族と医療休暇法を制定し、3700万人を数える医療保険未加入者のための社会福祉改革にも積極的に取り組んだ。妻ヒラリー委員長の医療改革作業委員会はとりまとめに失敗して

21世紀の課題となった（2010年オバマ改革で部分的に実現）。また社会保障法の一環であった要扶養児童家庭扶助 AFDC を廃止して貧困家庭一時扶助 TANF とし、ヒスパニック・黒人を中心とする貧困母子家庭への生活支援は年限を限り就労義務を課すものとなった。

この時期の日本経済は、円高傾向が続き、生産拠点を労働力などが安価な東南アジア・中国に求める企業が多くなった。このため税収入が低下し国債による財源確保など国家財政が悪化していた。また1994年には高齢化率が14％を超えると高齢化、養育環境の変化によって少子化も深刻になっている。合計特殊出生率（女性が生涯に産む子供の数）が1990年に、これまでの最低をこえて1.57ショックと呼ばれたが、それ以降2000年には1.3前後を推移する状態になった。このため育児休業の保障や介護の社会的支援が求められるようになる。国家・政府に代わって、社会・地域住民が新しい公共の担い手として前面にうたわれることになる。

(2) 平成の福祉改革

平成の福祉改革（基礎構造改革）と呼ばれる政策が、1990年代を通して遂行されていく。1989年、3％の消費税が導入される。名目は福祉の充実であった。政府・厚生省は、同年、「高齢者保健福祉推進10か年戦略（ゴールドプラン）」を策定して、高齢者の在宅福祉の充実を図るため、特別養護老人ホームなどの目標数値を決めた。1990年に、基礎自治体に権限を委譲するために老人福祉法など八法を改正し、高齢者福祉の基本計画の作成を義務付けた。1991年には、老人保健法を改正し高齢者への訪問看護サービスを開始した。1989年のゴールドプランの不十分さが認識され、1994年に新ゴールドプランを発表し、在宅サービスの拡充を確認した。同年には、少子化問題にも対応するため、厚生大臣の諮問機関・高齢社会福祉ビジョン懇談会が、公的保障と自助を組み合わせた21世紀福祉ビジョンを提言する。自立が困難な個人に対して「個人の尊厳に立脚しつつ、家族、地域社会、企業、国、地方公共団体等の社会全体で支える自助・共助・公助のシステムが適切に組み合わされた重層的福祉構造」が求められた。この方向は1995年の社会保障制度審議会の勧告「社会保障体制の

再構築」でも、国民の自立と連帯が求められ、高齢者の生活支援のための社会保険制度の採用の選択肢を提起した。

　少子化に対しても同様の動きが出て来た。1994年、国連が採択した子どもの権利条約が批准され、子どもの意見表明権や自己決定の尊重が教育、福祉、家庭の中で実現されることが求められた。同年、エンゼルプランが策定され、子育てと仕事の両立を支援する育児給付、保育の多様化、地域での子育て支援センター拡充を10年間で実現するとした。この年は、高校家庭科の男女共修がスタートし、総理府に男女共同参画室が設けられるなど女性の社会的進出を支援する施策が実施された。1995年には育児休業法（1991年制定）が改正され介護も含まれた（育児介護休業法）。1997年、児童福祉法の改正で、保育制度で措置から自由な選択が実施され、保育の多様化と駅前保育所への民間企業の参入などが可能にされた。保育を必要とする量と質に必ずしも合致せず、待機児童の問題が常態化した。

　子どもの権利条約の批准は、少年法、学校教育法や児童虐待などでも改善が課題となった。1994年、学校でのいじめの問題で文部省が、危険信号を見逃さないようにするなどの緊急対応を指示した。1996年には「子どもの命を守るための緊急アピール」が出される。1997年、神戸で少女などを殺傷した14歳の中学生が逮捕されるなど、少年非行の低年齢化・凶悪化が強調された。健全育成理念を掲げる少年法に対する批判が高まり、2000年、刑事処分年齢の14歳引き下げ、凶悪犯罪の検察への逆送の原則化を含む改正を行った。ネグレクト・性的虐待などに対応する新しい児童虐待防止法が制定された。

　自立支援の方向は高齢者介護の中にも実施されるようになる。1989年のゴールドプラン以降、政府の責任を前提にした介護の社会化が模索された、新ゴールドプランになると、社会の負担、個人の自己責任が強調される。1996年に成立した自民党主導の橋本内閣はその方向を促進した。国内的には行財政・金融・教育などの分野で構造改革を行うことを明確化した。1997年から、消費税率を５％に上げたため、参議院選挙で批判を受け橋本は辞職した。その後、財政再建については速度を緩めるが、基本的な方向は継続される。社会福祉の分野では、社会福祉基礎構造改革と名づけられて、戦後の政府責任・措置制度を

基盤とする福祉に、民間活力、応益主義（受益者負担）の考え方が導入される。介護の社会化についても、政府責任の重視に代えて高齢者本人の自己負担で運営する介護保険制度の導入が決定された。厚生省の介護保険制度大綱案をベースにした介護保険法が1997年、国会を通過し、2000年から実施されることになる。

　介護保険は、市町村が保険者となり、40歳以上の中高年が保険料などを負担し、経費の半分は国庫・自治体の公的負担で運営されることとなった。第1号被保険者である65歳以上の高齢者は介護認定（要支援・要介護1〜5）により所定の範囲内で介護サービスを受け、1割の利用料を負担する。自治体間のサービス・保険料の格差、保険料未納の発生、障害者の排除などの問題点が指摘された。生活保護には現物支給として介護扶助を追加した。1999年、民法の改正で、禁治産・準禁治産者制度を廃止し、精神的障害により判断能力が低下した認知症高齢者の自己決定を支援する成年後見制度（後見・保佐・補助人）が開始されたのに合わせて、社会福祉事業法が社会福祉法に全面的に改正された。

(3)　ノーマライゼーションとバリアフリー

　障害者福祉の分野は、1990年代には、アメリカでの障害をもつアメリカ人法ADAの制定や北欧・中欧でのノーマライゼーション・バリアフリーの理念が紹介され、障害者当事者の運動、行政施策に影響を与えた。1993年、心身障害者対策基本法を改正し障害者基本法とし、国と地方の障害者計画の作成の義務、雇用についての企業の責務を明確化した。これらに基づき、1995年「障害者プラン〜ノーマライゼーション7か年計画」が作成され、社会のバリアフリー化と障害者の生活の質（QOLの向上）の実現が目標とされた。

　物理的バリア・フリーについては、1991年、運輸省が鉄道駅舎のエスカレーター整備の方針を出した。大阪市交通局はリフト付きバスの運行を始める。1994年、高齢者・身体障害者に対して円滑な建物の利用を可能にさせる法律（通称ハートビル法）、2000年、交通バリアフリー法が制定された。制度的バリアの廃止は必ずしも進んでいない。心理的バリアフリーの廃止の努力として、差別的ニュアンスが含まれるとして家族から要望のあった「精神薄弱」の使用が

改められ、1999年、精神薄弱者福祉法が知的障害者福祉法と改称された。

　精神障害者については1995年、精神保健法を改正し、「精神保健及び精神障害福祉に関する法律」（精神保健福祉法）とした。これに伴い、精神障害者福祉手帳が交付された。1999年、同法が改正され、精神保健福祉の基礎自治体への権限移譲、保護者の責任軽減が規定された。1997年、精神障害者への専門的支援を行う精神保健福祉士 PSW の法制度化も行われた。当事者運動として、1991年、全国自立センター協議会、1995年、手話を生活の1つの文化とする「ろう文化宣言」が発表された（雑誌『現代思想』3月号）。

　女性福祉の面では、男女雇用機会均等法が1997年に改正され、募集・採用・配置・昇進での差別が明確に禁止され、セクハラ（働く中での性的いやがらせ）についての事業主の配慮義務を課した。女性の自立、自己決定権を確保するためリプロダクティブ・ヘルス・ライトやエンパワメントの考えが1994年の国際人口・開発会議や、1995年の北京女性会議で国際的に承認され、家庭・企業・社会の中での女性の権利を擁護・強化することが目指された。1996年、優生保護思想の色彩が残る優生保護法を改正し母体保護法とする際の付帯決議にリプロダクティブ・ヘルス・ライトが言及された。法制化には至っていないが、選択的夫婦別姓制度導入の議論が行われている。

　グローバル化の一層の進展は「国民」の枠組みを揺るがせる。国内の先住民と考えられるアイヌ民族は1984年、ウタリ協会がアイヌ民族に関する法律の制定を求める決議を行った。道庁も懇談会を作り政府に働きかける。1996年、国連の人種差別撤廃条約（1965年採択）の批准により、19世紀末からの北海道旧土人保護法を廃止して、アイヌ文化振興法を制定した。アイヌ民族の先住性や特別の政治・経済的差別是正措置（AA）を認めていないが、文化的アイデンティティの保護・発展を図るとされ、日本が多様な民族からなることを明白にした。1980年代以降の、円高傾向は、日本の企業が安い労働力を導入する契機となり、1990年の出入国管理法改正で、日系外国人（主に南米の祖父母が日本人移民）の単純労働者としての入国が容易になった。輸出産業である自動車・電化製品の工業地帯に多くの日系ブラジル人が増加した。1998年末の外国人登録者数は150万人となり、在日韓国・朝鮮人は63万人で50％を割り込んだ（42％）。

ブラジル系22万、フィリピン人10万人である。修学生ビザによる就労、修習生の不当な労働条件などが問題となった。生活保護については日本人に準じるとされたが、1990年の厚生省の口頭の指導で、定住・永住権をもたない外国人については保護の対象から外した。

　1990年代に国内の工場の海外移転の方向が強まり、国内でもこれまでの雇用慣行が変化することになる。激しい企業間競争は過労死も深刻化させた。1995年、労働省は、過労死の労災認定で発症1週間より以前の疲労蓄積を考慮する新基準を採用した。一方、経営者の団体・日本経団連は同年「新時代の『日本的経営』」と題する報告書を発表し、国際競争の激化に対応する産業構造を改革する必要を強調し、終身雇用・年功序列を基礎とする「日本的経営」を変革して、労働者についても長期的戦略を構築する少数の正規労働者群、それを支える非正規の専門的労働者群、従属的な非正規労働者群の3種に選別して配置・教育する方向を明確にした。労働者派遣法は1985年、秘書・通訳など13の専門的業務に限定して導入された。1999年には、派遣の対象を原則自由化した。この時は製造業については適用を見送った。しかし、労働者の非正規化の流れを生み出すことになる。

　1995年1月17日、阪神淡路大震災が発生した。神戸を中心に被害は死者6000人以上を数え、危機への対応、ライフラインの確保などが問題となった。震災・自然災害時が福祉実践の場を与えた。地元・国内・海外からの人・モノ・支援の輪が広がり、「ボランティア元年」とも言われた。1998年に、ボランティア活動を促進する「特定非営利活動促進法（NPO法）」が制定された。同年、被災者の努力などで作成された「被災者生活再建支援法」が成立し、再建支援金の支給を可能にした。

3　21世紀の社会福祉

(1)　グローバル化とリスク社会

　2001年9月11日ニューヨークでの同時多発テロの発生はイラク戦争に拡大した。2008年のサブプライム問題を契機とする世界的な不況（リーマン・ショッ

ク）を国際的協調で解決しなければならなかった。新興国の中でも中国が
GDP（国内生産量）で日本を追い抜き軍事・経済大国としての影響力をもちは
じめた。

　1996年橋本内閣からはじまった新自由主義的な改革は2001年に誕生した小泉
（純一郎）内閣により本格化された。郵政の民営化、非正規・派遣社員の拡大な
ど規制緩和政策は、格差社会を拡げた。

　1980年代以降の経済的不況を効率的に克服するため行財政のスリム化が目指
された。2001年には、行政省庁の統廃合が行われ、福祉行政では厚生省と労働
省が統合され厚生労働省となった。環境庁が省に昇格した。各種審議会も社会
保障審議会に統合される。同年4月に発足した小泉純一郎内閣は経済財政諮問
会議の設置などで指導力を強め聖域なき構造改革を断行した。「骨太の方針」
を作成して財政削減にも大ナタを振るい、福祉関係でも毎年1兆円自然増を
2100億円削減することを目標にした。2002年から2008年までの社会保障関係費
8兆円が削減された。

　政府財政の緊縮によって国民の負担増と福祉サービスの劣化がもたらされ
る。2002年に成立した医療制度改革関連四法では被用者負担が3割となり、70
歳以上高齢者は1割負担となった。診療報酬の引き下げが続いた。2004年、年
金改革関連法では負担の拡大と給付の縮小で制度維持が図られた。基礎年金に
ついては国庫負担分を3分の1から2分の1に増加させるが（2009年実施）、保
険料は段階的に引き上げ、給付レベルは厚生年金で現役世帯収入の50％を目途
とした。医療・年金保険料の引き上げで納付率は悪化した。医療制度では、未
納が原因の保険証の没収、資格証明書・短期保険証の交付が拡大した。

　介護保険制度は、需要の拡大と制度的不備に沿った改正が試みられた。第1
号被保険者の月額保険料の変化は開始時の平均2911円、2009年には4270円と
1.5倍となった。2005年の改正（2006年施行）では、施設サービスの居住費・食
費（ホテルコスト）が利用者の負担となった。認定ランクを要支援1・2、要
介護1～5に改定した。要支援には介護予防サービスが用意され、要介護にな
らない努力をする自己責任が求められた。介護予防のための地域包括ケアシス
テムが準備される（2005年）。

第7章　グローバル時代の社会福祉

　介護保険と同様に保険料と利用費を受益者負担で運営する制度が障害者福祉にも導入されようとした。当初は公費を財源とし利用者の所得能力に応じた負担であったが、2005年、障害者自立支援法が制定された。障害の種類の別なく障害者の就労支援で自立を促進するとされたが、障害者は施設・在宅サービスの使用料・ホテルコストを負担する。2006年施行されると自立を妨げるとの批判が高まった。自公政権が戻った2013年、障害者総合支援法に部分改定した。障害を理由とするあらゆる差別を禁止する国連障害者権利条約が2006年に採択されたが、日本の批准は遅れた（2013年12月）。

(2)　格差とワーキング・プア

　労働市場の自由化政策では、1985年に始まった労働者派遣法が1999年、専門職以外でも原則自由とされ、2004年は製造業でも解禁となった。正社員に代わった不安定な非正規労働者が労働者の33％（1700万人）となった。非正規を中心に年収200万円以下のワーキング・プアが増加、2005年生活保護受給120万世帯（140万人）を超えた。

　生活保護の増加に対しては、老齢加算を廃止（2006年）、母子加算の段階的廃止などの引き締めを行った。2005年からワークフェア（就労支援）を重視する自立支援プログラム（生活保護受給者等就労支援事業）が実施され始めた。しかし、2008年のリーマンショック、2011年の震災は不況を広め非正規労働者の貧困化を加速した。タレントの母親が生活保護を受給した「スキャンダル」をきっかけにして厚生労働省は生活保護の適正化を強化した。それでも2010年には140万世帯195万人を超えた。

　格差は経済的収入、教育、福祉のサービスにも及んでいく。世紀末から推進された地方分権改革は、市町村の数を1999年の3232から2011年には1723に減少させた。広域化した自治体では、過疎地は行政サービスの利用が制限された。2004年から、地方交付金の削減、国庫支出金の削減と税源移譲などの「三位一体改革」が開始される。交付金・支出金の削減が先行し、税源移譲が少なかったため（2004～2006年の3年間に10兆円削減、移譲は3兆円）、地方財政が悪化し、自治体間の格差を大きくした。

199

自治体の破産の例として北海道の夕張市が有名である。2006年6月には夕張市が財政規模（45億円）の14倍の負債を抱えて財政再建団体としての申請をした。実質上の破産をしたことになる。夕張は、明治期の北海道開拓の中で大露頭炭層が発見され、1890年、北海道炭坑鉄道会社が経営して発達した。1960年には12万の人口を数えた。しかし石炭から石油へのエネルギー革命の進行と炭坑事故の多発で全国的に石炭産業が衰退した。夕張の人口の減少が始まり、オイルショックで石炭復活の兆候に乗る形で、1980年代には観光に力を入れ、「石炭の歴史村」建設の中心として石炭博物館・模擬坑、公園などのハコ物への投資を行った。鉱山が閉山に追い込まれる中で、多額の財政支出、第3セクターの観光事業での赤字、銀行からの一時借入金が財政を悪化させた要因と指摘されている。債務は北海道庁が肩代わりした後、夕張市が利子とともに20年近くをかけて返済することになる。返済のためには、住民税・利用料の値上げ、職員・行政・福祉サービスの削減が行われる。

　小泉政権の福祉政策は、福祉予算の削減、自己責任の強調にあった。一方で軽視された分野に光が当てられた。その1つがハンセン病（ライ病）への対応であった。1996年、差別的なライ予防法は廃止された。療養所に隔離・収容されていた元患者たちは行政責任を問う訴訟を行い2001年5月、熊本地方裁判所は厚生省の責任を認め、リハビリ・人間性回復を行うように命じた。小泉内閣は控訴を断念し元患者への損失補償制度の立法化を決定した。2003年には元患者たちがホテルから宿泊拒否される差別事件が発生し、国民のハンセン病への認識が不十分なことが露呈した。2006年、ハンセン病補償法が成立した。

　2002年、身体障害者補助犬法の成立で障害者の自立を促進する盲導犬、介助犬、聴導犬を利用することを拡大した。2003年7月には性同一性障害者の性別の取扱いの特例に関する法律が制定され、子どもがない場合などの性転換手術を認めた。発達障害については2004年、発達障害者支援法が成立した（施行は2005年4月）。自閉症、アスペルガー症候群、広汎性発達障害、学習障害LD、注意欠陥多動性障害ADHDなどの発達障害の早期発見、教育・就労・生活・家族支援についての国、自治体の責務を定めた。

(3) 政権交代と震災・原発事故

　非婚・晩婚化が広がるなどで2003年に人口はピークとなり減少に転じた。少子化について一連の施策がなされた。2003年、次世代育成支援対策推進法、少子化社会対策基本法を制定し、出産、育児を支援する体制を整備した。小泉政権以降「待機児童ゼロ作戦」が打ち出され、幼保一元化や認定子ども園など公設民営、福祉法人以外の経営の是認などが試みられている。保育の質も問われている。児童虐待防止法は、幾度か改定され、子どもの安全確認のための保護者への出頭要求、近隣・専門職の虐待事実の通報を義務とする規定が設けられた。少年非行は厳罰化の方向で改正が続き、被害者（家族）の裁判傍聴・意思表明などが認められている。

　2007年第1次安倍（晋三）内閣の下で、厚労省の外局社会保険庁が管理する公的年金の加入記録の不備が5000万件に上ることが発覚した。安倍首相は責任をもって不備を正すとしたが9月に病気辞任する。後継内閣福田（康夫）内閣によって2008年から後期高齢者医療制度が開始された。財政悪化のため健康保険の75歳以上高齢者（後期高齢者）を部分的分離し、高齢者自身が1割、国庫から5割、現役世代の医療保険から4割を負担することになった。年金不祥事の社会保険庁は政権交代後の2010年1月より、日本年金機構に再編された。

　2009年8月、総選挙の圧倒的勝利で政権交代を果たした民主党政権は、部分的には新自由主義に対抗する政策を行った。日本の貧困率が15.7％で先進国第1位であることも公表させた。ハコもの重視の公共事業にも批判的であった。2009年12月、生活保護の母子加算が復活された。2010年4月、児童手当は子ども手当とし支給対象を拡大した。ほぼ全員進学を保証する高校授業費料無償化法が施行された。後期高齢者医療制度や障害者自立支援法は見直すこととされ、2011年、障害者基本法を改正し、障害者の定義を改め差別禁止を追加。同年、障害者虐待防止法を成立させた。

　2011年3月11日に、東日本大震災が発生する。マグニチュード9.0、死者行方不明者は2万人を数えた（13年12月末現在死者1万5844人、行方不明3451人）。地震と直後の津波での人的被害、太平洋海岸沿いに設置された福島原発のメルトダウンによる被曝が周辺住民の生活を深刻化させた（チェルノブイリ級）。1950

年代以来の原子力の平和利用が、安全を無視した「神話」に依拠していたことが明らかとなった。この影響でイタリアやドイツでは国民投票で脱原発の道が選択された。国内でも、民主党政権（菅直人内閣）は事故発生当初は脱原発への道も示唆したが、2012年末政権復帰を果たした第2次安倍内閣は、停止原発の再稼働に邁進していく。

民主党内閣は、社会保障と税の一体改革の財源には、社会保障の目的税とする消費税の段階的引き上げを行う方向を優先することした。2012年、消費税増税が民主党と自公三党の与野党合意で成立した（14年4月実施）。社会保障と税の一体改革を目指す「社会保障制度改革推進法」により「社会保障国民会議」が組織された。2013年には社会保障の将来像と、医療・介護・年金・少子化対策の具体案を示した。年金・医療については「富裕」な高齢者の費用負担や年金開始年齢の引き上げ、介護についても利用料の引き上げ、要支援サービスの介護保険からの排除（市町村の事業とする）などが提案されている。

自民・公明連立政権への復帰でアベノミクス（金融資金供給・財政出動・規制緩和）による成長戦略など日本の競争力増強を優先する政策が目立ってきている。2013年には障害者権利条約批准による障害者雇用率の改善（1.8から2.0%へ）、障害者差別解消法（2016年施行）など福祉の拡充がないわけではない。生活保護給付を予防する就労奨励のため生活困窮者自立支援法が制定された（2015年施行）。しかし、同年には、生活保護の生活扶助費の引き下げが行われ、16年度末までに平均6.5%の引き下げが予定されている。年末の「社会保障制度改革のプログラム法」では、高齢者医療の自己負担額の増加、特養入所条件の厳格化、国民健康保険制度を市町村から府県の責任に移行することがうたわれた。14年「地域医療・介護推進法」で、特養入居は「要介護3」以上に制限し、要支援の通所・訪問介護サービスについての町村の責任とすること、介護サービス料負担も高収入者は2割に倍増させるとされている。

2010年代になっても、日本の経済は不安定であり、国民の生活は不安を抱えている。グローバル化で日本に住む住民は国籍を超えてグローバル化している。経済力をつけている中国の台頭も目覚ましい。国際的競争のため、日本の企業が多国籍化し、国内産業の空洞化を広げながら、一方では海外で働く日本

人が増加している。それぞれの国の中では収まりきらない、多文化的・多民族的な国際社会の中で社会福祉の質を高める必要が出てきている。個性、言語、文化の差異を尊重し、社会的排除に陥らない人間関係の構築が求められている。

【参考文献】

伊藤周平『介護保険法と権利保障』法律文化社、2008年

伊藤周平『社会保障改革のゆくえを読む——生活保護、保育、医療・介護、年金、障害者福祉』自治体研究社、2015年

小熊英二編著『平成史〔増補新版〕』河出書房新社、2014年

小林美希『ルポ看護の質——患者の命は守られるのか』岩波書店、2016年

佐道明広『現代日本政治史5』吉川弘文館、2012年

若月秀和『現代日本政治史4』吉川弘文館、2012年

| コラム7 | 裁判にみる社会福祉 |

■ 社会福祉に関する国家観

　福祉国家は福祉依存病を生み出し、自由至上主義の国家は弱者を排除すると批判される。そして、労働国家は自立のために仕事を与えようとするが、しかし、与えられる仕事は尊厳を保ち得るものばかりではないと批判されている。

　これまで社会福祉のあり方に関しては、上述のようなさまざまな国家観が示されてきたが、しかし、いずれも厳しい批判に曝されている。また、近時はベーシック・インカムといった考え方も主張されるが、その実現には多くの課題が残されている。このようにしてみると、これからの社会福祉のあるべき姿は、未だ明確ではないように思われる。

　ただ、日本では憲法25条で生存権が保障されている以上、少なくとも、規範論的には、貧困の社会的性格の認識、生存権の権利性、劣等処遇の否定などの歴史的発展を踏まえて検討していかなければならない。

　ここでは、こうした理解を前提としたうえで、日本の社会福祉に関する主要な裁判例を考察してみたい。

■ 憲法25条の法的性格

　日本では、規範論的には、主に憲法25条の生存権を基底にして各種の社会福祉制度がつくられている。

　その憲法25条の生存権の法的性格について、当初、最高裁は、プログラム規定説に立っていた（最大判昭23・9・29刑集2巻10号1235頁）が、朝日訴訟（最大判昭42・5・24民集21巻5号1043頁）において、健康で文化的な最低限度の生活についての行政の判断も司法審査の対象になるとした。しかし、それは、行政の「裁量権の限界をこえた場合または裁量権を濫用した場合」に限定されている。また、最高裁は、堀木訴訟（最大判昭57・7・7民集36巻7号1235頁）において、生存権の具体化法について広範な立法裁量を認めた。したがって、現在、憲法25条の生存権の裁判規範性は、一応、認められているけれども、極めて限定的なものである。しかも、朝日訴訟の最高裁判決では、厚生大臣（当時。現在の厚生労働大臣に該当）の考慮事項として、「生活保護を受けている者の生活が保護を受けていない多数貧困者の生活より優遇されているのは不当であるとの一部の国民感情」等をあげているが、こうしたことを考慮するなら、かつての救貧制度における劣等処遇の原則に戻りかねないとの批判もある。

　もちろん、具体的な福祉制度のあり方について、一定の立法裁量や行政裁量が

第7章　グローバル時代の社会福祉

認められること自体は否定できない。しかし、あまりにも広範にそれらの裁量を認めるなら、憲法25条の生存権の裁判規範性が没却されかねず、その点で、判例の立場は問題だと思われる。

■ ボランティアの責任

さて、社会福祉の担い手は国家だけではない。たとえば、日本では、市町村におかれた社会福祉協議会に登録したボランティアによって介護などの福祉が担われることがある。そこで、問題となるのが、そうしたボランティアや社会福祉協議会の責任である。

公刊された裁判例のうち、身障者に対する介護ボランティアとその派遣元である社会福祉協議会の損害賠償責任が問題とされた最初の裁判例として、1998（平成10）年7月28日の東京地裁判決（判時1665号84頁）がある。この裁判例では、社会福祉協議会がボランティアを派遣したとしても、社会福祉協議会と被介護者との間に「準委任契約たる介護者派遣契約が成立したものと解する余地はな」いとして、派遣元である社会福祉協議会の法的責任を否定した。また、ボランティアの責任については、「ボランティアとしてであれ……介護を引き受けた以上、右介護を行うに当たっては、善良な管理者としての注意義務を尽くさなければなら」ないが、「素人であるボランティアに対して医療専門家のような介護を期待することはでき」ず、「身内の人間が行う程度の誠実さをもって通常人であれば尽くすべき注意義務」を果たせばよいとした。

この裁判例が、ボランティアの法的責任を認めつつも、医療専門家としてのものではなく、「身内の人間が行う程度の誠実さをもって通常人であれば尽くすべき注意義務」に軽減した点は妥当なことだと思われる。しかし、社会福祉協議会がボランティアを派遣する以上、派遣元として一定の法的責任が生じる余地も否定できないのではないかとの指摘もなされている。

派遣元としての社会福祉協議会の法的義務や法的責任に関しては議論のあるところだが、社会福祉協議会は社会福祉法に基づく公的な存在である以上、少なくとも、その道義的な責任は重く考えるべきだと思われる。

■ グローバル化と社会福祉

ところで、今日、社会のグローバル化は避けては通れない現象の1つである。そして、そうしたグローバル化は、外国人も日本国籍をもつ者と同様の社会福祉を享受できるのか等の問題を生み出している。

この問題を扱った著名な判例として、塩見訴訟（最一小判平元・3・2判時1363号68頁）がある。最高裁は、「社会保障上の施策において在留外国人をどのよ

205

コラム7 裁判にみる社会福祉

うに処遇するかについては、国は……その政治的判断によりこれを決定すること
ができるのであり……福祉的給付を行うに当たり、自国民を在留外国人より優先
的に扱うことも、許される」とした。

ただし、塩見訴訟で問題となった国籍要件は、難民条約の批准に伴う関連立法
の改正等によって、多くは廃止されている。そのため、今日、ほとんどの社会保
険制度は、在留資格と一定の在留期間等の要件を満たせば、外国人でも加入でき
る。

しかし、在留資格を有しない不法在留外国人の扱いに関しては議論がある。

このことに関連して、最高裁（最一小判平16・1・15民集58巻1号226頁）は、
国民健康保険の被保険者資格の取得要件である「市町村又は特別区……の区域内
に住所を有する者」（国民健康保険法5条）の解釈について、在留資格を有しない
外国人を直ちに除外するわけではない趣旨の解釈を示した。しかし、この判決で
は、同時に適用除外の規定（同法6条8号）を踏まえて、施行規則等で在留資格
を有しない外国人を除外できるともした。そのため、現在は、同法施行規則によっ
て、在留資格を有しない外国人には国民健康保険の被保険者の資格が認められて
いない。

また、生活保護法は日本国民のみを対象としている。

このことに関連して、不法残留をしている外国人への生活保護が争われた2001
（平成13）年の最高裁判決（最三小判平13・9・25判時1768号47頁）がある。この
事案では、重傷を負って入院した不法残留者が医療費等を払えないとして生活保
護を求めたものであるが、最高裁は、「不法残留者を保護の対象に含めるかどうか
が立法府の裁量の範囲に属することは明らか」としたうえで、「不法残留者が緊急
に治療を要する場合についても、この理が当てはまる」として、保護を否定して
いる。

なお、行政実務上は通達等に基づいて永住外国人等には保護を与えている。し
かし、最高裁判決（最二小判平26・7・18判自386号78頁）は、それはあくまで事
実上の保護であって、生活保護法に基づく受給権が認められているわけではない
とした。

もちろん、グローバル化によって相対化したとはいえ、国民国家の枠組みが前
提となる以上、母国主義が原則となることは理解できないわけではない。しかし、
日本に住む外国人の権利保障のニーズが高まっていることも事実である。それら
を踏まえて、外国人の社会福祉のあり方に関する慎重な検討が、これからも、いっ
そう求められるものと思われる。

第 7 章　グローバル時代の社会福祉

■ これからの社会福祉に向けて

　これまでみてきたように、日本の裁判では、憲法25条の生存権の裁判規範性は著しく限定されている。そのため、仮に違憲の疑いがあったとしても、直接、裁判でそれを認めさせることは難しい。しかし、裁判を通じて、社会福祉のあり方の問題点が明確になることもある。また、裁判を通じて議論を喚起し、政治的に社会福祉の改善を促すこともあり得るものと思われる。その意味で、過去の裁判例を振り返り、また、これからの裁判に注目することは、これからの社会福祉の改善に向けて、重要なことだといえるのではないだろうか。

【参考文献】

遠藤美奈「国民年金法の国籍要件の合憲性——塩見訴訟（最一小判平成元・3・2）」岩村正彦編『社会保障判例百選〔第5版〕』有斐閣、2016年

河野正輝「生存権と生活保護基準——朝日訴訟」西村健一郎・岩村正彦編『社会保障判例百選〔第4版〕』有斐閣、2008年

木下秀雄「生存権と生活保護基準——朝日訴訟（最大判昭和42・5・24）」岩村正彦編『社会保障判例百選〔第5版〕』有斐閣、2016年

国京則幸「非定住外国人への生活保護適用（最三小判平成13・9・25）」岩村正彦編『社会保障判例百選〔第5版〕』有斐閣、2016年

関根由紀「外国人と社会保障——国民健康保険法の住所要件の解釈（最一小平成16・1・15)」岩村正彦編『社会保障判例百選〔第5版〕』有斐閣、2016年

中原太郎「ボランティアの民事責任（東京地判平成10・7・28）」岩村正彦編『社会保障判例百選〔第5版〕』有斐閣、2016年

三輪まどか「永住外国人と生活保護法の適用（最二小判平成26・7・18)」岩村正彦編『社会保障判例百選〔第5版〕』有斐閣、2016年

棟居徳子「障害福祉年金と児童扶養手当の併給禁止と違憲性——堀木訴訟（最大判昭57・7・7）」岩村正彦編『社会保障判例百選〔第5版〕』有斐閣、2016年

（小林　直三）

【索 引】

あ 行

愛育会　130
会沢正志斉　18
朝日訴訟　204
安達憲忠　41
アルメイダ　9
イエス団　108
石井記念愛染園　88
石井十次　42, 48
石井亮一　44
板垣退助　62
糸賀一雄　173
井上友一　68, 110
猪俣津南雄　116
医療保護法　140
岩田民次郎　44
岩永マキ　42
植木枝盛　41
浦上養育院　42
海野幸徳　121
エンゼルプラン　194
大阪自彊館　94
大阪慈善同盟会　70
大阪婦人ホーム　92
大阪養老院　44
大林宗嗣　130
大原孫三郎　90
大原幽学　16
岡村重夫　173, 180
岡山孤児院　42
小河滋次郎　69, 98
小野慈善院　102
恩賜財団普済会　135
恩賜賑恤資金窮民救助規程　132

か 行

介護保険法　195
笠井信一　96
片山潜　41
家庭学校　43
金井延　41
鎌倉保育園　136
河上肇　81
感化院　62
感化救済事業講習会　67
感化法　62
棄児養育米給与方　40
義倉　11, 135
北一輝　148
杵淵義房　89
救護法　121, 139
救済委員制度　96
救済事業研究会　71, 87
救済事業調査会　82
救済事業調査要項　70
救世軍　43
救貧税法案　40
救貧法案　40
窮民救助法案　39
行基　3
京都盲啞院　44
キングスレー館　41
草間八十雄　81
グリフィス報告　186
軍事救護法　83
軍事扶助法　138
軍人援護会　138
健康保険法　159
小石川養生所　13
高知育児会　42
孝橋正一　173

209

興望館　109

光明皇后　2

行旅死亡人取扱規則　40

行旅病人取扱規則　40

ゴールドプラン　193

国際人権規約　189

国民皆年金　171

国民皆保険　171

国民健康保険法　160

後藤新平　41

子どもの権利条約　194

小橋勝之助　47

権藤成卿　149

さ 行

済生会　68, 140

済世顧問制度　96

埼玉共済会　98

桜田文吾　34

三子出産ノ貧困者ヘ養育料給与方　40

シーボーム報告　177

四箇院　2

志賀志那人　130

慈善組織協会　112

七分積金制度　15, 28

児童虐待防止法（1933年）　123

児童虐待防止法（2000年）　194

児童手当法　177

児童福祉法　158

児童扶養手当法　169

児童保護法案　102, 121

渋沢栄一　37, 70

社会救済（SCAPIN775）　153

社会事業協会　95, 125

社会事業研究所　120

社会事業講習会　120

社会事業史研究会　180

社会事業主事　95, 120

社会事業調査会　84

社会事業法　124

社会福祉基礎構造改革　194

社会福祉士及び介護福祉士法　191

社会福祉事業法　162

社会福祉法　195

社会保障制度審議会　161, 193

社会保障法　160

社会連帯　107

社　倉　11

恤救規則　38, 99

恤救法案　40

障害者基本法　195

障害者虐待防止法　201

障害者権利条約　199

障害者雇用促進法　188

障害者差別解消法　202

障害者自立支援法　199

障害者総合支援法　199

障害者の権利宣言　169

障害者プラン　195

障害をもつアメリカ人法（ADA）　186

少年教護院　123

少年教護法　123

傷兵院　138

常平倉　2

女子差別撤廃条約　189

賑　給　2

人種差別撤廃条約　196

心身障害者対策基本法　168

身体障害者福祉法　158

生活困窮者緊急生活援護要綱　153

生活困窮者自立支援法　202

生活保護法　156

精神衛生法　159

精神薄弱者福祉法　167

精神病者監護法　63

精神保健及び精神障害福祉に関する法律　196

精神保健法　188

成年後見制度　195

世界人権宣言　160

索　引

施薬院　　3
全国育児事業協会　　125
全国水平社　　76, 82
全国養老事業協会　　125
戦時災害保護法　　140
全日本私設社会事業連盟　　124
全日本方面委員連盟　　125
善隣館　　172
左右田喜一郎　　109

た　行

大勧進養育院　　42
大日本社会事業報国会　　124
大日本傷痍軍人会　　138
台湾窮民救助規則　　131
台湾慈恵院規則　　132
台湾社会事業協会　　132
高瀬真卿　　41
高田慎吾　　110
滝乃川学園　　44, 143
竹中勝男　　141, 173
田子一民　　108
橘孝三郎　　149
田中正造　　36
田中太郎　　70, 78
男女雇用機会均等法　　189
知的障害者福祉法　　196
地方改良運動　　52
中央慈善協会　　70, 85
中央盲人福祉協会　　125
朝鮮救護令　　133
朝鮮私設社会事業連盟　　133
朝鮮社会事業協会　　133
朝鮮社会事業研究会　　133
朝鮮総督府済生院　　132
東京市養育院　　37
東京婦人矯風会　　43
当道座　　23
同胞援護会　　153
東北更新会　　130

同和対策事業特別措置法　　190
特定非営利活動促進法　　197
特別児童扶養手当法　　169
都市社会事業　　126
留岡幸助　　43
ド・ロ　　42

な　行

中村正直　　44
生江孝之　　78, 107
新島襄　　20
二宮尊徳　　16, 74
日本介護福祉士会　　191
日本型福祉社会　　179, 186
日本キリスト教社会福祉学会　　174
日本基督教婦人矯風会　　43
日本社会事業研究会　　141
日本社会福祉学会　　174
日本社会福祉士会　　191
日本精神薄弱児愛護協会　　125
日本ソーシャルワーカー協会　　174
日本仏教社会福祉学会　　174
ニューディール　　181
人足寄場　　14
農村社会事業　　128

は　行

バークレー報告　　186
バイステック　　114
廃兵院　　64
博愛社（1877年）　　41
八浜徳三郎　　72
発達障害者支援法　　200
林市蔵　　98
原胤昭　　41, 46
ハンセン病補償法　　200
備荒儲蓄法　　40
悲田院　　3
避病院　　35
貧民窟　　33, 79

211

貧民研究会　70
福澤諭吉　20, 28
福田会育児院　42
福田徳三　110
布施屋　3
仏教徒社会事業研究会　71, 87
古河太四郎　44
ベヴァリッジ報告　160
ヘボン　21, 29
方面委員　95
方面委員令　125
保健婦規則　138
母子及び父子並びに寡婦福祉法　168
母子福祉法　168
母子保護法　123
北海道旧土人保護法　190
堀木訴訟　169

ま　行

松島正儀　144
松原岩五郎　33
マハヤナ学園　109
満州国中央社会事業連合会　135
満州社会事業協会　134
満州社会事業研究会　134
ミード社会館　109
光田健輔　65
三好豊太郎　121
民生委員法　157
民生委員令　157

村島帰之　81

や　行

矢島楫子　43
山口正　141
山室軍平　43
横浜家庭学園　103
横浜孤児院　102
横浜社会館　109
横山源之助　53

ら　行

楽善会訓盲院　44
癩予防に関する件　65
癩予防法　65
リッチモンド　112
隣保事業　109, 129
隣保相扶　67
老人福祉法　167
老人保健法　187

わ　行

渡辺海旭　72, 87
渡辺崋山　17
ワンデル報告書　161

数字

123号通知　187
21世紀福祉ビジョン　193

【執筆者紹介】 (執筆順、※印は編者)

＊**田中　和男**（たなか　かずお）関西学院大学非常勤講師
　　執筆担当：第1章、第7章

　畠中　暁子（はたけなか　あきこ）元京都保育福祉専門学院非常勤講師
　　執筆担当：コラム1

＊**倉持　史朗**（くらもち　ふみとき）天理大学人間学部准教授
　　執筆担当：第2章、第3章

　片岡　優子（かたおか　ゆうこ）元関西学院大学非常勤講師
　　執筆担当：コラム2

　関口　寛（せきぐち　ひろし）四国大学経営情報学部准教授
　　執筆担当：コラム3

＊**石井　洗二**（いしい　せんじ）四国学院大学社会福祉学部教授
　　執筆担当：第4章、第5章

　木村　敦（きむら　あつし）大阪産業大学経済学部教授
　　執筆担当：コラム4

　萩原　稔（はぎはら　みのる）大東文化大学法学部准教授
　　執筆担当：コラム5

　元村　智明（もとむら　ともあき）金城大学社会福祉学部准教授
　　執筆担当：第6章

　小池　桂（こいけ　かつら）京都ノートルダム女子大学生活福祉文化学部教授
　　執筆担当：コラム6

　小林　直三（こばやし　なおぞう）名古屋市立大学大学院人間文化研究科教授
　　執筆担当：コラム7

Horitsu Bunka Sha

社会福祉の歴史
――地域と世界から読み解く

2017年3月10日　初版第1刷発行

編　者	田中和男・石井洗二
	倉持史朗
発行者	田靡純子
発行所	株式会社 法律文化社

〒603-8053
京都市北区上賀茂岩ヶ垣内町71
電話 075(791)7131　FAX 075(721)8400
http://www.hou-bun.com/

＊乱丁など不良本がありましたら、ご連絡ください。
　お取り替えいたします。

印刷：亜細亜印刷㈱／製本：㈱吉田三誠堂製本所
装幀：仁井谷伴子

ISBN 978-4-589-03816-6

©2017　K. Tanaka, S. Ishii, F. Kuramochi
Printed in Japan

JCOPY 〈㈳出版者著作権管理機構 委託出版物〉

本書の無断複写は著作権法上での例外を除き禁じられています。複写される場合は、そのつど事前に、㈳出版者著作権管理機構（電話 03-3513-6969、FAX 03-3513-6979、e-mail: info@jcopy.or.jp）の許諾を得てください。

三好禎之編

初めての社会福祉論

A 5 判・176頁・2200円

保育・介護を初めて学ぶ人に、社会福祉専門職として修得すべき基礎知識だけでなく、地域の住民を支える役割、身に付けたい世界観まで解説。貧困や介護事故対応など今日的課題も理解できるように資料やコラムを多数収載。

池田敬正著

日本における社会福祉のあゆみ

A 5 判・212頁・2300円

前近代から現代までを分析した通史。Iでは前近代社会の福祉のシステムを整理し、IIで慈善事業の実践を中心にした近代社会を、IIIでは現代の、新しい社会共同の一環としての社会福祉を分析。生活総体を対象とする社会福祉学の本質を明らかにする。

鵜沼憲晴著

社会福祉事業の生成・変容・展望

A 5 判・338頁・6900円

これまでの社会福祉事業の史的変遷と展開に時期区分を設け、各時期の社会的背景の変化や理念の浸透などをふまえつつ各構成要素の変容過程を綿密に分析。これからの社会福祉事業のあり方と実現のための課題を提示する。

眞田 是・宮田和明・加藤薗子・河合克義編

図説日本の社会福祉〔第 2 版〕

A 5 判・238頁・2500円

初版(04年)以降の制度の動向、改変をふまえ、加筆修正を施した最新版。人権としての社会保障の視点から、制度の現実を直視して問題点と課題を整理し、今後の展望を示す。左頁に本文、右頁に資料を収載したハンドブック。

ウィリアム・ベヴァリッジ著／一圓光彌監訳
全国社会保険労務士会連合会企画

ベヴァリッジ報告
—社会保険および関連サービス—

A 5 判・310頁・4200円

日本の制度構築に大きな影響を与え、社会保険の役割と制度体系を初めて明らかにした「古典」の新訳。原書刊行後70年が経過し旧訳を手にすることができないなか、監訳者による詳細な解題を付し、歴史的・現代的な意義を再考する。

小倉襄二著

右 翼 と 福 祉
—異形の"底辺にむかう志"と福祉現況へのメッセージ—

四六判・256頁・3800円

戦時厚生政策の暗部としての右翼・ファシズムとの相関について資料をもとに解明し、社会事業史が目を向けなかった重要な主題の空白を埋める。キリスト者と福祉にも言及。ファシズムの影、福祉状況の今に対して強い懸念をもつ著者からのメッセージ。

————法律文化社————

表示価格は本体(税別)価格です